期货实盘操作方法

张英杰　编著

中国财政经济出版社

图书在版编目（CIP）数据

期货实盘操作方法/张英杰编著．—北京：中国财政经济出版社，2009.9

ISBN 978－7－5095－1741－3

Ⅰ．期…　Ⅱ．张…　Ⅲ．期货交易－基本知识　Ⅳ．F830.9

中国版本图书馆 CIP 数据核字（2009）第 127959 号

责任编辑：耿　伟　　　责任校对：王　英
封面设计：郁　佳　　　版式设计：兰　波

中国财政经济出版社出版

URL：http：//www.cfeph.cn

E－mail：cfeph @ cfeph.cn

社址：北京市海淀区阜成路甲 28 号　邮政编码：100142

发行处电话：88190406　财经书店电话：64033436

北京财经印刷厂印刷　　各地新华书店经销

787×960 毫米　16 开　17.25 印张　250 000 字

2009 年 9 月第 1 版　2010 年 4 月北京第 2 次印刷

定价：50.00 元

ISBN 978－7－5095－1741－3/F·1476

（图书出现印装问题，本社负责调换）

本社质量投诉电话：010－88190744

道　与　术

——为《期货实盘操作方法》一书而作

"黄河之水天上来，奔流到海不复回"。

李白先生的诗句描述出了中华民族母亲河的走势。古老的黄河九曲十八弯，历史上也曾多次泛滥改道，但是由于中国的地理环境是西高东低，所以大势东流，浩浩荡荡，汇入东海。

道法自然，术属人为。

掌握各种各样的技术来进行期货交易是非常必要的，我们可以站在大师巨匠的肩膀上来分享他们成功的经验，探讨期货交易制胜的技术，有史可鉴，有书可依，有实践可总结，有心得可体会。

然而，要将这些知识变成为自己的智慧，还要有漫长的路可走。要想成为一个成功的交易者，成为交易大师级的人物，仅有精细的交易技术还是不够的，更需要有一套认识大势、追随大势的本领。

认识、把握、预测和追踪某类商品的势，在期货投资领域属于"道"，而技术分析和交易技术则属于"术"。大势是客观的，是不以人的意志为转移，人们只能够通过不断学习来提高自己的认识水平，不断地从理论和实践的结合中认识它的规律性。交易技术因人而异。

三十年的改革开放使得我国的经济迅速崛起，也使得我国的期货市场得以长足发展。在期货行业十几年的起起伏伏中，始终笑傲市场、长期稳定盈利的生存者大有人在。所有的胜出者都有非常相同的一面，那就是这些成功的交易者总是能够把握住大势，与趋势为伴。

交易是一种大智慧，它的深度可以升华到哲学、美学方面的思考。这种大智慧是交易者综合能力的集中体现，是经验与教训的结晶，是对人性的大彻大悟。

“千古江山，英雄无觅孙仲谋处，舞榭歌台，风流总被雨打风吹去。”随着中华民族的伟大复兴，我国正在由一个经济大国向经济强国高歌猛进，期货市场也必将迅猛发展，形成与欧美三足鼎立之势，因而我国的期货市场必将迎来一个大师辈出、龙腾虎跃的新局面。这些站在欧美大师肩膀上的成功交易者们，一定是“道”与“术”融会贯通的胜出者。

期货市场充满动感，对交易者品性的考验、性格的陶冶，没有一行能与之媲美。

本书的作者有着较长的期货交易胜出的历史，是早期就参与期货交易的投资专家，在漫漫征途中上下求索，极为难得地保持了稳定盈利的交易记录。长期以来，漫天的宏观经济分析和各种研究报告汗牛充栋，但投资者面对实盘还是四顾茫然。成功交易是个人自律、渴望、知识和技术协同努力下的成果。把这本书中的交易法则、指标和个人洞察结合起来，你将寻找到最佳的交易点位，启发你建立并形成一套自己独特的行之有效的交易体系。

这是一本严肃且精辟的针对资深技术交易者的著作。

本书普遍适用于新入门者、资深期货交易者、交易系统使用者以及交易系统开发者。

作者总结出一套行之有效的宝贵的期货交易法则，希望与读者共同分享他在旅途中的奇妙发现。本书的主要内容有：

一是经典技术分析理论。重新反思传统的经典技术分析理论——道氏理论、艾略特波浪理论、江恩理论。

二是交易系统的综合评价，建立适合自己的交易系统。深入浅出地讲解作者的交易思想，由个人的主观判断变为理性的客观指标的计算，用定量的指标来评判趋势、演变过程。

三是风险控制与头寸规模确定。告诉几条你应遵循的简单法则，如何止损、盈利后加码、退出策略，以保证你能够在赢利交易中“坚守阵地”。

四是交易计划和品种选择。交易计划的书写和商品的选择。

本书将助你成为一个出色的交易员，助你迈向通往自律、坚毅、耐心、沉着的“罗马大道”。我们坚信：市场不由我们控制，但我们可以控制的是——我们自己！

作者能将其成功的投资感悟与大家分享，是一种无私的表现，也足以证明作者广阔的胸怀，我想未来的大师们将会有许多人在写回忆录的时候说：我曾经读过这本书。

常　清
中国农业大学期货与金融衍生品研究中心主任、教授、博士生导师

目录

第一章
期货交易概述

第一节　期 货 交 易

一、什么是期货

期货，就是一种标准合约；期货交易，就是对标准合约的交易。标准合约是这样一种合约，除了价格以外——价格可以由买卖双方来定，其他的所有条款，全部是由期货交易所预先规定好的。因为合约具有标准化的特点，所以买卖双方不需要对交易的具体条款再进行谈判，从而大大节约了交易时间，有效减少了交易纠纷。

期货交易是贸易形式发展的自然结果。从历史的角度看，人类社会有了生产，有了交换，便产生了商品货币交换关系，产生了各种形式的贸易活动。从总体上讲，贸易活动大体上可分为现货交易和期货交易两大类。

现货交易是一手交钱，一手交货的商品货币交换。这里所说的一手交钱，一手交货，并不只是指当时钱货易位、货款两清的情况。现货交易既包括物物交换、即期交易（钱货两清），还包括远期交易。一般来讲，现货远期交易要签订现货合同。现货合同作为一种协议，明确规定了交易双方的权利与义务。交易时，双方必须制定细致的条款，来规定交易商品的品质、数量、价格和交货日期等。买卖双方签约后，合同必须严格执行，转让合同须经对方的同意。在合同期内，现货合同的转让非常困难，给合同双方带来较大的风险。期货交易则不然，在合同期内，交易的任何一方都可以及时转让合同，不需要征得其他人的同意。履约可以采取实物交割的方式，也可以采取对冲期货合约的方式。这是因为期货交易的对象不是具体的实物商品，而是统一的标准合同——期货合约，在交易成交后，买卖双方并没有真正移交商品的所有权。

二、期货交易与现货交易的区别

（一）交易的对象不同

现货交易的范围包括所有商品；期货交易的对象则是由交易所制订的标准化合约。合约中的各项条款，如商品数量、商品质量、保证金比率、交割地点等都是标准化的，合约中只有价格一项是通过市场竞价交易形成的自由价格。

（二）交易目的不同

在现货交易中，买方是为了获取商品；卖方则是为了卖出商品，实现其价值。期货交易的目的是为了转移价格风险或进行投机获利。

刚开始期货交易时，可能一些念头会闯入您的脑海："如果我作为买方或卖方进行某一合约的交易，当合约期满而我不得不提供这种商品时，我该怎么办呢？我到哪儿获得交割所需的全部大豆？"实际上，这并没有什么好担忧的。作为交易者，你只需记住：只有不到3%的期货合约需进行实物交割，绝大部分合约都是在交割前对冲或平仓。

（三）交易程序不同

现货交易中卖方要拥有商品才可以出卖该商品，买方须支付现金才可购买该商品，这是现货买卖的交易程序。期货交易可以把现货买卖的程序颠倒过来，即没有商品也可以卖出，不需要商品也可以购买。刚刚进入期货市场的投资者往往会问："我怎么能出售自己没有的东西呢？"要理解其中的原因，请记住期货合约的定义，期货合约是在将来某一时刻买卖特定数量和质量商品的一项"协议"，而并不是进行某种实物商品的实买实卖。因此，出售期货合约即意味着签订在将来某一时刻交割合约所载标的物的一项协议。

（四）交易的保障制度不同

现货交易以《合同法》等法律为保障，合同不能兑现时要用法律或仲裁的方式解决；期货交易是以保证金制度作为保障来保证交易者的履约。期货交易所为交易双方提供结算交割服务和履约担保，实行严格的结算制度，违约的风险很小，因此也不存在现货市场的“三角债”、“质量纠纷”等问题。

（五）交易方式不同

现货交易是进行实际商品的交易活动，交易过程与商品所有权的转移同步进行。期货交易是以各种商品期货合约为内容的买卖，整个交易过程只是体现商品所有权的买卖关系，而与商品实体的转移没有直接的联系。无论买卖多少次，只有最后的期货合约持有人才有履行实物交割的义务，其他投资者只需在合约期满之前做相反方向的买卖，了结原有交易。另外，现货交易活动随时随地可以进行，具体交易内容由交易双方一对一谈判商定，有较强的灵活性。期货交易则必须在规范化的市场中依法公开、公平、公正地进行，交易中买方、卖方互不见面，不存在买卖双方的私人关系。

三、期货和股票的区别

（一）交易方向不同

期货可以双向交易即期货可以做多也可以做空；价格上涨时可以先买后卖，价格下跌时可以先卖后买。股票目前只能做多。

（二）交易费用不同

期货交易费用低，目前对期货交易国家不征收印花税等税费，唯一费用就是交易手续费。国内三家交易所目前手续费在万分之三左右，加上经纪公司的附加费用，单边手续费也不足交易额的1‰；相对而言，股票交易费用较高。

（三）杠杆作用不同

期货市场无需支付全部资金，只需缴纳保证金（目前国内期货交易只需支付期货合约价值的5%～10%）即可；股票市场是足金交易，资金利用率较低。

（四）交易时效不同

期货市场是“T+0”交易，这就使得您的资金达到应用的极致，您在把握趋势后，可以随时交易，随时平仓；股票市场实行的是“T+1”交易。

（五）交易方式不同

期货可以运用套利、套期保值、跨期买卖、投机等交易方式；股票市场仅是单边投机交易，当然理论上股票市场可以长期投资。

（六）风险性不同

期货市场资金被放大 10 ~ 20 倍使用，财务杠杆性大，风险高；目前股票市场还是现货交易，尚无融资融券，风险较小。

（七）持有时间不同

期货合约有到期交割的要求，股票可以长期持有。

四、期货合约

期货合约是通过期货交易所达成的一项具有法律约束力的协议，即同意在将来买卖某种商品的契约。用术语来表达，期货合约指由期货交易所统一制订的、规定在将来某一特定的时间和地点交割一定数量和质量的实物商品或金融商品的标准化合约。

期货合约的标准化条款一般包括：

（一）交易数量和单位条款

每种商品的期货合约规定了统一的、标准化的数量和数量单位，统称“交易单位”。

（二）质量和等级条款

商品期货合约规定了统一的、标准化的质量等级，一般采用国家制定的商品质量等级标准。

（三）交割地点条款

期货合约为期货交易的实物交割指定了标准化的、统一的实物商品的交割仓库，以保证实物交割的正常进行。

（四）交割期条款

商品期货合约对进行实物交割的月份做了规定。刚开始商品期货交易时，应先注意到的是：每种商品有几个不同的合约，每个合约标示着一定的月份。

（五）最小变动价位条款

最小变动价位指期货交易时买卖双方报价所允许的最小变动幅度。每次报价时价格的变动必须是这个最小变动价位的整数倍。

（六）涨跌停板幅度条款

涨跌停板幅度指交易日期货合约的成交价格不能高于或低于该合约上一交易日结算价的一定幅度。

五、国内上市的商品期货

（一）郑州商品交易所

郑州商品交易所上市的品种有硬冬白小麦、优质强筋小麦、一号棉花、菜籽油、白砂糖、早籼稻和精对苯二甲酸（PTA）。

（二）大连商品交易所

大连商品交易所上市交易的品种有黄大豆一号、黄大豆二号、豆粕、豆油、棕榈油、玉米和塑料。

（三）上海期货交易所

上海期货交易所上市的品种有阴极铜、铝、锌、黄金、天然橡胶、燃料油、黄金和钢材。

第二节　期货市场的功能

一、基本功能

期货市场具有两个基本功能，那就是价格发现功能和转移风险功能。

（一）价格发现功能

价格发现功能是指众多的买卖者聚集在一起，通过公开竞价方式产生未来交割时期的预期价格。由于这种价格预期是消化了各种最新的市场信息的结果，故实际上是提前发现了新的价格。随着时间的推移以及新的市场信息输入，预期价格不断得到修正，最后在交割时与现货价格趋于一致。又由于这种价格是在集中交易情况下产生的，具有一定的合理性与权威性，故这种价格信号对现货市场的交易会起到一定的指导作用。

（二）转移风险功能

转移风险功能是指现货交易者可以利用期货市场与现货市场价格趋同性的特点来进行套期保值交易，借此达到回避、转移或分散现货市场上价格波动的风险。所谓套期保值，是指现货交易者在期货市场买进或卖出与其现货数量相等但交易方向相反的期货合约，以期在未来某一时间通过卖出或买进期货合约，将期货市场的损益抵消现货市场价格变动所带来的损益，达到锁定成本或利润的目的。

两个功能的表述，是从一般意义上对期货市场功能的概括。但必须认识到，期货市场功能的实现是有条件的，不能认为凡开展期货交易，两个功能就必然出现。比如，在商品期货历史上，曾经多次出现过恶性的逼仓事件。这时候，发现的价格往往是不合理甚至是荒唐的。同时，对套期保值交易者来说，也是一场灾难。因为，套期保值得以成功的基本前提是，期货和现货两种价格具有趋同性特点，并且在交割时收敛。一旦两种价格背离且拒绝收敛，套期保值者规避价格风险的初衷就很难实现。

期货交易中会不会出现逼仓事件，与现货市场自身的情况、期货市场的组织规范程度以及监管环境、监管制度是否完善有关。

二、其他功能

期货市场除上述两大基本功能外，还有以下功能：

（一）有利于市场供求和价格的稳定

首先，期货市场上交易的是在未来一定时间履约的期货合约，它能在一个生产周期开始之前，就使商品的买卖双方根据期货价格预期商品未来的供求状况，指导商品的生产和需求，起到稳定供求的作用。其次，由于投机者的介入和期货合约的多次转让，使买卖双方应承担的价格风险平均分散到参与交易的众多交易者身上，减少了价格变动的幅度和每个交易者承担的风险。

（二）节约交易成本

期货市场为交易者提供了一个安全、准确、迅速成交的交易场所，因为除了价格以外其他的条款都以标准合约的形式固定下来了，所有的市场参与者只需就价格达成一致就可以完成交易，并且还有保证金作为保证。

第二章
经典技术分析理论简介

在开始本章的内容之前，我们首先要提出这样的问题，什么叫技术分析。罗伯特·爱德华兹和约翰·马吉的定义是：技术分析是一种科学，它记录某只股票或“市场指数”的实际交易历史（价格的变动、成交量以及其他类似的资料），通常是以图形记录；然后，再根据历史图形推测未来趋势的方法。

第一节　技术分析的理论基础

这一节我们阐述四个问题。第一，给技术分析下个定义；第二，讨论技术分析赖以成立的哲学前提或者说基本原理；第三，技术分析的特点；第四，技术分析在股市和期货市场应用上的比较。

一、技术分析的定义

技术分析是以预测市场价格变化的未来趋势为目的，以图表为主要手段对市场行为进行研究的。“市场行为”有三方面的含义——价格、交易量和持仓兴趣，它们是分析者通常能够获得的信息。另一个概念“价格变化”虽然也常用，但有点狭窄，因为大多数分析者也把交易量和持仓兴趣用作分析资料的一部分。在以后的讨论中，“价格变化”和“市场行为”就按这两种意义区别使用。

二、技术分析的三项假设

技术分析的理论是基于以下三个基本假定或者前提条件：市场行为包容消化一切；价格以趋势方式演变；历史会重演。

（一）市场行为包容消化一切

“市场行为包容消化一切”构成了技术分析的基础。技术分析者认为，能够影响某种商品期货价格的任何因素——基础的、政治的、心理的或任何其他方面的——实际上都反映在其价格之中。

这个前提的实质含义其实就是价格变化必定反映供求关系，如果需求大于供给，价格必然上涨；如果供给过于需求，价格必然下跌。这个供求规律是所有经济预测方法的出发点。把它倒过来，那么，只要价格上涨，不论是因为什么具体的原因，需求一定超过供给，从经济基础上说必定看好；如果价格下跌，从经济基础上说必定看淡。归根结底，技术分析者不过是通过价格间接地研究经济基础。大多数技术派人士也会同意，正是根本的供求关系，即某种商品的经济基础决定了该商品的市场看涨或者看跌。图表本身并不能导致市场的升跌，只是简明地显示了市场上流行的乐观或悲观的心态。

图表派通常不理会价格涨落的原因，而且在价格趋势形成的早期或者市场正处在关键转折点的时候，往往没人确切了解市场为什么如此变动。恰恰是在这种至关紧要的时刻，技术分析者常常独辟蹊径，一语中的。所以，随着您市场经验日益丰富，遇上这种情况越多，“市场行为包容消化一切”这一点就越发显出不可抗拒的魅力。

顺理成章，既然影响市场价格的所有因素最终必定要通过市场价格反映出来，那么研究价格就足够了。实际上，图表分析师只不过是通过研究价格图表及大量的辅助技术指标，让市场自己揭示它最可能的走势，而并不是分析师凭他的精明“征服”了市场。今后讨论的所有技术工具只不过是市场分析的辅助手段。技术派当然知道市场涨落肯定有缘故，但他们认为这些原因对于分析预测无关“痛痒”。

（二）价格以趋势方式演变

“趋势”概念是技术分析的核心。研究价格图表的全部意义，就是要在一个趋势发生发展的早期，及时准确地把它揭示出来，从而达到顺着趋势交易的目的。事实上，本书绝大部分理论在本质上就是顺应趋势，即以判定和追随已成趋势为目的。

从“价格以趋势方式演变”可以自然而然地推断，对于一个既成的趋势来说，下一步常常是沿着现存趋势方向继续演变，而掉头反向的可能性要小得多。这当然也是牛顿惯性定律的应用。还可以换个说法：当前趋势将一直持续到掉头反向为止。虽然这几句话意思差不多，但反复强调的无非只有一个意思：坚定不移地顺应一个既成趋势，直至有反向的征兆为止。这就是趋势顺应理论的源头。

（三）历史会重演

技术分析和市场行为学与人类心理学有着千丝万缕的联系。比如价格形态，它们通过一些特定的价格图表形状表现出来，而这些图形表示了人们对某市场看好或看淡的心理。其实这些图形在过去的100多年里早已广为人知，并被分门别类了。既然它们在过去很管用，就不妨认为它们在未来同样有效，因为它们是以人类心理为根据的，而人类心理从来就是“江山易改本性难移”。“历史会重演”说得具体点就是，打开未来之门的钥匙隐藏在历史里，或者说将来是过去的翻版。但投资者一定要特别注意，“历史会重演”绝不是简单的重复。

三、技术分析的特点

（一）技术分析适用于各种交易媒介

技术分析有一个了不起的长处，就是它适用于任何交易媒介和任何时间尺度。不管是做股票交易、商品交易，还是做外汇交易（任何有交易的市场），没有用不上的地方。

做商品期货，技术派可以随心所欲地同时跟踪许多种类，而基础派往往顾此失彼。经济基础方面的资料太繁杂了，并且各种数据和资料之间的因果关系根本没有任何办法搞清楚，大多数基础分析师只好从一而终，专门研究某种或某类商品，比如谷物或者金属类。我们绝不可忽视这个差别。

市场有时平平淡淡，有时候高潮迭起；既有趋势明朗的情况，也有杂乱无章的阶段。技术派就不妨集中精力和资源，专门对付趋势良好的市场，暂且不理会其他趋势不明者。这样，可在市场上各种商品轮流操作，交替活跃，并且能够把注意力和资金转移到最活跃的对象上去。不同的时候总有不同的商品最火暴，而且往往此起彼伏，技术分析师大得其宜，随机应变地轮换新宠。而基础派多是“专家”，常常享受不到这份灵活性。即使他们要东施效颦，也非得付出许多额外的时间去把握新对象不可，缺了技术分析派那份潇洒。

技术分析原则既适用于期货，也适用于股市。

近年来，金融期货，包括利率和汇率期货大行其道，图表分析理论在这些市场上如鱼得水。

技术分析原则在套头交易（差价交易）和期权交易中也有用武之地。另外，商业保值也需要考虑价格未来走向，因而技术分析同样能发挥所长。

（二）技术分析适用于各种时间尺度

图表分析的另一个优点是它能应用在不同的时间尺度之下。无论是研究一天以内的价格变化做当日交易，还是顺应趋势做中等期限的跟势交易，都可以采用相同的原理。目前，较长期技术预测还往往被忽视。有人说图表分析只适合短时间域，这是无稽之谈。也有人说，基础分析适合做长期预测，而技术分析用于短线的时机选择。

实践证明，使用周线图或月线图解决长期预报问题也毫不逊色。只要您完全领会了本书所讨论的技术原理，就能在各种交易工具中、在各种时间尺度上左右逢源。

四、技术分析在股市和期货市场应用上的比较

常常有人问技术分析在股市和期货市场上的用法是不是一样，答案为既是也不是。基本原理是共同的，使用的基本工具也一样，比如线图、点数图、价格形态、交易量、趋势线、移动平均线和摆动指数等。只要在一个市场上学会运用这些基本知识，就能轻车熟路地适应另外一个市场。当然，股票市场和期货市场毕竟有本质区别，要说技术分析在它们那里的差别，也就是由两个市场本身的先天特征造成的一般意义上的不同，工具本身是没有什么分别的。

（一）标价方式

商品的标价方法比股票复杂得多。每种商品都按特定的单位标价并制定价格增减的最基本幅度。举例来说，国外的谷物市场上的报价方式是每蒲式耳若干美分，金银是每盎司若干美元；我国除了黄金是克外，其他的都是使用吨。交易者在进行交易前，必须明了每个市场的具体情况：在哪个交易所

上市，合约如何标价，最大和最少的价格变化单位是多少，每张合约每基本单位价格变化相当于多少钱的出入等。

（二）具有一定的有效期限

商品期货合约都有到期日，股票则不然。比如我国的上海铜 2008 年 9 月份到期日就是 2008 年 9 月份。期货一般在到期前有大约 6 ~ 12 个月的交易时间，所以在任何时候同一商品在市场上至少同时流通着 6 种到期月份不同的合约。交易者事先必须清楚哪一种值得买卖，哪种应避开（以后解释这一点）。商品期货有效期的特点给商品期货长期价格预测增加了难度。每当旧合约期满新合约上市，总不得不相应地从头开始画图，而且过期合约的旧图表用处不大，新图表连同各项新的技术参数都得重新再来，即便是我们使用指数或连续的图形，在图表上也往往会由于“换月”而留下巨大的缺口。市场上推陈出新不要紧，但要想维持一个长期图表就实在棘手。即使有计算机帮忙，也必须从零开始，花费可观的人力物力来刷新资料。

（三）较低的保证金水平

所有的期货都以保证金方式交易，大多数期货所要求的保证金少于交易量的 10%。较低的保证金水平导致了很高的杠杆效应。价格不管朝哪个方向只变化一点点，就会影响总的交易成绩。正因如此，在期货市场上可能在很短的时间内赚或者赔一大笔钱。既然交易者可能只拿出 10% 的押金，却做了 100% 的交易，那么 10% 的价格变化就能让他本金翻倍，或者让他血本无归。

从技术分析的角度看，杠杆效应使选择出入市时机这一步骤在期货市场比在股票市场大为重要。正确地选择入市和出市的时机一方面是交易成败的关键，另一方面也是市场分析师所面临的一大难题。

（四）时间域大为缩小

在杠杆效应作用下，期货交易者必须密切关注市场的一举一动，因此所关心的时间域必然也细致入微。与此不同，股市分析者喜欢更长时间的图表，研究更长时间的问题。他们也许要预测的是 3 个月或半年后的市场。期货交易者想知道的则是下周、明天乃至下半天的走势如何。移动平均线便是一例。在股市分析中用得最广泛的是 60 天或者 30 周或者 200 天的平均线，而在期货市场，绝大多数在 40 天以下，其中国外流行的移动平均线组合是 4 天、9 天和 18 天，国内一般比较流行的是 5 天、10 天、21 天。

（五）时机更为紧要

对期货交易者而言，时机决定一切。正确判别市场方向仅仅是问题答案的一小部分。入市时间相差一天，有时甚至仅几分钟，结果可能就截然不同。

（六）广泛商品价格

1. 平均指数用得较少。股票平均价格指数的变化是极为引人注目的，比如上证指数、沪深 300 股票指数，实际上这是所有股市分析的起点。期货市场一般并非如此。尽管也有一些代表商品市场总体价格方向的指数，比如商品研究局期货价格指数（CRB）也广受注意，但它们没有股票指数那样显要。

2. 广泛性技术信号用得较少。广泛性技术信号在股市分析中很重要，例如涨跌线、新高新低指数、空头动向比等，但它们在期货市场并不流行。这倒不是因为它们的理论和实践完全不适合期货，而是因为期货品种相对较少。也许有一天期货种类大为增加，就有必要借助这些广泛性指标来判断市场总体运动了。

（七）具体的技术工具

大多数起源于股市分析的技术工具也能适用在商品市场，不过用法不完全一样。举个例子，期货的图表形态往往不像在股市里那样走得那么完整，移动平均线的天数也少得多，传统的点数图也用得不广泛。

第二节　道氏理论简介

一、道氏理论

如果说股神巴菲特的老师本杰明·格雷厄姆是基本面分析流派的奠基人的话，那么查尔斯·道则是技术分析流派的开山鼻祖。道氏原来是一个金融编辑，他一生有三大成就：一是创立了《华尔街日报》，该报在之后的近 100 年里成为美国金融界最受关注的报刊之一；二是成立了道琼斯公司并编制了世界著名的道琼斯 30 种工业指数，该指数到现在仍然是影响力最大的股票指数；三是建立了道氏理论。道氏理论最伟大的之处是对价格趋势作出了精辟的论述，为金融市场分析操作提供了理论依据。道氏理论主要内容是三大假设和五大定理。

（一）道氏理论的三大假设

现在国内关于技术分析最权威的著作当属丁圣元先生在1994年翻译的，由美林集团著名分析师约翰·墨菲所著的《期货市场技术分析》一书。该书关于技术分析的三大假设与道氏理论的三大假设有异曲同工之妙，也许约翰·墨菲正是将道氏理论的三大假设作了延伸。道氏理论的三大假设是：

假设1：主要趋势（最大级别的趋势）是不能被人为操纵的，但小的波动会受到人为操纵的影响。这一假设与约翰·墨菲的“价格以趋势运行”非常相似。

假设2：市场指数会反应每一条信息。相当于技术分析假设的“价格反应一切”。

假设3：道氏理论是客观化的分析理论。在利用它协助投机或投资行为时，需要深入研究，并客观判断。当主观使用它时，就会不断犯错，不断亏损。

（二）道氏理论的五大定理

道氏理论定理1：趋势按照级别分三种，第一种走势最重要，它是主要趋势：整体向上或向下的走势称为多头或空头市场，期间可能长达数年。第二种走势是次级的折返走势，是主要多头市场中的重要下跌走势，或是主要空头市场中的反弹，通常会持续数个月。第三种走势通常较不重要，它是每天波动的走势。

道氏理论定理2：主要走势代表整体的基本趋势，通常称为多头或空头市场，持续时间可能在一年以内，乃至于数年之久。正确判断主要走势的方向，是投机行为成功与否的最重要因素。没有任何已知的方法可以预测主要走势的持续期限。

道氏理论定理3：主要的空头市场是长期向下的走势，其间夹杂着重要的反弹。它来自于各种不利的经济因素，唯有股票价格充分反应可能出现的最糟情况后，这种走势才会结束。空头市场会历经三个主要的阶段：第一阶段，市场参与者不再期待股票可以维持过度膨胀的价格。第二阶段的卖压是反映经济状况与企业盈余的衰退。第三阶段是来自于股票的失望性卖压，不论价值如何，许多人急于套现至少一部分的股票。

道氏理论定理 4：主要的多头市场是一种整体性的上涨走势，其中夹杂次级的折返走势，平均的持续期间长于两年。在此期间，由于经济情况好转与投机活动转盛，所以投资性与投机性的需求增加，并因此推高股票价格。多头市场有三个阶段：第一阶段，人们对于未来的景气恢复信心；第二阶段，股票对于已知的公司盈余改善产生反应；第三阶段，投机热潮转炽而股价明显膨胀——这个阶段的股价上涨是基于期待与希望。

道氏理论定理 5：次级折返走势是多头市场中重要的下跌走势，或空头市场中重要的上涨走势，持续的时间通常在三个星期至数个月；此期间内折返的幅度为前一次级折返走势结束之后主要走势幅度的 33% ~66%。次级折返走势经常被误以为是主要走势的改变，因为多头市场的初期走势，显然可能仅是空头市场的次级折返走势，相反的情况则会发生在多头市场出现顶部后。

（三）道氏理论的发展

1902 年在查尔斯·道去世以后，威廉·汉密顿和罗伯特·雷亚继承了道氏的理论，并加以组织和归纳。罗伯特·雷亚把成交量引入了道氏理论，从而丰富了该理论的内涵。他们所著的《股市晴雨表》和《道氏理论》成为后人研究道氏理论的经典著作。道氏理论在 20 世纪 30 年代达到巅峰。那时，《华尔街日报》以道氏理论为依据每日撰写股市评论。1929 年 10 月 23 日，《华尔街日报》刊登“浪潮转向”一文，正确地指出多头市场已经结束，空头市场的时代来临。这篇文章是以道氏理论为基础提出的预测。在这一预测之后，果然发生了可怕的股市崩盘，于是道氏理论名噪一时。

二、道氏理论的升华——亚当理论

亚当理论的创始人是韦尔德，他的成名是从“技术指标”开始的。韦尔德是成功将技术指标引入技术分析的人。1978 年，他出版了《技术性买卖系统的新概念》一书，提出了一系列技术辅助指标：如相对强弱指数（RSI）、抛物线（PAR）、摇摆指数（SI）、转向分析（DM）、动力指标（MOM）、变异率（VOL）等。尤其是相对强弱指数（RSI）深受技术派人士的欢迎。

但是，经过多年实践，韦尔德认识到每一种指标都有其缺陷与误区，将自己发明的指标统统抛弃，推出了《亚当理论》。其精髓是在投机市场中没有任何技术分析指标可以相当准确地推测后市的趋向。每一套技术分析工具都有其固有的内在缺陷，投资者要摒弃所有的主观分析，不管这些指标或技术工具是定性还是定量地给出定义，都应该坚决地放弃迷信技术指标或工具的做法，及时认清身处的市势趋向，并顺势而为。即认为在升势中逆势沽空或跌势中逆势做多，常常会因为情况和条件不同导致失败，盲目主观地抛顶或抄底大多在事后证明是错误的，只有认清市场趋向并顺势而为，才能将风险减到最低限度。

亚当理论的内涵有以下几条：

（1）在介入某个投机市场前一定要认清该市场的趋势是升还是跌，确认了市势后才具体行动，即升市中主要以做多为主，在跌市中则以沽空为主。

（2）买入后遇跌，沽出后却升，就应该警惕是否看错大势。看错就要认错，及早投降，不要和大势为敌。

（3）抛弃迷信技术分析指标或工具的做法，要清醒地认识到各种技术分析、技术指标均有缺陷。过于依赖这些技术分析指标的所谓买卖信号，有可能使资金遭遇被套的危险。

第三节 艾略特波浪理论简介

波浪理论是技术分析大师艾略特通过对市场的深刻研究，总结出经常重复出现的市场行为模式，从而发明的一种价格趋势分析工具。这里需要强调的是艾略特波浪是市场波动的根本结构，在分析预测、风险控制等方面均有很高的实战参考意义。

艾略特认为，不管是股票还是商品价格的波动，都与大自然的潮汐、波浪一样，一波接着一波，一浪跟着一浪，周而复始，具有相当程度的规律性，展现出周期循环的特点。因此，投资者可以根据这些规律性的波动预测价格未来的走势，并选择恰当的买卖策略。

波浪理论是以周期为基础，他把大的运动周期分成时间长短不同的各种周期，并指出，在一个大周期之中可能存在的一些小周期；而小的周期又可以再细分成更小的周期，每个周期无论时间长短，都是以一种基本模式（结构）进行，这种模式（结构）就是每个周期都是由上升（或下降）的5个过程和下降（或上升）的3个过程组成，每个过程又称之为波浪（见图2-3-1)实际上波浪理论只有两种浪，即推动浪（包括倾斜三角型浪）和调整浪。

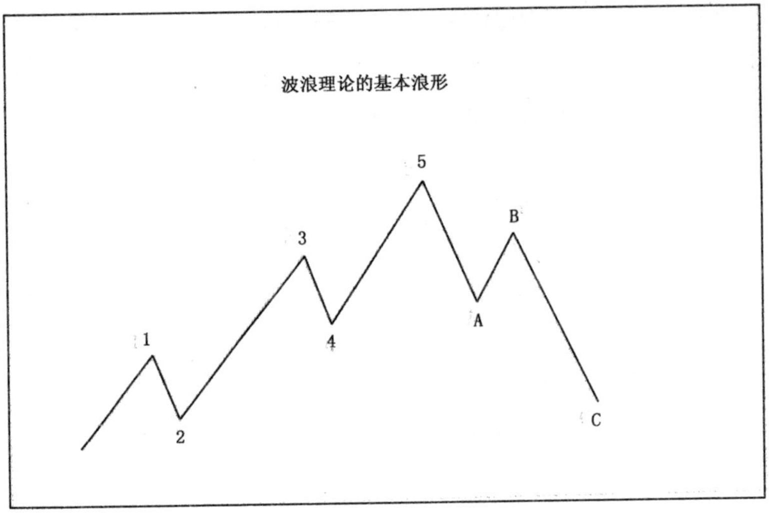

图2-3-1 波浪理论的基本浪形

一、波浪理论数浪的三条基本规则

自然的波动韵律是艾略特波浪理论的灵魂。股价运动要素的模式、时间、比率及其相互关系是其波浪理论体系的关键架构。其关键架构主要包括三个部分：(1) 股价走势形成的形态；(2) 股价走势图中各个高点和低点所处的相对位置，即波幅比率；(3) 完成某个形态所经历的时间长短，即持续时间。

在这三个方面中，股价的形态是最为主要的，它是指波浪的形状和构造，是波浪理论赖以生存的基础。数浪的正确与否，对成功运用波浪理论进行投资时机的掌握至关重要。

（一）三条基本原则

数浪的基本规则有以下三条：

1. 第3浪常常是最长的一浪，永远不允许是推动浪中最短的一个浪。

在股价的实际走势中，通常第 3 浪是最具有爆炸性的一浪。

2. 第 2 浪永远不会运动到超过第 1 浪的起点。

3. 第 4 浪的底部（除非在倾斜三角形（即楔形）内）不可以低于第 1 浪的浪顶。

（二）三条补充规则

除了以上三个在数浪时的铁律外，还有三个补充规则，这三个补充规则并非是牢不可破的铁律，它主要是帮助投资者更好地判别浪型，协助正确数浪工作。

1. 补充规则一：交替规则。如果在整个浪形循环中，第 2 浪以简单的形态出现，则第 4 浪多数会以较为复杂的形态出现。反之，第 2 浪以复杂的形态出现，则第 4 浪多数会以较为简单的形态出现。第 2 浪和第 4 浪就性质而言，都属于与推动浪相反的调整浪，而调整浪的形态有许多种子类型。这条补充规则，能较好地帮助投资者分析和推测市场价格的未来发展和变化，从而把握住出入的时机。

2. 补充规则二：股市在上升一段后进入调整期，尤其是当调整浪仍属于第 4 浪的时候，多数会在较低一级的第 4 浪内完成。通常性情况下，会在接近终点附近完结。这条补充规则主要是为投资者提供调整的终结点，从而使投资者了解在调整临近终结时，应注意做多、做空时的策略，不使投资者在操作上犯方向性大错。

3. 补充规则三：波的等量性。在第 1、3、5 浪的三个推动浪中，其中最多只有一个浪会出现延长波浪，而其他两个推动浪相等的概率会很大。即使不相等，仍会以 0.618 的黄金比律，出现对应的关系。

数浪规则是波浪理论的方法基础，其正确与否直接关系到研判的结果。依据波浪理论的论点，一个价格的波动周期，从牛市到熊市的完成，包括了 5 个上升波浪与 3 个下降波浪，总计有 8 个浪。每一个上升的波浪，称之为"推动浪"，每一个下跌波浪，是为前一个上升波浪的"调整浪"。对于大循环来讲，第 1 浪至第 5 浪是一个"大推动浪"；ABC 三浪则为"大调整浪"（小级别的调整浪用 a、b、c 表示）。一般说来，八个浪各有不同的表现和特性，了解和熟悉这些特性这有助于如何来划分上升五浪和下跌三浪。

二、各浪的特性

如果我们掌握了具体波浪的特性，那是大有益处的，尤其是在波浪划分不清的情况下。还有一点也很重要，不论波浪的层次高低（或规模大小），同一类波浪的特性总是一致的。

（一）第 1 浪

第 1 浪差不多有一半处于市场的底部过程中，常常貌似从非常压抑的水平发生的不起眼的反弹。第 1 浪在五浪中通常也是最短的一浪。有时候第 1 浪也可能很剧烈，特别是在主要的底部形态过程中。

（二）第 2 浪

第 2 浪通常回撤（或吐回）第 1 浪的全部或大部分的上涨进程。但是，正是因为第 2 浪能够在第 1 浪的底部上方打住，才构成了许多传统的图表形态，如双重底或三重底，倒头肩形底等。

（三）第 3 浪

至少在普通股的领域里，第 3 浪通常是最长的，也是最猛烈的一浪。第 3 浪向上穿越了第 1 浪之顶，代表了各种传统的突破信号以及道氏理论的买入信号。实际上在这一时刻，所有的趋势顺应系统都挤进了这一趟牛市。在这一浪，交易量通常是最大的，价格跳空也出足风头。因此，毫不奇怪，第 3 浪最有可能出现延长现象。在五浪结构中，第 3 浪在主浪中绝不会是最短的。在这个阶段，即使是从市场的基本面来看，也肯定是乐观的。

（四）第 4 浪

第 4 浪通常是一个复杂的形态。同第 2 浪一样，它也是市场的调整巩固阶段，但其构造通常与第 2 浪不同。

三角形形态通常出现在第 4 浪，但第 4 浪绝不能重叠第 1 浪的顶部，这是艾伯特理论的中心法则之一。

（五）第 5 浪

在股市中，第 5 浪通常比第 3 浪平和得多。而在商品市场上，第 5 浪常常是最长的一浪，而且最可能延长。正是在第 5 浪之中，许多验证性的指标，如 OBV 交易量，开始落后于价格变化。也正是在这一时刻，在各种摆动指数上如 MACD 柱、KDJ、RSI 等出现了相互背离信号，警示市场可能出现顶部过程。

（六）a 浪

当上升趋势进入调整阶段后，a 浪通常被误解成只是寻常的回撤。如果 a 浪具备了五浪结构，那就天机泄露，事情严重得多了。

（七）b 浪

b 浪是新趋势中的向上反弹，通常伴随着较轻的交易量，并且通常是旧有的多头头寸“侥幸脱逃”的最后机会，也是建立新的空头头寸的第二个机会。根据调整的所属类型，这一浪上冲或许会试探旧的高点（形成双重顶），甚至先越过旧的高点，然后才掉头向下。

（八）c 浪

当 c 浪出现时，上升趋势无疑已告结束。根据当前调整所属的类型，c 浪常常会跌过 a 浪的底，形成了在所有传统技术工具上的卖出信号。实际上，如果在第 4 浪和 a 浪的底部连出一根直线，那么它所描画的有时就是我们熟悉的头肩形。

三、延长浪与失败浪

（一）延长浪

推动浪可以延伸，也可以失败。所谓浪的延长，是指浪的运动发生放大或拉长的现象。在大多数的推动浪中都包含有延长浪。延长浪是一个扩展了的推动浪，在第 1、第 3、第 5 浪中，通常有且只有一个是延长浪。在大多时候，延长浪中子浪的幅度与时间会与其他不含延长浪的幅度与时间相同，这样，在波浪的结构中就会产生九个结构相似的波浪，而不是明显的“五浪”结构。在“九浪”结构中，有时很难区分谁是延长浪。但是，根据波浪理论，延长浪只会有一个，因此，如果其中有两浪长度一致或相似，那么另一浪就是延长浪。

在股票市场中，第 3 浪通常是延长浪，一般来讲，第 5 浪很少是延长浪。这也恰恰符合波浪理论中“第 3 浪永远不会是最短的浪”。这对于我们判断延长浪非常有帮助（见图2－3－2）。

在波浪理论中，延长浪里也会出现延长浪。通常，延长的第 3 浪中的第 3 浪也会成为延长浪，延长的第 5 浪中的第 5 浪也会成为延长浪（图 2－3－2）。

（二）失败浪

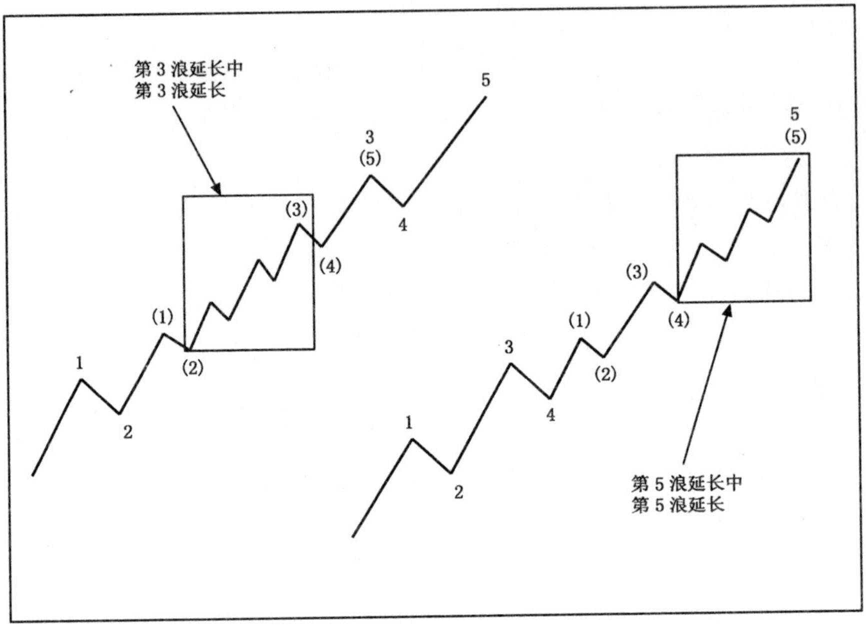

图 2-3-2　延长中再延长

艾略特用“失败”一词来描述第5浪未能运动超过第3浪的情况，也称为“衰竭”。失败浪通常是在超强势的第3浪之后出现的第5浪。以牛市为例，它的情形是，第5浪自身已经具备所需的五浪结构，但无力向上超越第3浪的高点（见图2-3-3）。在熊市，第5浪不能够跌破第3浪的低点（见图2-3-3）。这就是我们通常所说的双重顶和双重底。

四、调整浪

一般来说，调整浪较难辨识，然而，有一点却是明确的，调整浪绝不会以五浪结构出现。调整浪是三浪结构，而不是五浪结构（唯一的例外是在三角形调整形态中）。调整浪有五个类型——锯齿形、平台形、三角形、双三浪结构和三三浪结构。

五、菲波纳奇比数和价格回撤

波浪理论由三个方面构成——波浪形态、比数、时间。上面我们已经讨论了波浪形态。这是三者之中最重要的方面。那么，现在就来谈谈菲波纳奇

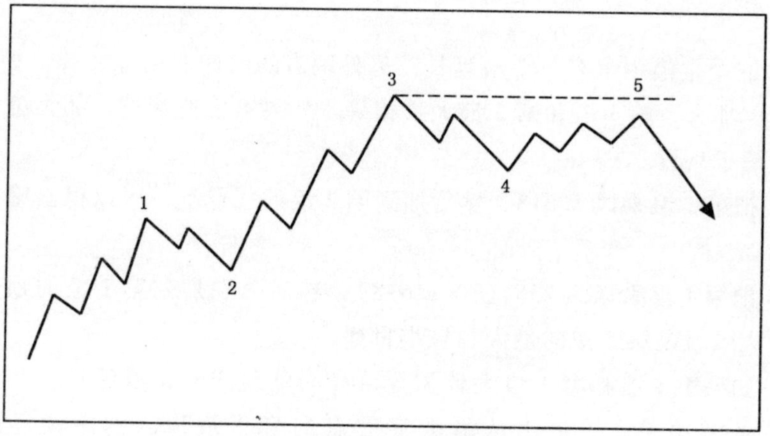

图 2-3-3　牛市衰竭形态

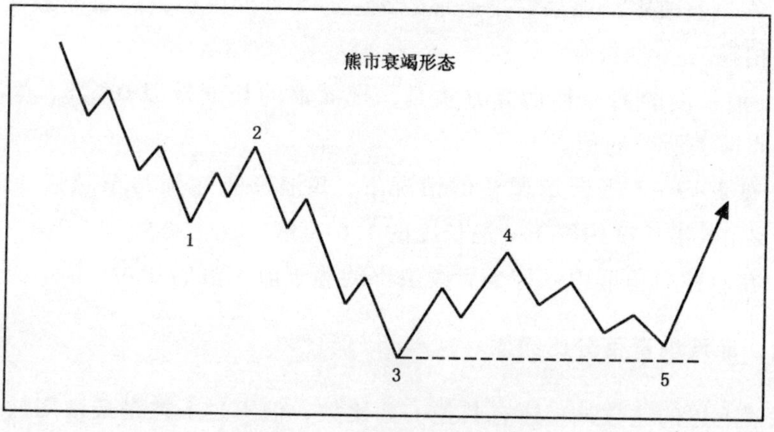

图 2-3-4　熊市衰竭形态

比数和百分比回撤在其中的应用。这些比例既适用于价格，也适用于时间，只是在前面一方面的应用可能更为可靠。稍后我们再讲时间这个方面。

首先，让我们回头看看图 2-3-1 所表示的基本波浪结构，它是按照菲波纳奇数列组织起来的。一个完整的周期包含 8 浪，其中 5 浪上升，3 浪下降——这些统统是菲波纳奇数字。再往以下两个层次细分，分别得到 34 浪和 144 浪——它们也是菲波纳奇数字。

然而，菲波纳奇数列在波浪理论中的应用，并不只在数浪这一点上。在各浪之间，还有个比例的关系问题。下面列举了一些最常用的菲波纳奇比数：

1. 三个主浪中只有一个浪延长，另外两者的时间和幅度相等。如果第5浪延长，那么，第1浪和第3浪大致相等。如果第3浪延长，那么第1浪和第5浪趋于一致。

2. 把第1浪乘以1.618，然后加到第2浪的底点上，可以得出第3浪起码目标。

3. 把第1浪乘以3.236（2×1.618），然后分别加到第1浪的顶点和底点上，大致就是第5浪的最大和最小目标。

4. 如果第1浪和第3浪大致相等，我们就预期第5浪延长。其价格目标的估算方法是，先量出从第1浪底点到第3浪顶点的距离，再乘以1.618，最后把结果加到第4浪的底点上。

5. 在调整浪中，如果它是通常的5－3－5锯形调整，那么c浪常常与a浪长度相等。

6. c浪长度的另一种估算方法是，把a浪的长度乘以0.618，然后从a浪的底点减去所得的积。

7. 在3－3－5平台形调整的情况下，b浪可能达到乃至超过a浪的顶点，那么，c浪长度约等于a浪长度的1.618倍。

8. 在对称三角形中，每个后续浪都约等于前一浪的0.618倍。

六、菲波纳奇百分比回撤

除了上述的比数外，还有其他一些比数，但不过上述是最常用的。这些比数有助于确定主浪和调整浪的价格目标。另外，通过百分比回撤，我们也可以估算出价格目标。在回撤分析中，最常用的百分比数是61.8%（通常近似为62%）、38%和50%。

前面我们说过，在菲波纳奇数列里，除了头四个数字外，菲波纳奇比数趋向于0.618。头三个比数分别是1/1（100%）、1/2（50%）以及2/3（67%）。很多人在学习艾略特理论时都不清楚，自己所熟知的50%回撤，其实也是一个菲波纳奇比数。2/3回撤也一样（1/3回撤作为一个间隔菲波纳奇比数，也是艾略特理论中的一部分）。对先前牛市或熊市的完全回撤（100%）位置，也标志着重要的支撑或阻挡区。

综合波浪理论的三个方面理想的情形是波浪形态、比数分析、时间目标。比如说，波浪分析表明第 5 浪已经完成；并且第 5 浪已经走满了从第 1 浪底点到第 3 浪顶点的距离的 1.618 倍；同时，从本趋势起点（前一个低谷）至今，正好 13 周，从前一高峰到现在正好 34 周，那么，我们就很有把握了：市场重要的顶部即将出现。

对股票和期货市场图表的研究结果表明，其中存在很多种非波纳奇时间关系。然而，问题首先就在于我们有太多的选择余地。我们可以按照由顶到顶、由顶到底、由底到底、由底到顶等多种方式，来数算非波纳奇时间目标。可惜，我们总是事后才能肯定这些关系。在很多时候，我们不清楚究竟哪种关系适合当前的形式。这也正是大部分人认为艾略特波浪理论过于玄奥，难以把握的真正原因；再加上他的理论带有很大的主观成分，以至于有些学者把它成为“事后浪”的理由。为此，我们后面有专门的章节用非常客观的技术指标对此理论进行深入探讨。

七、波浪理论的基本要点

1. 股价指数的上升和下跌将会交替进行。一个运动之后必有相反运动发生。

2. 推动浪和调整浪是价格波动两个最基本型态，而主趋势上的推动浪与主趋势方向相同，通常可分为更低一级的五个浪；调整浪与主趋势方向相反，通常可分为更低一级的三个浪，分成 a、b、c 三个小浪。

3. 八个波浪运动（5 浪上升、3 浪下降，或 3 浪上升、5 浪下降）构成一个循环，自然又形成上级波动的两个分支。波浪可合并为高一级的浪，亦可以再分割为低一级的小浪。

4. 第 1、第 3、第 5 三个波浪中，第 3 浪不可以是最短的一个波浪。

5. 假如三个推动浪中的任何一个浪成为延伸浪，其余两个波浪的运行时间及幅度会趋一致。

6. 调整浪通常以三个浪的形态运行。

7. 黄金分割率神奇数字组合是波浪理论的数据基础。

8. 经常遇见的回吐比率为 0.382、0.5 及 0.618。

9. 第四浪的底不可以低于第一浪的顶。

10. 波浪理论包括三部分：形态、比率及时间（其重要性以排行先后为序）。

11. 波浪理论主要反映群众心理。越多人参与的市场，其准确性越高。波浪理论在各种指数、黄金、国际原油、外汇等参与人数众多的市场表现相当理想。

八、波浪理论在股市与商品期货市场上应用的比较

关于波浪理论在股市与商品市场上应用的区别，其实前面我们已经讲过。比方说，在股市上，往往是第3浪延长；而在期货市场，常常是第5浪延长。在股市上，第4浪不可以与第1浪有重叠，这是个铁律；而在期货市场这一点却要打折扣，不那么严格（在期货图表上可能出现日内穿越现象）。有时候，商品的现货市场图表上的艾略特形态比期货市场上的清晰得多。另外，由于我们在商品期货市场采用了连续图表（也就是我们常说的某合约指数），导致了扭曲现象，这或许影响到长期的艾略特形态。

在两个领域中，最显著的区别可能在于，商品市场能够“容得下”主要牛市，即新牛市的高点往往不能超越旧牛市的高点。在商品市场上，很可能后一轮五浪结构的牛市无力达到前一个牛市的最高点。许多商品市场在2007～2008年期间的主要顶部，在今后几年内都不会被超越。我们知道，长期性的螺线生长形态对于股市分析理论是至关紧要的基础。然而，上述这个“不能生长”的区别就为螺线生长理论蒙上了一层阴影，所以，我们就不可等闲视之了。对两个领域的最后的比较研究说明，在商品市场上，最佳的艾略特形态似乎出现在长期延长形态之后当市场发生突破的时候。

重要的是我们要记住，波浪理论的本意是应用于股指的。对单个的普通股票来说，其表现并不尽如人意。而在某些期货市场上，交易活动更清淡，那么，它的效果当然可能更糟。要知道：群体心理是艾略特理论的重要依据之一。波浪分析在股指期货、外汇、黄金和原油等市场具有广泛的“群众基础”，在这些市场上大有作为。

第四节　江恩理论

威廉·江恩是20世纪最著名的投资家之一。他在期货和股票市场上的

骄人成绩至今无人可比。他的成就有两项：一是把“时间”因素引入技术分析将时间与价格完美的结合起来，江恩认为，两者之间存在一定的比例关系。在他的推测市场顶和底的方法中，有一种是以价格和时间的均衡为基础的——这就是一单位的价格变化，恰巧对应于一单位的时间过程的情况。二是指明了“止损单”在交易中的极度重要性。江恩理论的实质就是在看似无序的市场中建立了严格的交易秩序，他建立了江恩时间法则、江恩价格法则、江恩线等。它可以用来发现何时价格会发生回调和将回调到什么价位。

江恩是一个名副其实的实战家，在其53年的投资生涯中共从市场上取得过3.5亿美元的纯利，并爆过40多次仓。江恩的事业高峰期，他共聘用25人，为他制作各种分析图表及进行各类市场走势研究，并成立两家走势研究公司——江恩科学服务公司及江恩研究公司。在每年出版的全年走势预测中，他清楚地绘制在什么时间见什么价位的预测走势图，准确性甚高。

时下流行的江恩时间周期理论、江恩角度线、轮中轮等理论是以研究测市为主的，他通过数学、几何学、宗教、天文学的综合运用，建立起自己独特的分析方法和测市理论。由于他的分析方法具有非常高的准确性，有时达到令人不可思议的程度，因此，很多江恩理论的研究者非常注重江恩的测市系统。但在测市系统之外，江恩还建立了一整套操作系统，当测市系统发生失误时，操作系统将及时地对其进行补救，而操作系统才是江恩理论的真正精华所在。

一、几何角度和百分比例

在一些出色的江恩理论家看来，江恩几何角度方法是江恩最有价值的一种技术。另外，我们还打算谈谈他的另一个相对简单的概念——百分比回撤，而这又可以有效地与几何角度线协同起来使用。

（一）百分比例

江恩把价格运动划分为八等份：1/8、2/8、3/8、4/8、5/8、6/8、7/8、8/8。他把价格运动分成三等份：1/3和2/3。下面我们把上述分数换算成百分数。请注意，1/3和2/3已经被安插在八等份数列中的适当位置上了。

1/8 = 12.5%	2/8 = 25%
1/3 = 33%	3/8 = 37.5%
4/8 = 50%	5/8 = 62.5%

2/3 = 67%　　　　6/8 = 75%

7/8 = 87.5%　　　　8/8 = 100%

读者马上会注意到，中间的五个数字——33%、37.5%、50%、62.5%和67%——非常面熟。对江恩来说，其中50%是最重要的，37.5%和62.5%的重要性仅次于50%。由此，我们就把江恩理论与艾略特波浪理论合二而一了。

江恩认为，其他百分比数字在市场变化中也有所体现，但都不太重要。在江恩扇形中，也以75%和87.5%作为市场转折点的警示点。而对于较小幅度的回撤来说，12.5%和25%也许也起到一定的作用。无论如何，虽然后头这四个数字超出了33%和67%的界限，但一般仍为大部分市场技术分析者所用。

（二）45°线的重要性

江恩的几何角度是从市场的显要的顶或底出发、按照一定的角度引出的一组趋势线。这些角度由价格与时间的相互关系所决定。其中最重要的角度是45°线。在上升趋势中，江恩从市场的底部向右上方引出45°倾角的直线。而在下降趋势中，从市场顶部向右下方引出45°倾角的直线。作这条直线的根据是，沿着这条直线，时间变化和价格变化的关系正好处于1比1的均衡状态。换言之，在每个时间单位内（在日线图上通常为一周），价格上涨或下跌的幅度亦为一单位（或者是图上的一格）。其作法是，在日线图上，先找出底点，然后，沿时间轴向右移一格（一周），再沿价格轴向上移一格，得到第二个点，最后把两点联结起来并向右上方延长，这就是45°线了。我们也可以借助量角器来画此线。

45°线代表江恩的主要的上升或下降趋势线。在牛市中，只要价格维持于上升45°线的上侧，则牛市持续有效。而在熊市中，只要价格维持在下降45°线的下侧，则熊市持续有效。市场对45°线的突破，通常构成主要的趋势反转信号。我们可以看出，在45°线上，价格与时间正好处于完美的均衡状态中。在上升趋势中，当价格跌回上升45°线时，时间和价格的关系恢复均衡状态。因此，如果这条趋势线被跌破了，就表明上述关系被打破了，趋势可能发生变故。我们也可以照45°画出其管道线。它从显著高点或低点出发，平行于基本的趋势线。

我们通过组合时间和价格的比例关系，还可以作出更陡峭的或更平缓的几何趋势线。1×1线就是45°线。1×2线则是下一个更陡峭的线，居于45°线的上方，表示在每1时间单位内，价格增长2个单位。这就意味着价格上升的速度是时间变化速度的2倍。陡峭的直线是1×4线，表示在一个时间单位内，价格上升4个单位。这一组陡峭直线可以依次类推，直到1×8线，不过后面这种陡峭直线已不常用。

（三）其他角度线

在45°线的下方，下一个更平缓的直线是2×1线，表示在2个时间单位内，价格升1个单位（或者说每周上升1/2价格单位）。再下一个更平缓的直线为4×1线，表示在4个时间单位内，价格上升1个单位（或者说每周上升1/4价格单位）。下面按照由陡而平的顺序，列出了各种几何角度线以及与之对应的角度值。前一个数字代表时间，后一个数字代表价格，读作时间×价格。

1×8＝82.5°　　1×4＝75°

1×3＝71.25°　　1×2＝63.75°

1×1＝45°　　2×1＝26.25°

3×1＝18.75°　　4×1＝15°

8×1＝7.5°

请注意，在上表中也包括进了1×3和3×1两条直线。江恩显然已经意识到，这两条特别的直线把价格运动3等分，因此在周线图和月线图上更有用途。江恩的几何直线的使用方式，与速度线和菲波纳奇扇形线颇为相似。在上升趋势中，它们是支撑线；而在下降趋势中，它们是阻挡线。在上升趋势中，价格跌破其中一条直线，就意味着将跌向下一条直线。相应地，在下降趋势中，涨破其中一条直线，就意味着将涨向上一条直线。

二、把几何角度线与百分比回撤结合起来

这两种技术相辅相成、相得益彰。一旦市场发生重要运动后，我们就可以把价格变化的幅度划成8等份（见图2－4－1）。

江恩的几何角度线必须从显要的峰和谷出发。因此，在一张图上，可能同时出现上升和下降两组直线。这两组直线也可以结合起来使用。当下降的角度线（画自顶点）与上升的角度线（画自底点）成90°相交时，其交点具有更重要的分量。如果这个交点还与水平的百分比回撤线吻合的话，那么其

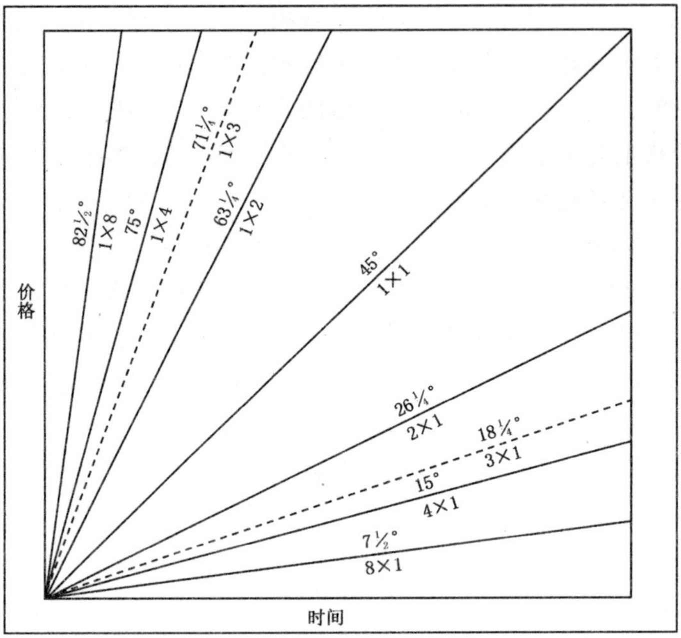

图 2-4-1　江恩的时间×价格几何角度

意义甚至更重要。江恩除了自显著的顶点和底点出发作几何角度线外，也热衷于从坐标原点 0 出发作角度线。换句话说，在他的图表上，不仅从显著的顶点或底点出发作 45°线，而且也从对应于原点的价格点出发作 45°线。江恩认为，自原点作出的直线在未来也有意义。他还有很多作直线的方式，不过我们的讨论仅限于上述范围。

三、江恩的 21 条买卖守则

江恩的 21 条买卖守则是：

1. 每次入市买、卖，损失不应超过资金的 1/10。
2. 永远都设立止损位，减少买卖出错时可能造成的损失。
3. 永不过量买卖。
4. 永不让所持仓位转盈为亏。
5. 永不逆市而为。市场趋势不明显时，宁可在场外观望。
6. 有怀疑，即平仓离场。入市时要坚决，犹豫不决时不要入市。
7. 只在活跃的市场买卖。买卖清淡时不宜操作。

8．永不设定目标价位出入市，避免限价出入市，而只服从市场走势。
9．如无适当理由，不将所持仓平盘，可用止赚位保障所得利润。
10．在市场连战皆捷后，可将部分利润提取，以备急时之需。
11．买股票切忌只望分红收息（赚市场差价第一）。
12．买卖遭损失时，切忌赌徒式加码，以谋求摊低成本。
13．不要因为不耐烦而入市，也不要因为不耐烦而平仓。
14．肯输不肯赢，切戒，赔多赚少的买卖不要做。
15．入市时落下的止损位，不宜胡乱取消。
16．做多错多，入市要等候机会，不宜买卖太密。
17．做多做空自如，不应只做单边。
18．不要因为价位太低而吸纳，也不要因为价位太高而沽空。
19．永不对冲。
20．尽量避免在不适当时搞金字塔加码。
21．如无适当理由，避免胡乱更改所持仓位的买卖策略。

江恩总结大多数人在股市和期货市场中输钱主要的三个原因是：

1．交易过度或买卖过于频繁。
2．没有上止损单。
3．对市场知之甚少。

第三章
追 随 趋 势

追随趋势，做趋势的朋友

第一节 什么是趋势

很多成功的投资者都被纳入趋势跟踪者这一群体。在后面的讨论中，我会着重描述什么是趋势跟踪以及投资者为什么应该在其投资活动中使用这些普遍的准则。

让我们把“趋势跟踪”这个术语进行分解。它的第一部分是趋势。每个市场参与者都需要一个趋势来赚钱。想一想，不管你使用什么技巧，如果在你买进之后没有一个趋势的话，你就不可能在更高的价位抛出，这笔交易就会赔钱。为了能在更高的价位抛出，在你买进之后必须有一个上涨的趋势。相反，如果你抛出在先，那么随后必须有一个下跌的趋势，你可以在更低的价位买回来。

这个术语的第二部分是跟踪。我们使用这个词，是因为趋势跟踪者总是先等待趋势的转变，然后再跟踪这个趋势。如果市场处于下跌的趋势，接着预示了一个上涨的反弹，这些趋势跟踪者就会立即买进。这样做，交易者就是在跟综趋势。

一、“滚动你的利润，止住你的亏损”

这句古老的交易商格言完美地描述了趋势跟踪交易的内涵。趋势跟踪指标告诉交易者，市场何时由上涨转向了下跌，或由下跌转向了上涨。各种市场的图表或数学方法都是用来测度市场当前的方向以及观察其转变的。一旦进入趋势，只要这一趋势是朝着交易者希望的方向行进，那么他就会把操作停下来享受这一趋势继续的过程，这就是“让利润滚动起来”。

遗憾的是，趋势通常会在某一点结束。因此，在市场趋势转变时，交易格言的另一面就开始起作用了。交易者在感觉市场向着对他的头寸不利的方向转变时，就会立即清算。清算时，如果该头寸在这一转折点之前，那么这位交易者就能获取利润；如果该头寸在这一转折点之后，那么这位交易者就会中止这次交易，以防止亏损的失控。不论是哪一种方式，交易者都会退出一个眼下正不利于他的头寸。

二、趋势跟踪的优缺点

（一）趋势跟踪的优点

趋势跟踪的优点很简单，即你绝不会错过市场中任何一次较大的移动。如果你正在观望的市场从一个下跌的方向转变成上涨的方向，任何一个趋势跟踪指标都会亮出一个“买进”的信号，问题只是何时买进。如果是一次较大的移动，你就会得到这一信号。趋势跟踪指标的期限越长，交易成本就越低。这显然是趋势跟踪的一个优点。

从战略意义上来讲，投资者必须认识到，如果能在几乎任何一个市场上赶上一次较大的移动，仅仅一次交易的利润都是巨大的。本质上，一次交易可以赚到一整年的钱。因此，尽管策略的可靠度可以远远低于50%，但你仍然可以赚到钱，因为盈利交易的平均规模要比亏损交易的规模大得多。

（二）趋势跟踪的缺点

趋势跟踪的缺点是，你的指标不能分辨出一次较大的有利可图的移动与一次稍纵即逝的无利可图的移动之间的区别。因此，在趋势跟踪信号立即变得不利时，这些趋势跟踪者就经常会遭遇双赔，造成一些小的损失。大量的双赔累计起来，就会使趋势跟踪者产生忧虑，并导致他们放弃这个战略。

大多数市场在大部分时间里是没有趋势的，可能只有在15%～25%最多不会超过30%的时间里是有趋势的。然而，为了不至于错过一次大的趋势，趋势跟踪者必须乐意在这些不太有利的市场中进行交易。

三、趋势跟踪有用吗

实践证明，绝对有用！首先，如果没有趋势，就不需要有组织的市场。生产商可以到市场上进行销售，而无需担心必须要用套期保值来保护自己。终端用户将知道他们可以按照一个合理的价格来获得他们想要的产品以及人们买公司股票也只是为了获得红利部分的收入。因此，如果市场在任何时间段都没有了趋势，那么这些市场将很可能不复存在。

其次，如果没有趋势，你就可能预测价格变化会是一个相当随机的分布。然而，如果你观察一下几乎任何一个市场上价格随时间变化的分布，就会发现在大的价格变化的方向上有一条非常长的尾部。这是因为在给定的时间内，总会有一些你也许永远都预料不到的异常大的价格变化。例如，标准普尔的期货市场于1982年开放，5年之内就发生了一次你可能以为100年才会发生一次的价格移动。这些短期内异常大的价格变化就是趋势跟踪得以起作用的力量，而且你总能看到这种现象。

趋势跟踪对每个人都适用吗？趋势跟踪可能是交易者和投资新手最容易理解和使用的技巧之一。跟踪的期限越长，总的交易成本对利润的影响越小，短期模型很难克服很多交易带来的成本。只要有耐心，你的交易做得越少，交易成本就越少，获得利润越容易。

然而，有大量实例说明趋势跟踪并不总是合适的。转手倒卖股票只获取微利的超短线交易商就不太可能使用趋势跟踪。套期保值投资者可能会发现，使用趋势跟踪指标进行套期保值要比通过选择某种形式的无息经济套期保值方法的风险更大。日内交易商也可能发现使用趋势跟踪模型很困难，在进行日交易时，由于时间限制，不可能让利润滚动起来，一天很快就会结束，交易商只好清算他们的头寸。

如果趋势跟踪适合你的个性和需要，那么就试一试。因为不乏很多成功的交易商和投资者的例子，他们不断地在市场中使用这个久经考验的方法。随着经济世界变得越来越不稳定，很多不断涌现的新趋势需要趋势跟踪交易商去发掘，并且发现方向转变时，就会立即清算。清算时，如果该头寸在这一转折点之前，那么这位交易商就能获取利润；如果该头寸在这一转折点之后，那么这位交易商就会中止这次交易，以防止亏损的失控。不论是哪一种方式，交易商都会退出一个眼下正不利于他的头寸。

几乎所有的市场参与者都明白追随趋势是最成功的交易和投资技巧，然而，如何客观地分析、评价和判断市场的趋势，以及市场是否总是处于趋势状态是我们必须面对的。

另外的问题是我国的股票市场并不提供真正的卖空机制，国外股票市场的机制也是有限制的卖空，但期货市场却提供了真正的卖空交易机会，这从理论上说，就提供了多一倍的趋势交易机会。

我将我的技术观点分为两大类。第一类包括本章内容，这是客观分析、评价、处理趋势问题根本原则；我在市场建立任何头寸之前，都非常仰赖这部分内容作为判断市场的重要依据。第二类将在下章讲解，它们是判断市场趋势和拐点的辅助工具，主要介绍一些特殊的形态和摆动指标。

第二节 趋势线

一、趋势线的画法

（一）趋势的定义

何谓趋势，趋势是某特定期间内，价格走势的方向。在上升趋势中，价格持续上涨而中间夹杂着暂时性的下跌走势，但下跌走势的低点不低于前一波跌势的低点。下降趋势则相反——价格持续下跌而中间夹杂着暂时性的上涨走势，但上涨走势的高点不高于前一波涨势的高点。在图形上趋势呈现锯齿状的模式。就上升趋势而言，价格将持续创新高，其间所夹杂之回档走势的底部也不断垫高；就下降趋势而言，价格将持续创新低，其间夹杂之反弹走势的高点也不断下滑。趋势线是分析趋势最有用的工具。

（二）趋势线的画法

不论业余或专业的市场玩家经常犯一项严重的错误：趋势线的定义与绘制在方法上缺乏一致性。若希望趋势线能够发挥功能，则必须准确地使用趋势的定义。我采用《专业投机原理》的作者维克多·斯波郎迪的设计方法。该方法非常简单，而且具有一致性，同时符合“道氏理论”中对于趋势的定义以及该理论对于趋势变动的推论。

1. 选择考虑的期间：长期（数个月至数年）、中期（数个星期至数个月）或短期（数天至数个星期）。在既定的期间内，如果趋势线的斜率变动非常明显，可能同时存在数条趋势线。

2. 上升趋势线。在考虑的期间内，以最低的低点为起点，向右上方绘制一条直线，连接最高之高点前的某一个低点，而使这条直线在两个低点之间未穿越任何价位。延伸这条直线而经过最高连结最高之高点前的某一低点，使该直线在两个低点之间不会穿越任何价位。

2006 年 9 月到 2008 年 4 月的大连大豆期货合约是一上升趋势（见图 3 –2 –1）。上升趋势线是由最低的低点绘制一条直线（见图 3 –2 –1）。

图 3 –2 –1　大连大豆指数的上升趋势线（正确画法）

图 3 –2 –2 中的上升趋势线画法不正确，因为在两个低点之间，趋势线穿越某些价位。这种错误会导致趋势变动的误判。

3. 下降趋势线。在考虑的期间内，以最高的高点为起风向右下方绘制一条直线，连接最低之低点前的某一个高点，而使这条直线在两个高点之间未穿越任何价位（见图 3 –2 –3）。图3 –2 –4是下降趋势线的错误画法。

趋势线虽然简单，但却非常精确而具有一致性。如果根据相同期间内的资料进行线性回归分析（linear regression analysis），最佳套入直线的斜率将相当近似于趋势线的斜率。这与其他方法不同，它使你可以避免依据个人的

图 3－2－2　大连大豆指数的上升趋势线（错误画法）

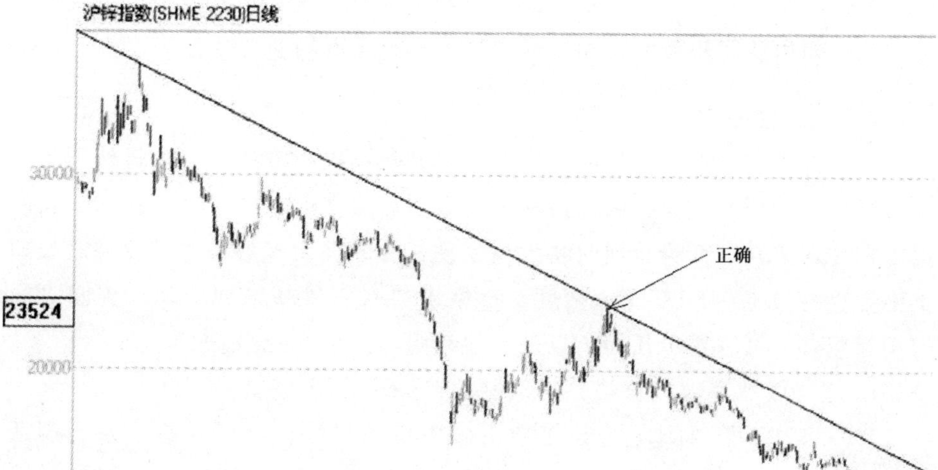

图 3－2－3　沪锌指数的下降趋势线（正确的画法）

主观看法绘制趋势线。趋势发生变动时，这项方法也可以在图形上提供判断的基准。

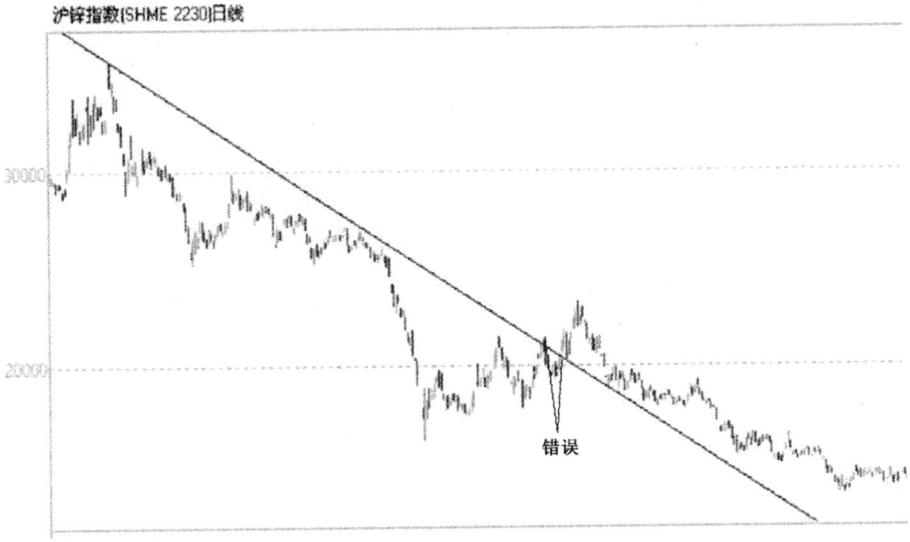

图 3-2-4　沪锌指数的下降趋势线（错误的画法）

二、如何认定趋势的变动：简单的 1—2—3 准则

（一）一般原则

在底部买进而在顶部卖出，当然是最理想的投机方式，但这显然不是一种可以稳定达到的境界，因为市场的发展有着太多的不确定性。然而，我们可以在技术上判定，趋势何时将发生变动，并掌握大多数股票与商品之长期价格走势的 60% ~80% 变化幅度。价格走势有三种基本的变动，它们之间的相互配合，可以界定任何市场的变化趋势。

1. 趋势线被突破（价格穿越绘制的趋势线见图 3-2-5①）。

2007 年 10 月 14 日，上证指数下破中期趋势线。价格穿越一条绘制适当的中期趋势线时，这是趋势变动的第一个征兆，即：1—2—3 趋势变动准则的第 1 种情况。

2. 上升趋势不再创新高或下降趋势不再创新低。例如，在上升趋势的回档走势之后，价格虽然回升，但未能突破前高，或仅稍做突破又回档。类似情况也会发生在下降趋势中。这通常称为“试探”高点或低点。这种情况通常，但不是必然发生在趋势变动的过程中。若非如此，则价格走势几乎总是受到重大消息的影响，而向上或向下跳空，并造成异于“常态”的

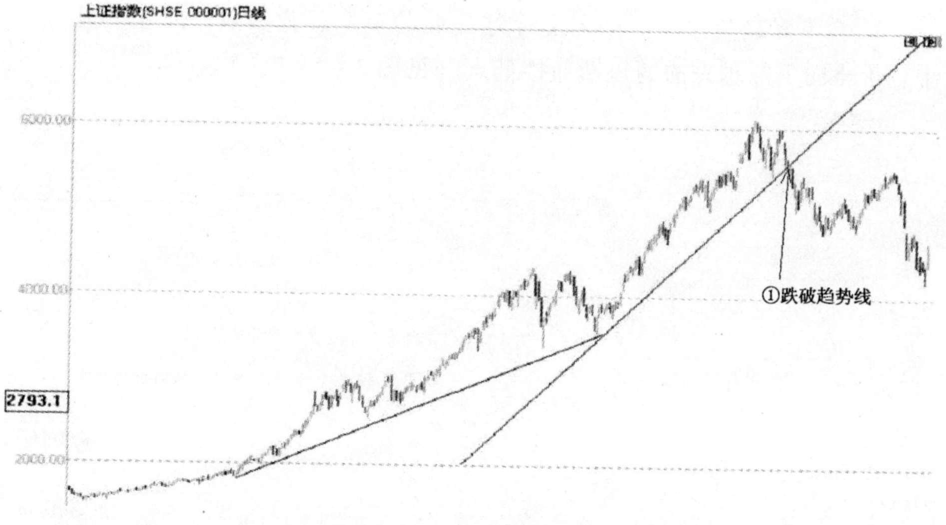

图 3－2－5 上证指数日线图

激烈价格走势（见图 3－2－6②）。

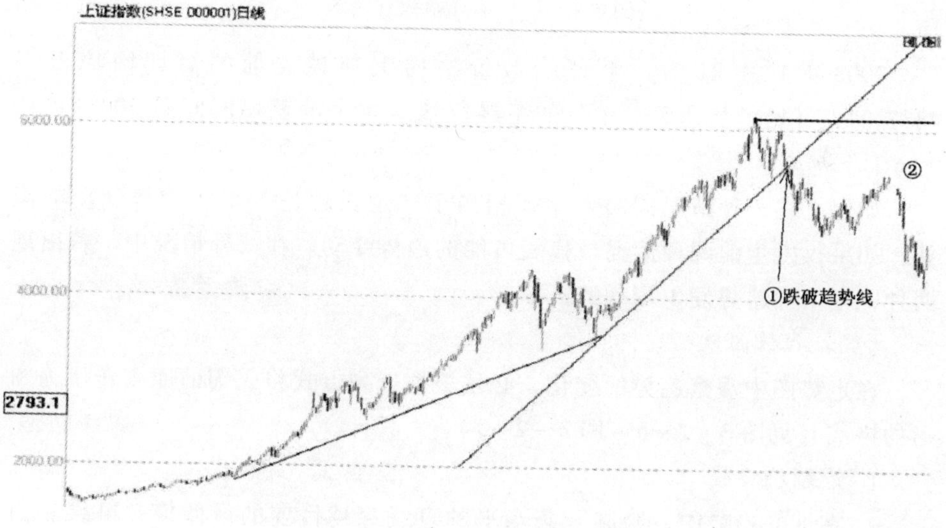

图 3－2－6 上证指数日线图

2008 年 1 月 11 日，上证指数测试先前的中期高点而失败。价格接近而未能到达先前的高点时，这是趋势变动的第二个征兆，即：1—2—3 趋势变动准则的第 2 种情况。

3. 在下降趋势中，价格向上穿越先前的短期反弹高点；或在上升趋势中，价格向下穿越先前的短期回档低点（见图3－2－7③）。

图3－2－7　上证指数日线图

2008年1月21日，上证指数价格向下穿越先前的短期回档低点4857.04，开始了长达8个多月的下跌行情（本书的截稿时间是2008年10月6日）。

如果上述三种情况同时发生，相当于“道氏理论”对于趋势变动的确认。如果仅发生前两种情况，代表可能的趋势变动。在三种情况中，若出现两种，则增加趋势发生变动的概率。

（二）具体画法

在走势图中观察趋势的变化，必须根据下列方式将先前的原则转换为图形的格式（见图3－2－5～图3－2－7）。

1. 绘制趋势线。

2. 在下降趋势中，绘制一条水平的直线穿越目前的最低价，再绘制另一条水平的直线穿越前一波反弹的高点。

3. 在上升趋势中，绘制一条水平的直线穿越目前的最高价，再绘制另一条水平的直线穿越前一波回档的低点。

就上升趋势来说，如果价格穿越趋势线，在穿越的位置标示①（见图3－2－7）。如果价格接近、接触或稍为穿越该条对应目前高价的水平直线而未能突破，则在该点标示②（见图3－2－7）。如果价格向下突破该条对应前一个回档低点的水平直线，则在该点标示③（见图3－2－7）。如果这三个情况出现两者，则趋势很可能会发生变化。如果三个情况全部出现，则趋势已经发生变化，并最可能朝新的方向继续发展。

下面再看一个例子，上海燃油指数的走势（见图3－2－8）。

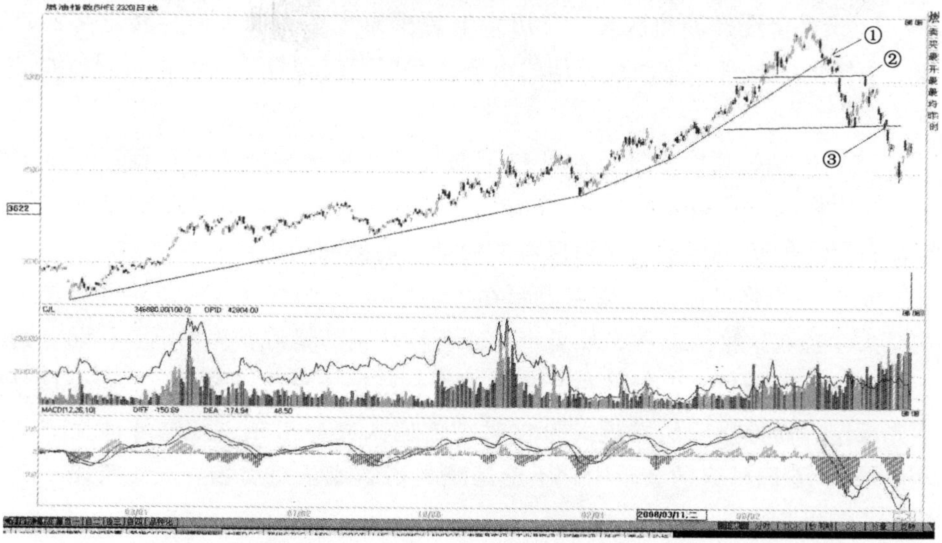

图3－2－8　上海燃油指数的走势

上海燃油自2007年1月2600元/吨开始上涨，经过长达一年半的时间（两次趋势线的加速）到2008年7月23日最高价达5600元/吨，涨幅高达3000元/吨；2008年7月底跌破趋势线后到2008年10月6日价格接近4000元/吨，跌幅达1600元/吨，并且跌势还在继续。

经常练习，你便能够以目测的方式判断趋势发生变动的准则，并以1—2—3的原则去思考：（1）突破趋势线；（2）测试先前的高点或低点；（3）向下跌破前一波回档的低点或向上穿越前一波反弹的高点。1—2—3三个位置表示趋势已经发生了变动！这里读者需要注意的是，某些书籍中画趋势线时，强调使用K线的实体部分，我还是比较喜欢使用最高最低价格；从大的方向上看，它们的区别不是很大，不影响趋势线的使用。

（三）市场选择

当然，根据1—2—3法则交易，未必有100%的胜算。在流动性欠佳、对于消息面非常敏感、或高度投机的市场与个股中，特别容易出现突然的反转。假定你根据1—2—3准则或其他类似准则交易，而行情突然反转，这称为“挨耳光”（这是在价格波动甚为剧烈的行情中，当你买进之后，价格突然下跌，或当你卖空之后，价格突然上涨）。避免两面“挨耳光”或降低损失的最佳方法是遵循下列法则：

1. 交易仅选择流动性高，且历史上较少出现突然而大幅反转走势的市场。由图形中观察，流动性欠佳的市场经常出现成交量不大而价格剧烈波动的走势。

2. 在可能的范围内尽量避开对于消息面非常敏感的市场，或对于政府货币与财政政策反应剧烈的市场。由图形中观察，这类市场经常出现“跳空缺口”——价格出现突然而巨幅的变动，而中间的价格并未显示。

3. 唯有当你可以将出场点设定在先前的支撑或压力价位，才可以建立交易头寸。在这种情况下，如果市场证明你的判断错误，你要迅速认赔。这类的出场点，如果事先已经递入交易指令，则国外称为“停损”；如果仅是预先设定，而价格已经接近此价位时，才递入交易指令，则国外称为“心理停损”。在国外有的文献中，不论是获利了结或认赔出场，这类策略一律称为“停损”。

1—2—3准则是一种简单而有效的交易方法，如果谨慎运用，成功的机会远大于失败。然而，它也有缺点：当三个条件完全满足时，你通常已经错失一段相当大的行情。还有一种可以协助你提早建立头寸的法则，它是我个人比较偏爱的方法，国外称它为2B准则。该准则因为带有比较大的主观成分和需要比较好的市场感觉，大家可以参考相关的资料，我们这里不再详细讨论。

三、趋势线评级

趋势线最为重要的特征是其倾斜方向。当趋势线向上倾斜时，表明多方占主导，这时该寻找买入机会；当趋势线向下倾斜时，表明空方占主导，这时该寻找放空机会。可以通过检查5方面因素来评价任何一条趋势线的重要性，即：趋势线的时间周期、长度、价格触及趋势线的次数、角度和成交量。

（一）时间周期越长，趋势线越重要

周线图上的趋势线表明的趋势比日线图上的趋势线表明的趋势重要；日线图上的趋势线表明的趋势比小时线图上的趋势线表明的趋势重要，依此类推。

（二）趋势线越长，越有效

短的趋势线反映的是群体的短期行为，长趋势线反映的是群体的长期行为。趋势线持续时间越长，惯性越大。一轮大牛市可能沿着趋势线持续很长时间。

（三）价格触及趋势线的次数越多、越有效

当趋势向上时，价格折返到趋势线表明空方发起了一轮反抗；当趋势向下时，价格反弹到趋势线表明多方发起了一轮反抗。当价格折返到趋势线然后又远离趋势线时，说明主导市场的一方已经把对方的反抗打压下去了。

初始趋势线只是两个低点之间的连线。如果是三点连成的趋势线，则更有效，如果是四点或五点连成的趋势线，则表明主导市场的一方牢牢掌控了市场走势。

（四）趋势线与水平线之间的夹角反映了市场主导一方的情绪的激烈程度

陡峭的趋势线表明主导方行动迅速，相对平缓的趋势线表明主导方行动缓慢。平缓的趋势线持续时间更长，就好比龟兔赛跑一样。

测量一下每条趋势线的角度并记在图形上是有好处的。可以用电脑、量角器或画图工具来完成这项工作。比较趋势线间的角度就能发现，市场主导方是变得更乐观还是更悲观。

当价格加速远离趋势线时，可以画一条新的角度更大的趋势线。它表明趋势正在加速，但这种加速难以持久。当你画一条新的趋势线后，要紧收止损位，立即把止损位设在新的趋势线之下，同时根据每天的走势及时调整止损位。一旦价格突破一条很陡的趋势线，往往伴随着急剧的反转。

四、交易法则

1. 沿趋势线的倾斜方向操作。如果趋势线向上，则寻找买点不要放空；如果趋势线向下，则要放空避免做多。

2. 趋势线提供支撑或压力。当价格上涨时，在价格触及趋势线时买入，把保护性止损位设在趋势线下方。在下降趋势中，情况相反。

3. 陡峭的趋势线预示着未来价格的急剧下挫。如果趋势线的坡度超过45°，就把止损位设在趋势线上，并且每天要根据趋势线的变化及时调整止损位。

4. 价格在突破一根陡峭的趋势线后往往会重新考验近期的极点。如果价格回抽前期时出现缩量和指标背离的情况，则是极佳的放空机会。价格突破一根下降趋势线后回撤到前期低点时，往往是一个低风险的买点。

5. 画一对与趋势线平行的通道线，运用通道线宽度设定盈利目标位。

第三节 移动平均线

不少的人都认为，移动平均线是一个平淡而无味的技术指标。殊不知简单平凡中彰显不平凡之处。在金融市场的许多前辈不断地告诫我们，如果能真正认识价格波动的内涵，就算是平凡易见的技术指标，也能够带给我们操作上丰厚的利润，而移动平均线正是这样一个指标。我更喜欢把移动平均线称之为“自动趋势线”。移动平均线是使用最广泛的技术指标，绝大部分的技术指标都使用了这个概念。

一、移动平均线的分类

（一）按计算方式划分的三种移动平均线

按计算方式的不同，移动平均线可划分为：简单平均线、线性加权平均线、指数加权平均线。

目前，投资者中最常使用的是简单平均线。线性加权平均线、指数加权平均线采用不同的权数加强最近价格的比重，投资者可以根据自己的爱好使用。本书我们除特别的说明外，一般都是指的简单平均线。

移动平均线计算的依据是收市价，必然难免有所偏颇，投资者可以使用高档的分析软件（目前大部分软件都有这样的功能）自己增加开盘价、最高价、最低价作为计算依据，尤其对于盘中短线体系。

（二）按移动平均线数量划分的三种移动平均线

按移动平均线的数量和组合不同，移动平均线可划分为：单线、双线交叉、三线交叉（多线组合）。

移动平均线在大行情出现时的表现比其他更为复杂和精细的操作体系要好，且简单方便。

（三）移动平均线周期的选择

对于任何移动平均线体系来说——不管是简单、加权还是指数的，一个十分要紧的问题是：移动平均线数要用多少天，以及每一种不同的商品是不是有特定的天数？1978 年美国 Frank Hochheimei 在《商品年鉴》发表的《计算机能帮你做期货交易》文章里列出自己的研究成果。Frank 测试过从 1970～1976 年间 13 种不同期货品种，每一种都用十分广泛的平均天数，从 3 天到 70 天不等来测试，得出表 3－3－1 的结果。

表 3－3－1　　13 种商品最佳移动平均线的测试结果

商　品	最佳天数	平均方法	累计利润/亏损	利润/总操作次数比
可可	57 天	指数	87959	0.262
玉米	43 天	简单	24646	0.223
糖	60 天	简单	270402	0.201
棉花	57 天	简单	68685	0.189
白银	19 天	简单	42920	0.308
铜	59 天	简单	165143	0.366
大豆	55 天	简单	222195	0.207
豆粕	41 天	加权	31385	0.208
豆油	34 天	加权	106996	0.253
猪腩	19 天	简单	97925	0.363
生猪	16 天	简单	35959	0.291
小麦	41 天	简单	65806	0.258
三合板	68 天	简单	1612	0.263

二、单一均线系统

葛兰威尔在 1960 年所著《每日股票市场获最大利益之战略》一书中，发表了八种法则以判定股价买卖的时机。这些法则是根据艾略特波浪理论的“股价循环法则”，通过观察美国股价的结构，以 200 日为周期，预测股价未来的走势来作为买卖的参考。

在图 3-3-1 中，我们以一、二、三、四、五代表价格上涨的 5 波（属于推动波），也就是多头市场；再以 A、B、C 表示价格的修正 3 波（属于调整浪），也就是空头市场，当我们将它与一条可靠的移动平均线配合在一起的时候，理想的情形就如图所示。其中，以 1、2、3……7、8 数字标示的，分别对应葛兰威尔八大法则。

在后续的说明中，标楷体字形代表的是一般书籍中可以看见的基本法则，其他字体是更详细的解释与说明，请各位读者自行搭配图 3-3-1 研读。每一个法则之后都会附上实例说明。

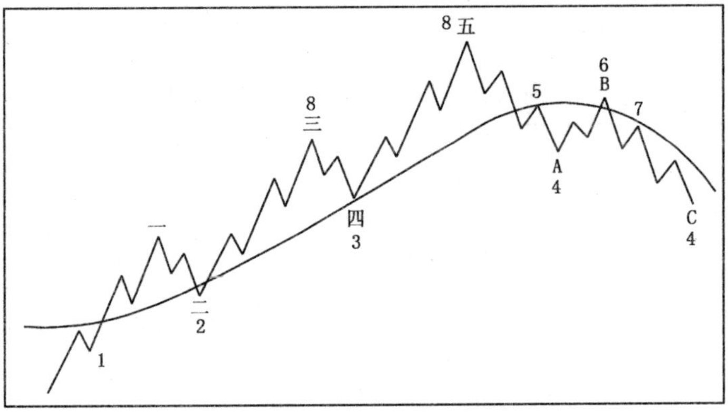

图 3-3-1　股价浪潮循环与均线多空循环示意图

法则 1：移动平均线在下降后逐渐走平或上扬，而价格由下往上突破移动平均线的时候是买进信号。

此法则为空头转换成多头的现象，为买点。通常发生平均线从下降（空头走势）逐渐走平或开始缓慢上升，期货合约价格从均线的下方向上突破平均线时，K 线形态一般处于底部形态。

依据实战操作经验，价格刚刚从空头转换成多头的买点，最好经过“打底”后突破均线，代表中期价格尝试“空转多”，此时为第一买进点。但是，必须观察移动平均线走平之后是否能随着价格上涨而于短期内扬升，避免价格再度跌破均线，万一价格再度跌破均线后将进行“扩底”，如果扩底走势失败，将会出现“空转多”失败。而打底的目的是为了让移动平均线走平，价格与均线间的距离减少，这样才容易有“空转多”的行为，后续价格上涨过程中，也会因为“扣抵”到底部区的低价，使移动平均线变成向上走势，进而产生对价格的助涨作用。

经过打底阶段之后正式突破均线产生的上涨走势，可以视为波浪理论中的“初升段”走势。

请看图3-3-2，本节的例子均以（21日MA）来做说明。大连豆粕的价格在2006年6月27日月底开始反弹，当时的乖离率较大，K线没有先打底且21MA移动平均线下降角度较陡，所以当反弹到2006年7月2日标示A的地方撞到下降中的21MA，理应出现反压，又出现对多头不利的反转形态，因此价格将会再度拉回。

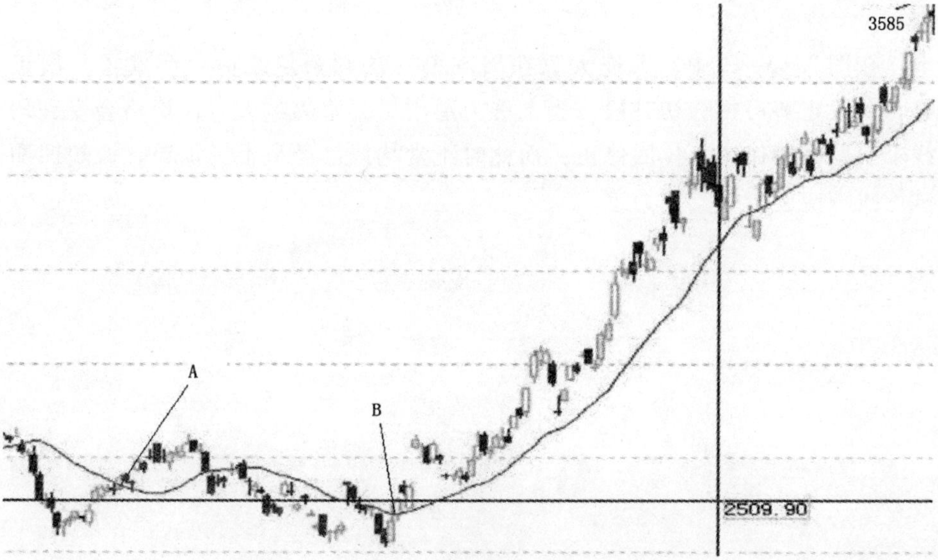

图3-3-2 大连豆粕的21天移动平均线

当价格打到2400元之后，出现开始盘底的K线走势，盘底可以让移动平均线渐渐走平，当底部成型出现编号B的大阳线时，且同时突破移动平均线，故为葛兰威尔法则中的第一买点。

法则2：移动平均线持续上扬。价格虽一度跌到移动平均线下面，但很快又回复到移动平均线上面的时候，是买进时机。

此法则为价格穿越平均线后，被拉回以测试平均线支撑的惯性作用，K线形态又称为“回档”、“探底”、“假跌破”，是多头买进信号，亦为多头起涨波之回档测试。这种行为有时候也会出现买进盲点，因为后续行为也有可能会在跌破均线后无法立刻回升，造成已经向上的移动平均线再度转折向下，使支撑作用消失。

在实战中，价格由空转多趋势的初期往往突破均线后再回档测试底部，平均线正好由下降走平转为上升，价格回到均线附近或微幅跌破后再回升，则为多头买点，这种回测的现象视为波浪理论中的调整波或是第2波。

因此，这里的买进信号，宜严设停损后积极进场，若未来的走势确认为上涨，那么涨升的幅度将会加大，速度会加快，亦即将出现主升段的轧空走势。这里的买进将买在主升段或是第三浪的起涨点，赚取波段利润。实战操作者亦可以配合KD指标、W%R指标、MACD指标的“轧空”信号来研判。

在图3-3-3中，大连大豆在出现第一法则买点之后，形成了一段走势，此段走势可视为初升段。当上涨力道用尽，乖离过大时，价格会受到均线牵引的惯性作用而拉回修正，而此时正常均线已经呈上扬走势，故拉回测试均线理应会出现支撑力道。

图3-3-3 大连大豆0809合约的日K线图

当价格修正到标示A的地方虽然已经跌破21MA，但是均线上扬，支撑容易成立，故当形成“镊底”的K线组合后，暗示稍具支撑。等到编号A的K线是大阳线时，确定价格已经止跌，而标示B的K线再度站上21MA时，是多头买进信号。买进后有机会形成主升段走势，此即为葛兰威尔法则中的第二买点。

法则3：价格持续上扬。价格远离移动平均线之上以后价格突然下跌，但价格并没有跌破上升的移动平均线，当价格再度上升的时候，可以加码买进。

此法则为多头中急跌走势，是多头买进信号。这种现象的重点是价格还未跌破平均线，价格立刻反转回升，K线形态在多头市场的特性为“大涨小回”，是加码买进时机。

在实战中，价格进入主升段后，往往出现两种短期多空研判失误的现象，其中之一即多头行情中的均线仍维持上扬，主升段往往又分为数小波段，当价格与均线正乖离过大时，价格将有拉回的压力，是为多头趋势中的回档现象。当价格缓步回档至均线附近，未跌破均线后再度进入“缓步趋坚”走势，仍为多头买进点。

其次，若价格急跌至均线附近，但仍未跌破均线，为多头趋势中特性之一的“缓攻急跌”现象。而在均线上整理数日后再度急涨，一般都容易出现后续的“轧空”行情。

这些走势的特点，会出现连续长红或是跳空的积极走势，亦即主升段的特殊现象，走势的末段往往出现暴量止涨。另外，这种走势在末升段的延长波也会出现类似的走法。

在图3-3-4中，大连大豆在价格持续上涨形成一段轧空走势之后，出现快速拉回，在标示A的地方出现“镊底”的K线形态，当时价格没有跌破21MA，而且21MA上扬的角度也相当陡峭，因此容易支撑价格下跌。在“镊底”的下一个交易日，当出现跳空红棒日出时，支撑信号确立，这时也

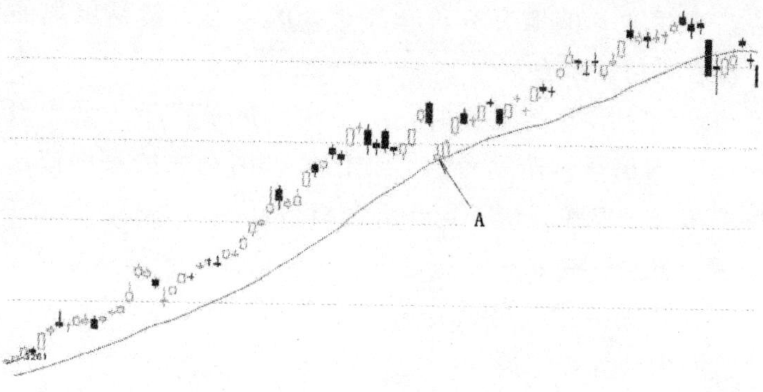

图3-3-4 大连大豆价格持续上扬

是买点之一。

标示 A 的买点就是葛兰威尔法则中的第三买点，买进后仍有机会可享受轧空的走势。唯一的疑虑是前波的长黑母线，该笔又称为“长阴”，表示压力相当重。我们可以从后续的走势看出多头的企图，突破危楼高点之后，价格没有出现空头暗示的日落线，因此价格仍是持续上涨，这是 K 线告诉我们的答案。

法则 4：价格跌破移动平均线之下。价格突然连续暴跌远离移动平均线的时候，由于负乖离过大随时有机会再次向移动平均线弹升，是买进的信号。

此法则为空头走势中的反弹行情，又称为“负乖离过大”，属于多头的买进信号，但是并非积极买点，只是抢短线利润，保守者可以采取观望态度。

在均线呈现明显向右下方移动时，且价格连续下跌通常呈现“杀多”走势，因此价格远离平均线时，因为均线惯性的牵引作用，价格极可能再趋向平均线靠近。因此 K 线形态连续出现黑 K 线急跌后，将会出现反弹的机会，故为买进时机。

葛兰威尔认为，这一个法则有技术上认定的困难点，我们可以利用乖离率（BIAS 指标）或信道指标解决这一个盲点。实战经验告诉我们，当平均线为下降走势时，趋势上认定为空头行情。价格突然急跌，与平均线产生负乖离过大，价格又突然反转向上，仅是反弹走势。

在图 3－3－5 中，大连大豆跌破 21MA 之后，价格在 21MA 以下持续呈现杀多走势，在标示 B 的地方有负乖离过大的意思，但是出现的反弹力道并不强劲，接着再持续杀多。

等到价格跌到标示 B 的地方时，所呈现的负乖离是三者中最大的，又出现“阳母子”的信号，暗示有机会作出负乖离过大的反弹修正行情。一个标准的负乖离过大反弹行情，走势都会相当急促、快速，所以相当容易辨别，至于是否能够扭转成多头回升走势，仍须根据反弹结束之后价格的走势来辨认。而标示 B 的买进信号就是葛兰威尔法则中的第四买点。这个买点在实际交易过程中不太好把握。

我们把图 3－3－3 中标示 A 之处和图 3－3－5 来做比较，不难发现，当价格刚刚跌破 21MA 之时所呈现的负乖离过大，但移动平均线的方向决定了

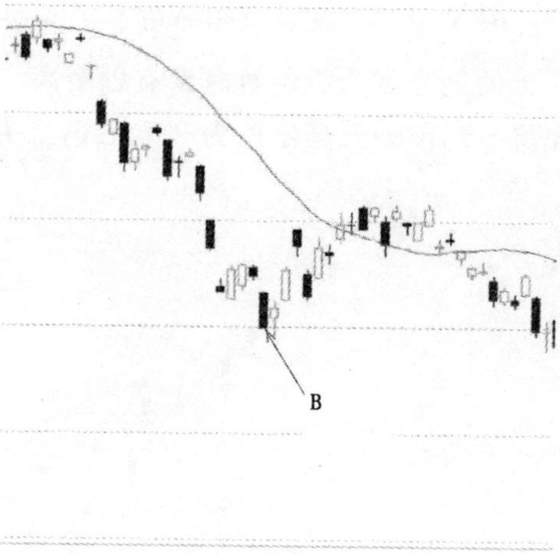

图 3-3-5 大连大豆在跌破 21MA 后负乖离过大

后来的走势，一个走出了一轮大的上涨行情，一个反弹的力度并不大；其主要的因素是当时移动平均线的方向不同。也就是说，我们运用葛兰威尔法则中的第四买点做买进时，在这一个位置买进的风险会相对比较高，利润也会比较少。

法则 5：移动平均线在上扬后逐渐走平或下滑，而价格由上往下跌破移动平均线的时候是卖出信号。

此法则为头部区域的多转空的信号。通常发生在平均线走势从上升趋势逐渐走平，当价格从平均线的上方往下跌破平均线时。

依据实战操作经验，价格刚刚从多头转换成空头的卖点，最好经过“盘头”后跌破均线，代表中期价格尝试“多转空”，此时为第一卖出点。但是，必须持续观察移动平均线走平之后是否能随着价格下跌而于短期内下降，避免股价突破均线后进行“反弹”。如果反弹走势成功转成回升，是转空失败，价格仍将恢复多头走势。

盘头的目的是为了让移动平均线走平，价格与均线间的距离减少，这样才容易作出多转空的行为，后续价格下跌过程中，也会因为“扣抵”到头部区的高价，使移动平均线变成向下走势，进而产生对价格的助跌作用。

经过盘头阶段之后正式跌破均线产生的下跌走势，可以视为波浪理论中的“初跌段”走势。

在图 3-3-6 中，大连大豆 0901 合约的价格在 2008 年 7 月 10 日附近开始呈现盘整走势，此时21MA的移动平均线也会因为盘整走势而逐渐开始走平，在标示S前一天的地方因为股价暂时没有创新高，而呈现止涨压回的情形，我们通常都先将S的前一天处定位为“疑似第二头”。

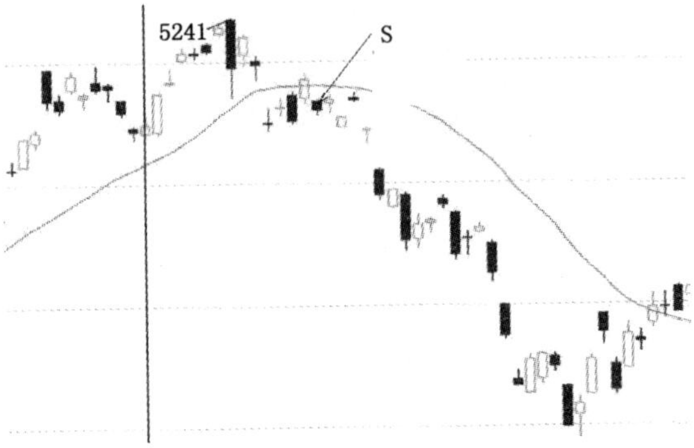

图3-3-6 大连大豆0901合约

接着价格在标示S的地方跌破21MA均线，且没有出现反弹的意图后又跌破疑似头部的颈线，那么第二头就可以先假设已经完成，此时价格的下跌为盘头成立的初跌段。

这里需要特别注意的是：一定要等到21天的方向向下，并且价格跌破21天时再开空头仓。

法则6：移动平均线持续下滑。价格虽一度涨到移动平均线上面，但很快又回复到移动平均线下面的时候，是卖出时机。

此法则为价格跌破平均线后，反弹测试平均线压力的惯性作用，K线形态又称为“反弹”、“逃命”、“假跌破”，是空头卖出信号。

这种行为有时候也会出现卖出盲点，因为后续行为也有可能会在突破均线后无法立刻压回，造成已经向下的移动平均线再度转折向上，使压力作用消失。

在实战中，价格由多转空趋势的初期跌破均线后再往往反弹测试头部，平均线正好由上升走平转为下跌，价格反弹到均线附近或微幅突破后再压回，则为空头放空点，这种反弹的现象视为波浪理论中的调整波动或是B波反弹。

因此，这里的卖出信号，宜快速出场或是逢高做空，因为后续的走势若被确认为下跌，那么跌势的幅度将会加大，速度会加快，亦即将出现主跌段的杀多走势。这也是波浪理论中的 C 浪下跌，持多单者价格将腰斩甚至更低，放空者则空在主跌段的起跌点，可以赚取到波段利润。

实战操作者亦可以配合 KD 指标、W% R 指标、MACD 指标的“止涨”等信号来研判，观察主力是否故意“诱多”，制造假多头行情。

在图 3-3-7 中，大连大豆 0901 合约在图 3-3-6 完成头部出现葛兰威尔法则中的第五卖点，当初升段走完，出现向 21MA 靠拢的反弹走势，我们从图形中可以发现反弹时正好撞到原始的头部颈线，虽然价格站上 21MA，但是均线已经成为反压，故宜防假突破讯号，因为这里有机会形成葛兰威尔法则中的第六卖点，因此，必须特别注意 K 线细微的变化。在标示 S 的地方，价格撞到颈线后出现一个下跌的阴线，这是一个逢压正常的表现。

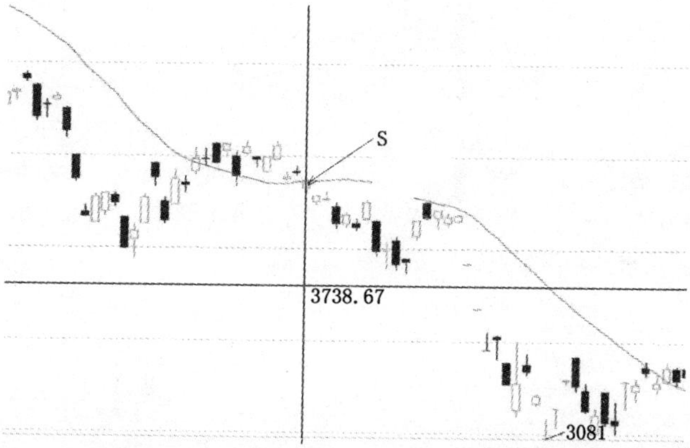

图 3-3-7 大连大豆 0901 合约走势图

法则 7：价格持续下滑，远离移动平均线之下以后又突然上涨，但没有突破下跌的移动平均线，当价格再度下跌的时候，可以加码放空。

此法则为压力测试卖点，这种现象是价格反弹还未突破平均线时，价格就反转向下，K 线形态在空头市场的特性为“大跌小涨”，是加码放空时机。

在实战中，价格进入主跌段后，往往出现两种短期多空研判失据的现象，其中之一即空头行情中的均线仍维持下跌，主跌段往往又分为数小波段，当价格与均线负乖离过大时，将有反弹的惯性，是为空头趋势中的反弹现象。当价格缓步反弹至均线附近，未突破均线后再度进入“缓步盘软”

走势，仍为空头卖出点。

若价格急涨至均线附近，但仍未突破均线，为空头趋势中特性之一的“缓跌急弹”现象。而在均线下整理数日后再度急杀，一般都容易出现后续的“杀多”行情。

这些走势的特点是，会出现连续长阴或是跳空的走势，亦即主跌段的特殊现象，走势的末段往往出现长阳止跌。另外，这种走势在末升段的延长波，也会出现类似的走法。

在图 3－3－8 中，大连大豆 0901 合约在 2008 年 9 月 23 日附近已经是在下跌走势的背景当中，21MA 均线下降的角度较陡，通常暗示股价正处于主跌段中的走势，而且会有延伸波走势，这种位置极容易出现葛兰威尔法则中的第七卖点，多单不宜介入。

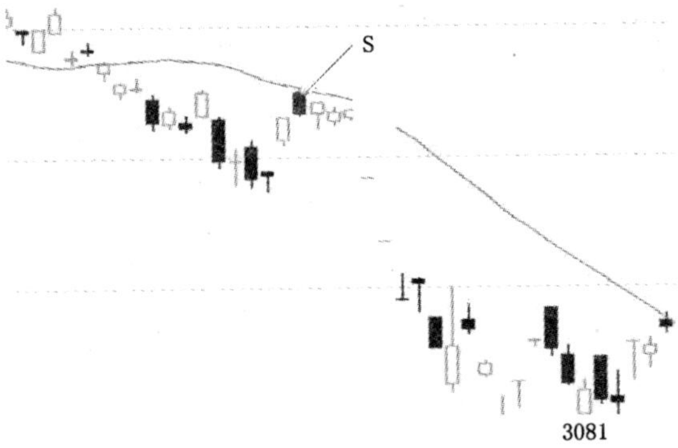

图 3－3－8 大连大豆 0901 合约走势图

法则 8：价格突破移动平均线之上，突然连续暴涨远离移动平均线的时候，由于正乖离过大随时有机会再次向移动平均线拉回，是卖出的信号。

此法则为多头走势中的回档行情，又称为“正乖离过大”，属于空头的卖出信号，但是并非积极卖点，只是抢短空利润或是避免短线价差损失，保守者可以采取观望态度。

在均线呈现明显向右上方移动时，且价格连续上涨通常呈现“轧空”走势，因价格远离平均线时，因为均线惯性的牵引作用，价格极可能再趋向平均线靠近。因此，K 线形态连续出现长红 K 线急涨后，将会出现回档的机会，故为卖出时机（见图 3－3－9）。

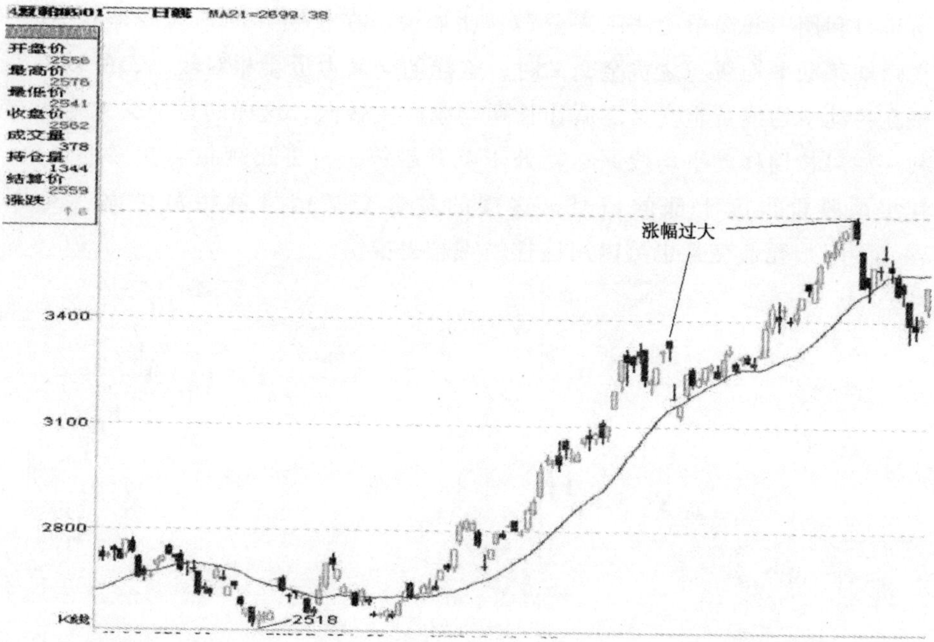

图 3-3-9

葛兰威尔这一个法则有技术上认定的盲点，我们可以利用乖离率（BIAS 指标）或信道指标解决这一个盲点。在实战中，平均线为上升走势时，趋势认定上为多头行情。价格突然急涨，与平均线产生正乖离过大，股价又突然反转向下，仅是回档走势。该回档大多为主升段中次级小浪的修正走势，对于实战经验不足的投资人，不建议去介入这样的卖空。

三、两线交叉系统

当我们采用两条不同周期的移动平均线时，因为短周期的移动速度较快，长周期的移动速度较慢，所以当原始趋势的波动减缓时，就会出现指标线交叉的现象。

若短期均线原本在长期均线下方，形成短期均线穿越长期均线，并使短期均线变成在长期均线上方时，就称为黄金交叉（简称金叉）；同样的道理，若短期均线原本在长期均线上方，形成短期均线穿越长期均线，并使短期均线变成在长期均线下方时，就称为死亡交叉（简称死叉）。

在使用均线交叉系统时，我们要特别注意的是交叉的有效程度，我们通常可以利用一些简单的法则来分辨。比如说，在长期移动平均线是向下时，在短期移动平均线与之黄金交叉时，这样的交叉力道会相对较小，所以等价格在移动平均线黄金交叉之后让长期均线产生转向，这样的黄金交叉才会有利。如果长期移动平均线原本就处于上升趋势，再度出现黄金交叉的现象，其实是股价再度上涨的信号，这样的黄金交叉信号就相对可靠（见图 3－3－10）。死亡交叉也可以用这样的观念去推演。

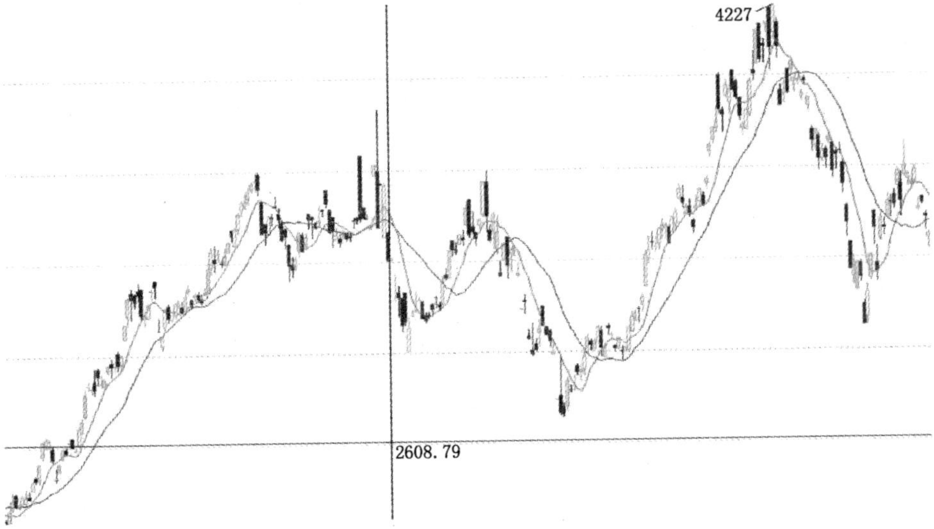

图 3－3－10　金叉和死叉的判断技巧

在运用交叉技巧时，往往使用者受限于偏颇观念的误导，认为黄金交叉出现时就是买点，却忽略了上述交叉的基本观念，更缺乏实战上的运用技巧，往往利用均线交叉信号进场后，导致买在短线高档或是杀在短线低档的现象。

事实上，我们在观察中期趋势时，通常会将 K 线图切换到周线，采用的周期习惯使用 6MA、13MA 和 26MA，辅以 52MA（年线）、104MA（两年线）为参考信息。当中期趋势由多头转入空头时，会出现 6 周 MA 均线跌破 13 周 MA 均线，或 13 周均线跌破 26 周均线的死亡交叉现象。

由于死亡交叉通常意谓未来的趋势应为空头行情，此时投资人趋向于悲观。但因为 13 周在跌破 26 周时，价格已经下跌一大段（此为均线的缺点之一），所以价格的跌幅与 26 周均线乖离已经相当大，接着便会出现短线反弹的现象，此时如果进行中线停损，就会停损在波段下跌的相对低点。这样的研判技巧同样可以用于在黄金交叉的分析中。

在实战中，我们可以运用交叉技巧来研判底部或是头部的形态是否成立。以底为例，当价格处于 W 底的第一只脚之后，通常会出现 5 日线突破 10 日线的现象，刚好价格已经离开底部一段距离，此时如果贸然进场，往往会买在底部的颈线位置，这正是短线客的出场点，也是短线的相对高档，因为这时候价格正要触及 21 日线，会呈现均线止涨或是假突破 21 日线的现象。而价格止涨之后，拉回修正并形成第二只脚时，5 日线会配突破 10 日线，并在一两日内会使价格一起突破 21 日线，此时的黄金交叉信号通常会使 W 底的形态完成，并使价格出现转多信号。当然，只要将上述的观念倒过来运用，那么研判 M 头的形成自然也是轻而易举了。

在期货市场中我经常使用的是 8 天和 21 天均线交叉系统，在股票市场中我一般使用 10 天和 30 天均线交叉系统。当然，有时可能对所使用的均线系统进行适当优化。

四、三线交叉系统

三线交叉系统有在国外非常流行的短中期 4 天、9 天和 18 天的均线交叉系统和中长期 9 天，26 天和 52 天的均线交叉系统。它的核心理念是，三线金叉时做多，两线死叉即多头平仓；三线死叉时做空，两线金叉即空头平仓。这样在市场中就有一段时间要空仓。

图 3－3－11 是大连大豆 0901 合约的 4 天、9 天和 18 天均线交叉系统其在 2007 年 7 月到 2008 年 9 月 26 日之间的走势，三线交叉系统的表现还是相当可以的。这种方法在其他合约中的表现大家可以自己对照。在后面的实战案例中还有详细的介绍。

实事求是地讲，双线交叉和三线交叉系统的交易结果并不比单线系统的结果好，但是，单线系统看起来简单但实际使用时对交易者的要求还是比较高的，而双线交叉和三线交叉系统的信号非常简单和明确，只要你能够长期坚持也能够长期稳定获利，并且非常容易实现电脑的自动程序化交易。

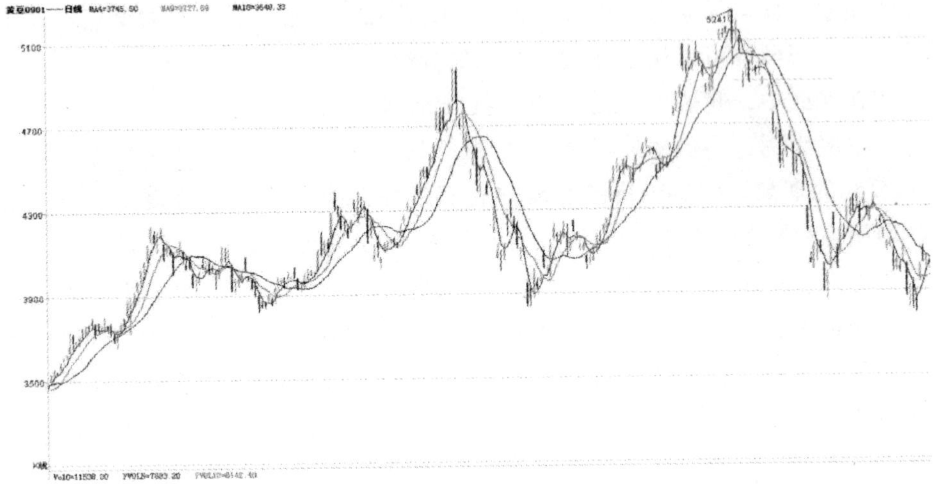

图 3-3-11　大连大豆 0901 合约走势图

第四节　MACD 指标

移动平均通过过滤日线价格波动来识别趋势。纽约分析师和基金经理杰拉得·艾波（Gerald Appel）设计了一个更高级的指标，即平滑异同移动平均线指标（MACD 指标）。MACD 指标是一种非常有效的中期波段指标，它属于趋向类指标中的一种，对做中期波段有非常神奇的功能。MACD 全称为平滑异同移动平均线，是根据移动平均线的优点所发展出来的技术指标。运用移动平均线作为买卖时机的判断，最头痛的莫过于碰上牛皮盘整的行情，此时所有的买卖几乎一无是处，应用效果奇差无比。但是，当趋势明显时，该方法又能获致巨大的利润。根据移动平均线原理所发展出来的 MACD，一方面去掉了移动平均线频繁的假讯号缺陷，另一方面又能确保移动平均线最大的战果。

一、MACD 的计算

原始的 MACD 指标由两条线组成：实线（又叫 MACD 线）和虚线（又

叫信号线）。MACD 线包括两条指数移动平均线，它响应价格变化的速度相对较快；信号线是另一条指数移动平均线的平滑值，它响应价格变化的速度相对较慢。

当 MACD 快线向上或向下穿越慢速的信号线时就会产生买入和卖出的信号。大多数用于技术分析的软件都提供 MACD 指标。现有的软件把快速线称为 DIF，慢速线称为 DEA，MACD = DIF - DEA。

计算 MACD 指标的步骤如下：

1. 计算收盘价的 12 天 EMA 值。

2. 计算收盘价的 26 天 EMA 值。

3. 用 12 天 EMA 值减去 26 天的 EMA 值，将此差值画成实线。这就是快速 MACD 线。

4. 计算快速线的 9 天的 EMA 值，将其画成一条虚线。这就是慢速信号线。为了方便读者使用电脑，我们这里还是使用了传统的叫法，但是为了搞清楚它们的区别，下面特别强调了 MACD 线和 MACD 柱。

二、MACD 线

（一）交易法则

MACD 线与信号线交叉表明市场趋势正在发生改变。沿穿越方向操作意味着跟随市场潮流。MACD 指标产生的交易信号和假信号比依靠单一移动平均线的机械系统少。

1. 当快速的 MACD 线上穿慢速的信号线时，发出买入信号。此时应做多，将保护性止损位设在近期次低点下方。

2. 当快速线下穿慢速线时，发出卖出信号。此时应做空，将保护性止损位在近期次高点上方（见图 3－4－1）。

在图 3－4－1 中，我们可以看到 MACD 指标发出的买入、卖出信号。2007 年 4 月和 10 月正好在底部出现之后的地方，出现买入信号，该信号能带来较大的获利；在顶部的卖出信号也能够带来较大的获利。不幸的是，也有许多交叉会产生亏损。很明显，我们需要更有选择性地使用该指标的买卖信号。

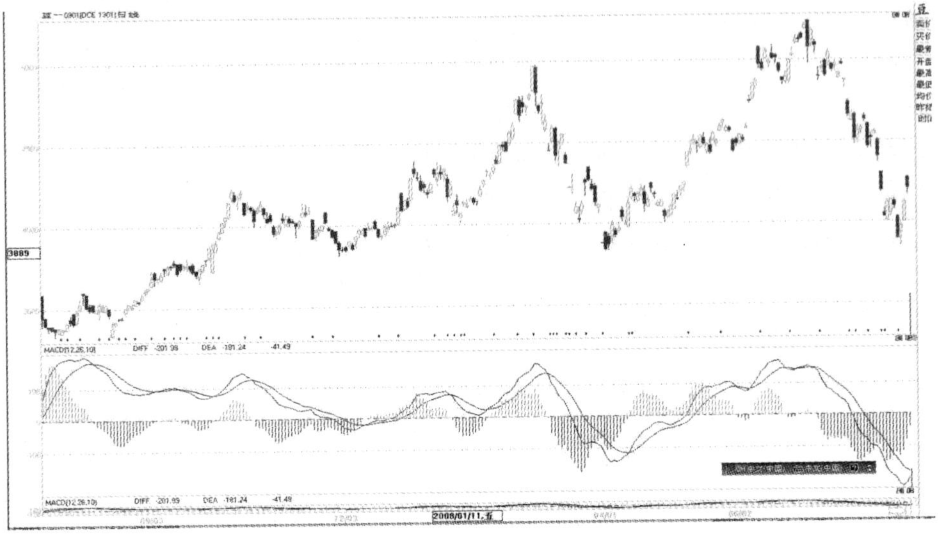

图 3－4－1　大连大豆 0801 合约的走势图

三、MACD 柱

(一) MACD 柱的计算

相对于原始的 MACD 线而言，MACD 柱能更深入地揭示多空双方的力量对比。它不仅能显示多空双方何方占主导，而且还能反映多空双方力量的增减变化。对于市场技术分析师来说，它是最好的工具之一。

MACD 柱 = MACD 线 - 信号线

MACD 柱衡量 MACD 线和信号线之间的差值。它将这一差值画成柱状图，即一系列垂直的柱状线。这一差值可能很细微，但电脑可以将其放大以充满整个屏幕。

如果快速线位于慢速线之上，则 MACD 柱就是正数，画在零轴上方；如果快速线在慢速线之下，则 MACD 柱就是负数，画在零轴下方。当两条线交叉时，MACD 柱就等于零。

当 MACD 线和信号线之间的差值增大时，MACD 柱就变得越来越高或越来越深，这取决于它是正值还是负值。当两条线离得越来越近时，则 MACD 柱会变得越来越矮。

MACD 柱的倾斜方向由相邻两根柱的相对高度决定。如果最近一根柱更高，则 MACD 柱向上倾斜；如果最近一根柱更低，则 MACD 柱向下倾斜。

（二）市场心理

MACD 柱表明长期价值共识与短期价值共识的差异。快速的 MACD 线反映短期市场共识。慢速的信号线反映长期市场共识。MACD 柱跟踪这两条线之间的差值。MACD 柱的倾斜方向表明了主导市场的群体。向上倾斜的 MACD 柱表明多方势力逐渐增强，向下倾斜的 MACD 柱表明空方力量逐渐强大。

当快速 MACD 线涨速超过慢速的信号线时，MACD 柱就会上升，表明多方势力比以往增强，这是做多的好时机；当快速 MACD 线降速超过慢速的信号线时，表明空方势力增强，这是放空的好时机。

当 MACD 柱的倾斜方向与价格走势同向时，趋势很安全；当 MACD 柱的倾斜方向与价格走势反向时，趋势的正确性就值得怀疑。最好沿 MACD 柱的倾斜方向来操作，因为它表明多空双方谁在主导市场。

当 MACD 柱的倾斜方向比其是在零轴之上还是在零轴之下更重要。当 MACD 柱位于零轴之上，但开始向下倾斜时，表明多方能量已经耗尽，是最佳卖出信号；当 MACD 柱在零轴之下，但开始向上倾斜时，表明空方能量已经耗尽，是最佳买入信号。

（三）交易法则

MACD 柱给出两种交易信号。一种是普通信号，出现在每根 K 线上。另一种不常出现，在任何市场上一年都会出现几次，但很强势（这就是背离，后面详细介绍）。

由 MACD 柱的倾斜方向变化给出的是普通信号（见图 3-4-2）。当当前 MACD 柱的高度比之前的柱高时，为向上倾斜，表明多方占主导，应该买入；当当前 MACD 柱比之前柱低时，为向下倾斜，表明空方占主导，应该卖出。当价格走势与 MACD 柱走势相反时，表明主导一方的能量正在耗尽，实际趋势弱于盘面表现。

1. 在 MACD 柱高度停止下降并掉头上升时，投资者可考虑做多。在做多后，可将保护性止损位设在近期次低点之下。

2. 在 MACD 柱高度停止上升并掉头下降时，投资者可考虑做空。在做空后，可将保护性止损位设在近期次高点之上。

当 MACD 柱随同价格一起创出新高或新低时，趋势确立。在图 3-4-2

中，MACD 柱保持方向一致的地方都用箭头加了标注。

图 3－4－2　上海橡胶 0901 的 MACD 柱状图

当 MACD 柱开始从次低点 G 向上时是最佳买点。一旦做多，就把保护性止损位设在价格低点 G 之下。当趋势转势向上后，要随着价格的上涨抬高止损位。

日线图上的 MACD 柱升降太频繁，以至于当它转势就买卖不太实际。而周线图上 MACD 柱的倾斜方向变化更有意义。

（四）何时会出现新高或新低

MACD 柱就像汽车的前灯，为我们照亮前方的道路。该指标创出新高或新低后，一般价格会随后创出新高或新低。

日线 MACD 柱若创出近 3 个月的新高，则表明多方已十分强势，价格很有可能会创出新高；MACD 柱若创出近 3 个月的新低，则表明价格可能还会创出新低。

当 MACD 柱在上升趋势中创出新高时，表明上升趋势运行健康，下一轮上涨应回踩前期高点或超过。如果在一轮下跌趋势中 MACD 柱指标创出新低，则表明空方很强势，价格有可能要回踩前期低点或跌破前期低点。

四、技术分析中最强的信号——背离

（一）背离的类型

振荡指标和其他指标与价格背离时给出的交易信号最好。当价格创新低而振荡指标拒绝创新低时就会产生牛背离，这表明空方正在丧失能量，价格呈惯性下跌，多方准备接过控制权。牛背离往往标志着一轮下跌趋势的结束。

价格与指标的背离给出了技术分析中一些最有力的信号。根据价格与指标的高度或深度的背离可以将背离分为以下几类：

A 类熊背离：价格创出新高而指标只达到了一个次高点。这是最强烈的卖出信号。

A 类牛背离：价格创出新低而指标只达到了一个次低点。这是最强烈的买入信号。

B 类熊背离：价格出现双重顶而指标只达到了一个次高点。这是次强烈的卖出信号。

B 类牛背离：价格出现双重底而指标只达到了一个次低点。这是次强烈的买入信号。

C 类熊背离：价格创出新高而指标出现双重顶。这是最弱的熊背离。

C 类牛背离：价格创出新低而指标出现双重底。这是最弱的牛背离。

熊背离出现在上升趋势中，它们指明市场顶部。当价格创出新高而振荡指标拒绝创出新高时就会产生熊背离。熊背离表明多方能量正在耗尽，价格呈惯性上涨，空方准备接过控制权。

市场上有 3 种牛背离和熊背离（见图 3－4－3）。A 类背离表明是重要的转折点，是最佳交易机会；B 类背离信号没那么强烈；C 类背离是最不重要的信号。有效的背离很容易识别。如果要用一条原则来说明是否产生了背离，那就先假设没有背离。

当价格创出新高而振荡指标只达到低于前期高点的次高点时，就会产生 A 类熊背离，A 类熊背离往往导致价格急剧下跌；当价格创出新低而振荡指标只达到高于前期低点的次低点时，就会产生 A 类牛背离，随后往往是迅猛的上涨。

当价格出现双重顶而振荡指标达到次高点时，就会产生 B 类熊背离；当价格出现双重底而振荡指标达到次低点时，就会产生 B 类牛背离。

当价格创出新高而振荡指标出现双重顶时，就会产生 C 类熊背离，它表明多方既未变强也未变弱；当价格创出新低而指标出现双重底时，就会产

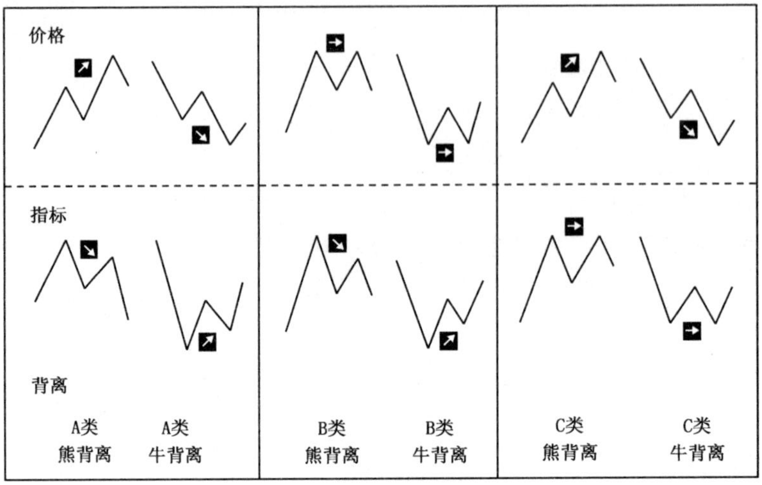

图 3-4-3 背离的类型

生 C 类牛背离。A 类背离几乎总是指示出较好的交易机会。B 类和 C 类背离更容易产生假信号。最好不要理它们，除非它们得到了其他指标的强势确认。

三重牛背离或三重熊背离由三重价格底和三重振荡指标底或三重价格顶和三重振荡指标顶所组成。它们比常规背离更强势。为了产生三重背离，首先必须有一个常规牛背离或熊背离失败。这正是要实施严格的资金管理的又一个理由。如果在一次假信号中只损失了一小笔资金，就不会受到重大损伤，这样你还有资金和健康的心态再次交易。

（二）MACD 柱的背离

MACD 柱和价格走势的背离在任何市场中都会出现。这些背离表明市场出现重大转折点，给出了“超强”的买入信号或卖出信号。不是每一个重要的顶部和底部都一定会出现背离，但一旦出现，就表明重大转折可能就在眼前。

MACD 柱和价格的背离指出了重要的转折点，这些信号很少出现，一旦出现往往能让你抓住主要转折点和新趋势的起点。在图 3-4-4 中，A 点至 B 点的熊背离表明是一个重要卖出机会。此时，价格创出新高，而指标没有创出新高，表明多方能量耗尽，空方准备收复失地。在图中 E 点至 F 点又是一个熊背离。在图中 C 点至 D 点的牛背离表明是一个重要的买入机会。

在图中G点至H点又是一个牛背离。

图3-4-4 上海橡胶0901的MACD柱背离

当MACD柱从次高点开始掉头向下而价格却创出新高时，投资者可考虑做空。在做空后，可考虑将保护止损位设在近期高点之上。

只要价格和MACD柱都在不断创新低，就确认了下跌趋势。如果价格创新低而MACD柱没有创出新低，就产生了牛背离。它表明价格正在摆脱下跌惯性，空方没有看起来的那么强大，多方准备重掌市场。MACD柱和价格走势之间的背离指明了市场底部。当大多数交易者恐惧地担心市场还将创出新低时，它们出了买入信号。

当MACD柱从低位掉头向上而价格创出新低时，投资者可考虑做多。在做多后，可考虑将保护性止损设在近期低点之下。

如果MACD柱和价格走势之间的牛背离失败，价格继续创出新低，则应止损出局，并继续观察MACD柱。一旦价格再次创出新低后，MACD柱再次出现背离，则是“三重牛背离”，这是特别强烈的买入信号。一旦MACD柱自其第三个次低点掉头向上，就可买入。三重熊背离的交易法则反之。

（三）MACD线的背离

在图3-4-5 MACD这一背离中，价格在向上急剧地上涨，而MACD

指标却在下跌。在第二个 MACD 线和信号线交叉时，可考虑做空。具体判别方法如下：

1. 在图中找到波动高点。这个可以简单地查看图中最高峰值即可。在图 3－4－5 中，一共有几个有重大意义的峰值，最大的峰值出现在 2008 年 7 月 3 日 5326 元/吨。

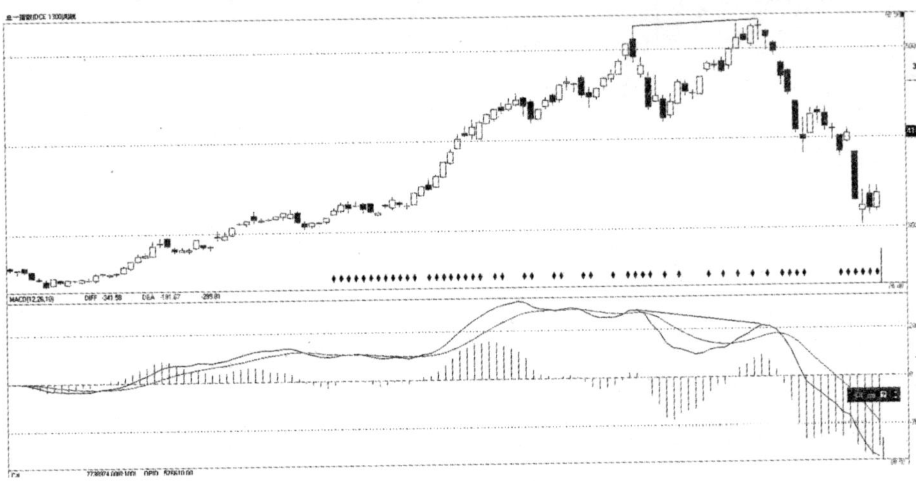

图 3－4－5　大连大豆指数 MACD 线的背离

2. 找出两个连续的正在上涨中的峰值，它们是 2008 年 6 月 11 日和 2008 年 7 月 3 日。

3. 画一条连接上面的两个峰值的线。

4. 正对着你刚刚在图的上半部分所画的连线，看着与之相对应的正下方的 MACD 线。MACD 线中也总会在与价格中的峰值相呼应的地方出现峰值。把 MACD 线中与价格峰值相对应的峰值连接起来。

5. 我们看到在价格走势图中峰值的连线是急剧上升的。而 MACD 线中峰值的连线是轻微下降的。无论如何，只要这两根线的角度方向相反，那么就会得到背离的判断。

当价格上涨至更高位时，而 MACD 线下跌至更低位，熊背离出现。由于 MACD 指标不支持价格的上涨趋势，而是预示价格将要下跌，所以这个背离意义重大。在随后的几周内，价格从 5323 元/吨下跌至 4019 元/吨（2008 年 10 月 6 日）。

牛背离的情形刚好与之相反：价格正在下跌，而 MACD 线却在上涨。

价格将会改变运行方向。在所有的技术指标使用中，背离是最成功的指标之一。

五、预期的背离

当你对怎样识别背离轻车熟路时，你就想要尽可能早地进行交易了。到现在为止，在我们看到第二个 MACD 峰值形成，并且确定它确实比前一个 MACD 的峰值低之后，我们才说这是一个熊背离。

在当前的价格反弹运行到前期反弹的高点之上时（见图 3-4-6 中 T），我们研究此时的 MACD 线和 MACD 柱。当价格向上突破时，MACD 柱和 MACD 线不超过前期的高点。如果价格现在开始反转，那么我们就能得到一个很强的背离信号（新的 MACD 峰值要比前期的峰值低得多）。现在我们就该开始卖出了。

图 3-4-6 上海橡胶 0901 的 MACD 柱背离预期

不要一次卖出所有的头寸，可把你所有的头寸分为三个部分：

1. 价格创新高并且 MACD 值很低时，卖出 1/3。

2. 当 MACD 线切入前期 MACD 高点的 15% 到 20% 之间时，卖出第二个 1/3。

3. 当 MACD 线向下交叉信号线时，卖出最后的 1/3。

如果你只有一个选择，那么你最好选择第二个卖出信号。如果你有两个选择，那么你最好选择第一条和第二条。当 MACD 线交叉信号线，第三个卖出信号出现时，如果你此时还满仓的话，你一定会很失望，因为价格已经出现了很大的跌幅。

六、背离交易的退出

尽管背离信号是可靠的，但是它并不是完美的。如果你在出现熊背离时卖出，并且价格随之开始返身向上，MACD 值运行至前期 MACD 峰值之上时，那么背离走势就会消失。现在 MACD 的峰值在上升，而你必须清算你的交易头寸，接受亏损并寻找下一次背离交易机会。如果你在出现牛背离时买入，并且价格随之开始返身向下，MACD 值运行至前期 MACD 峰值之下，那么背离走势就会消失。现在 MACD 的峰值在下降，而你必须清算你的交易头寸，接受亏损并寻找下一次背离交易机会。

在图 3－4－7 中，在标示 A 点和 B 点的地方出现牛背离，MACD 线柱的走势在第二个峰值时相对强势，预示了一个强烈的背离信号。然而，它的价格没有创出新高，却反而向下。

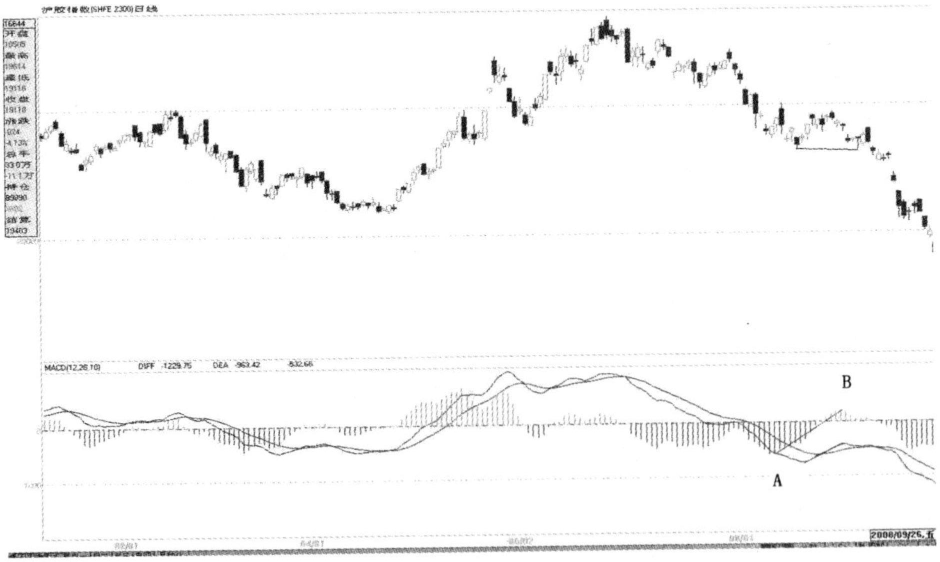

图 3－4－7 上海橡胶 0901 的 MACD 背离

七、MACD 线和 MACD 柱的区别和联系

应该说，MACD 指标是我们所有指标中最全面的指标，它不仅能够分析价格的强弱而且还能提供趋势，并且 MACD 柱也有类似摆动指标的功能，同时它和其他指标配合还能很好地分析和判断趋势的级别、强度等（我们后面还将详细讨论）。

MACD 柱的背离信号比较多，特别是在日线级别上；但一般我们不把它作为进出场的主要理由，只是应该提供警惕，若在周线级别上出现背离，那么，我们就要采用相应的措施。MACD 线的背离信号相对较少，但其强度却是要远远大于 MACD 柱的背离信号，一般在日线级别上我们就应该采用相应的措施；在周线级别上的 MACD 线的背离一般都伴随着大级别的反转信号。

八、有关 MACD 指标的说明

很多交易者都想运用其他参数的移动平均线来优化 MACD 指标，如不用标准的 12 天、26 天和 9 天 EMA 值，而改用 5 天、34 天和 7 天 EMA 值。有些交易者还想将 MACD 指标与市场周期联系起来，但问题是大多数时候人们都无法确知市场的周期。如果用市场周期，则第一条 EMA 线的时间参数应设为主导周期时长的 1/4；第二条 EMA 线的时间参数设为主导周期时长的 1/2；第三条 EMA 线是上述两条 EMA 线差值的平滑移动平均线，其时间参数与周期无关。如果经常有意识地优化 MACD 指标，时间长了就能用同样的数据产生出任何你想要得出的信号。

第五节　带有 ADX 的 DMI

趋向系统是一种趋势跟随方法，最早由小韦尔斯·王尔德（Welles Wilder）在 20 世纪 70 年代中期提出，后经几位分析师完善。趋向系统指明趋势，并指出趋势运行何时强势时值得跟随。它帮助交易者从追随趋势中获取利润，是技术指标中的常用指标。趋向系统为中长期的重要技术分析工

具，DMI 指标可辨别任何交易品种在任何时间段所处行情的位置（不管是上涨行情，还是下跌行情），DMI 都能够准确地判断每一种品种在行情的初期、中期，还是末期。DMI 指标还能够指示行情的太小、反弹行情和反转行情、中级行情，还是盘整行情。

一、DMI 指标的原理

DMI 指标又叫动向指标或趋向指标，其全称为“Directional Movement Index”，简称 DMI。

DMI 指标是通过分析价格在涨跌过程中买卖双方力量均衡点的变化情况，即多空双方的力量的变化受价格波动的影响而发生由均衡到失衡的循环过程，从而提供对趋势判断依据的一种技术指标。

DMI 指标的基本原理是在于寻找价格在涨跌过程中，借以创新高价或新低价的功能，研判多空力量，进而寻求买卖双方的均衡点以及在双方互动下波动的循环过程。在大多数指标中，绝大部分都是以每一日的收盘价的走势及涨跌幅的累计数来计算出不同的分析数据，其不足之处在于忽略了每一日的高低之间的波动幅度。比如某个品种的两日收盘价可能是一样的，但其中一天上下波动的幅度不大，而另一天股价的震幅却在 10% 以上，那么这两日的行情走势的分析意义绝然不同，这点在其他大多数指标中很难表现出来。而 DMI 指标则是把每日的高低波动的幅度因素计算在内，从而更加准确地反映行情的走势及更好地预测行情未来的发展变化。

二、DMI 指标的一般研判标准

DMI 指标是比较实用的一套技术分析工具。虽然其计算过程比较烦琐，但技术分析软件的运用可以使投资者省去复杂的计算过程，以专心于掌握指标所揭示的真正含义，领悟其研判行情的独到功能。

与其他技术指标不同的是，DMI 指标的研判动能主要是判别市场的趋势。在应用时，DMI 指标的研判主要是集中在两个方面：一个方面是分析上升指标 +DI、下降指标 -DI 和平均动向指标 ADX 之间的关系；另一个方面是对行情的趋势及转势特征的判断。其中，+DI 和 -DI 两条曲线的走势关系是判断能否买卖的信号，ADX 则是判断未来行情发展趋势的信号。

（一）上升指标 +DI 和下降指标 -DI 的研判

1. 当价格走势向上发展，而同时 + DI 从下方向上突破 - DI 时，表明市场上有新多买家进场，为买入信号。如果 ADX 伴随上升，则预示价格的涨势可能更强劲。

2. 当价格走势向下发展时，而同时 - DI 从上向下突破 + DI 时，表明市场上做空力量在加强，为卖出信号。如果 ADX 伴随下降，则预示跌势将加剧。

3. 当价格维持某种上升或下降行情时， + DI 和 - DI 的交叉突破信号比较准确，但当价格维持盘整时，应将 + DI 和 - DI 交叉发出的买卖信号视为无效。

（二）平均动向指标 ADX 的研判

ADX 为动向值 DX 的平均数，而 DX 是根据 + DI 和 - DI 两数值的差和对比计算出来的百分比，因此，利用 ADX 指标将更有效地判断市场行情的发展趋势。

1. 判断行情趋势。当行情走势向上发展时，ADX 值会不断递增。因此，当 ADX 值高于前一日时，可以判断当前市场行情仍在维持原有的上升趋势，即价格将继续上涨；如果 + DI 和 - DI 同时增加，则表明当前上升趋势将十分强劲。

当行情走势向下发展时，ADX 值会不断递减。因此，当 ADX 值低于前一日时，可以判断当前市场行情仍维持原有的下降趋势，即价格将继续下跌，如果 + DI 和 - DI 同时减少，则表示当前的跌势将延续。

2. 判断行情是否盘整。当市场行情在一定区域内小幅横盘盘整时，ADX 值会出现递减情况。当 ADX 值降至 20 以下，且呈横向窄幅移动时，可以判断行情为牛皮盘整，上升或下跌趋势不明朗，投资者应以观望为主，这时不可依据 + DI 和 - DI 的交叉信号来买卖股票。

3. 判断行情是否转势。当 ADX 值在高点由升转跌时，预示行情即将反转。在涨势中的 ADX 在高点由升转跌，预示涨势即将告一段落；在跌势中的 ADX 值从高位回落，预示跌势可能停止。

三、DMI 指标的特殊分析方法

DMI 指标的一般分析方法主要是针对 + DI、 - DI、ADX 三值之间的关系展开的，而在大多数股市技术分析软件上，DMI 指标的特殊研判功能则主

要是围绕 + DI 线（白色线）、 - DI 线（黄色线）、ADX 线（红色线）和 ADXR 线（绿色线）四线之间的关系及 DMI 指标分析参数的修改和均线先行原则等内容而进行的。其中， + DI 线在有的软件上是用 PDI 线表示，意为上升方向线； - DI 线是用 MDI 表示，意为下降方向线。

（一）四线交叉原则

1. 当 + DI 线同时在 ADX 线和 ADXR 线及 - DI 线以下（特别是在 50 线以下的位置时），说明市场处于弱市之中，投资者应观望或逢高平仓，不可轻易做多。这点是 DMI 指标研判的重点。

2. 当 + DI 线和 - DI 线同处 50 以下时，如果 + DI 线快速向上突破 - DI 线，预示新的主力已进场，短期内价格将大涨。如果伴随大的成交量放出，更能确认行情将向上，投资者应迅速短线做多。

3. 当 + DI 线从上向下突破 - DI 线（即 - DI 线从下向上突破 + DI 线）时，此时不论 + DI 和 - DI 处在什么位置都预示新的空头进场，价格将下跌，投资者应短线做空或观望。

4. 当 + DI 线、 - DI 线、ADX 线和 ADXR 线四条线同时在 50 线以下粘连在一起窄幅横向运动，说明市场处于波澜不兴，价格处于横向整理之中，此时投资者应以观望为主。

5. 当 + DI 线、ADX 线和 ADXR 线三线同时在 50 线以下的位置，而此时三条线都快速向上发散，说明市场人气旺盛，价格处在上涨走势之中，投资者可逢低做多（这点中因为 - DI 线是下降方向线，其对上涨走势反应不灵，故不予以考虑）。

6. 对于牛市来说，ADX 在 50 以上向下转折，仅仅回落到 40 ~ 60 之间，随即再度掉头向上攀升，而且价格在此期间走出横盘整理的态势。随着 ADX 再度回升，价格再次大涨，这是价格拉升时的征兆。这种情况在证券市场经常出现在一些大涨的牛股中，此时 DMI 指标只是提供一个向上大趋势即将来临的参考。在实际操作中，则必须结合均线系统和均量线及其他指标一起研判。

（二）DMI 指标的实战技巧

DMI 指标的实战技巧主要集中在 DMI 指标的 PDI、MDI、ADX 和 ADXR 这四条曲线的交叉情况以及 PDI 曲线所处的位置和运行方向两个方面（注：分析家、文华等软件上的 PDI 曲线和 MDI 曲线就是钱龙等软件上的 + DI曲

线和 - DI 曲线）。下面以文华财经软件上的日参数为（14，6）的 DMI 指标为例，来揭示 DMI 指标的买卖和观望功能。（注：钱龙软件 42 日指标参数与分析家软件上这个参数相对应，其使用方法大体相同）。

1. 当 DMI 指标中的 PDI、MDI、ADX 和 ADXR 这四条曲线在 20 附近一段狭小的区域内作窄幅盘整，如果 PDI 曲线先后向上突破 MDI、ADX、ADXR 曲线，同时价格也带量向上突破中长期均线时，则意味着市场上多头主力比较强大，价格短期内将进入强势拉升阶段，这是 DMI 指标发出的买入信号。

2. 当 DMI 指标中的 PDI、MDI、ADX 和 ADXR 这四条曲线在 20～40 这段区域内作宽幅整理，如果 PDI 曲线先后向下跌破 ADX 和 ADXR 曲线时，投资者应密切注意行情会不会反转向下，一旦 PDI 曲线又向下跌破 MDI 曲线，同时价格也向下突破中长期均线，则意味着市场上空头主力比较强大，价格短期内还将下跌，这是 DMI 指标发出的卖出信号。

3. 当 DMI 指标中的 PDI 曲线分别向上突破 MDI、ADX、ADXR 后，一直在这三条曲线上运行，同时股价也依托中长期均线向上扬升，则意味着市场上多头力量依然占据优势。

4. 当 DMI 指标中的 PDI 曲线分别向上突破 MDI、ADX、ADXR 后，如果经过一段时间的高位盘整，PDI 曲线向下跌破 ADX 曲线，但在 ADXR 处获得支撑，并重新调头上行，同时也在中期均线附近获得支撑，则表明市场强势依旧。

5. 当 DMI 指标中的 PDI 曲线向下跌破 MDI、ADX、ADXR 后，如果 PDI 曲线一直运行在这三条线下方，并且在 20 以下区域作水平或向下运动，同时价格也被中长期均线压制下行时，则意味着市场上空头力量占绝对优势。

6. 当 DMI 指标当 DMI 指标中的 PDI 曲线向下跌破 MDI、ADX、ADXR 后，如果 PDI 曲线一直运行在这三条线下方，同时价格还是被中长期均线压制时，则意味着市场上空头力量依然强大。

六、DMI 在期货市场中的特别用法

（一）使用方法

1. 当 + DI 位于 - DI 之上时应做多，当 - DI 位于 + DI 之上时应放空。当 + DI 和 ADX 都位于 - DI 之上且 ADX 上升时，是最佳做多时机。这表明

上升趋势日益强势，所以应做多，并将保护性止损位设在近期次低点之下。当 - DI 和 ADX 都位于 + DI 之上且 ADX 上升时，是最佳放空时机。这表明空方日益强势，所以应放空，并将保护性止损位设在近期次高点之上。

2. 当 ADX 下降时，表明市场方向性减弱。此时往往会产生很多假信号。当 ADX 向下时，最好不要用趋势跟随的方法操作。

3. 当 ADX 降到两条趋向线之下时，表明市场处于横盘整理之中。此时不要采用趋势跟随系统，但要做好准备，因为重大趋势就是从这种沉寂中产生的。

4. 当 ADX 跌到两条趋向线之下时，趋向系统就会随时发出最佳信号。ADX 停留在两条趋向线下方的时间越长，随后的走势基础就越牢靠。当 ADX 向上突破两条趋向线时，表明市场已从沉寂中觉醒。当 ADX 自两条趋势线之下的最低点上涨 4 步（如从 9 涨到 13）时，就敲响了新一轮趋势的警钟。这表明新一轮牛市或熊市已经诞生（见图 3 - 5 - 1）。如果 + DI 在最上面，就买入并将保护性止损位设在近期次低点之下；如果 - DI 在最上面，就卖空并将保护性止损位设在近期次高点之上。

例如，如果 ADX 由 8 升至 12，而两条趋向线都在 12 之上，且 + DI 位于最上方，则表明新一轮上涨趋势正在开始。如果 ADX 从 9 升到 13，而两条趋向线都在 13 之上，且 - DI 位于最上面，则表明新一轮下跌趋势正在开始。

趋向系统能指出新一轮重大趋势何时开始，这是它的独特优势。当新一轮牛市或熊市即将诞生时，它就会发出信号。此时资金风险一般很低，因为趋势早期价格的波动小得多。

5. 当 ADX 向上突破两条趋向线时，表明市场过热。当 ADX 在两条趋向线之上开始掉头向下时，表明主要趋势已经遇到麻烦，这是获利了结的好时机。如果你是放大操作，此时兑现部分到润就显得十分必要。

（二）综合使用

趋向指标的四条线，应综合在一起分析判断，而不能仅用 + DI 和 - DI 来判断价格的走势，也不能单独用 ADX 和 ADXR 指标分析行情。

1. 当 ADX 和 ADXR 形成金叉向上运行时，应指出 ADX 和 ADXR 作为引导指标，正在引导的是多方还是空方，也就是说是 + DI 还是 - DI 被引导。当引导的对象是 + DI 时，也就是说目前的市场是多方的行情，那么可以认

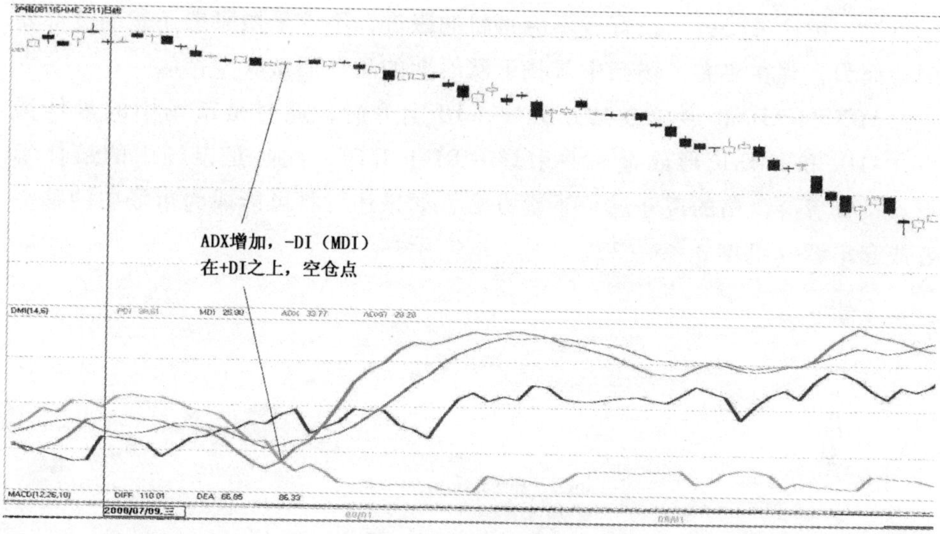

图 3－5－1 趋向系统的信号

为市场将展开一轮上涨行情，行情的大小由 ADX 和 ADXR 来确定，如果 ADX 和 ADXR 第一次形成金叉，引导 + DI 向上行进，ADX 和 ADXR 运行至 80 以上时，那么可以认定此行情将有可能成为一轮（特大）的上涨行情。如果 ADX 和 ADXR 上升至 50 以上 80 以下就掉头向下，那么可以说此行情将很有可能是一轮中级以上的上涨行情。

2. 当 ADX 和 ADXR 形成金叉时，并引导的是 - DI 上行，那么当前的市场将成为空方的下跌行情。ADX 和 ADXR 第一次形成金叉，引导 - DI 上行至 80 以上时，那么可以说此轮走势将是一轮特大的下跌行情。如果 ADX 和 ADXR 形成金叉带领着 - DI 行进至 50 以上 80 以下时，那么可以认定此轮走势将是一轮中级以上的下跌行情。

3. ADX 和 ADXR 以 20 为中轴频繁交叉，上下波动，而 + DI 和 - DI 同样与 ADX 和 ADXR 的走势，此时市场中多空双方能量对等，处于休战状态，将没有任何行情的产生。ADX 和 ADXR 的走势如何行进，只要认清引导的是 + DI 还是 - DI，当引导的是 + DI 时，那么 ADX 和 ADXR 的上涨和下跌都属于多方在控制市场，属多方上涨行情，此时做多操作风险较小。当 ADX 和 ADXR 引导的是 - DI 时，那么 ADX 和 ADXR 的走势如何都是空方左右控制市场，此时应该持有空单。如果发现上涨行情，那也是在下跌过程中的反弹行情，像这种反弹，投资者不应盲目的跟进，不论是做股票还是期货都要顺势而为，要在多方市场当中寻找上涨时期的品种而做。

ADX 和 ADXR 形成金叉并引导 + DI 上升时，此时是市场中的最佳买点；ADX 和 ADXR 形成金叉并引导 - DI 上升时，此时是市场中的最佳卖点。投资者应严格的遵守这一买卖方法，如果违背将可能成为市场中的踏空者或套牢者（见图 3 - 5 - 2）。

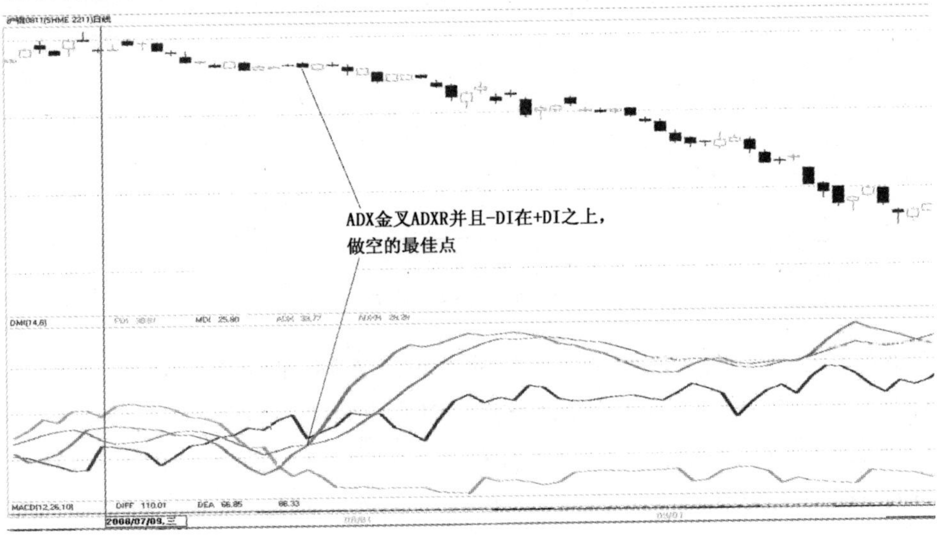

图 3 - 5 - 2

第六节　通 道 突 破

一、定义和用法

通道突破是一个纯粹的价格触发的趋势跟随系统。我们所使用的特殊方法叫做突破法，有时候也被称为唐奇安通道法（Donchian Channels）。这种方法的基本思路就是在市场超越过去特定时期内的最高点时（也就是突破前期价格水平时）买入。市场超越过去特定时期内的最低点时（也就是突破前期价格水平时）卖出。

在著名的海龟法则里用这样的两个系统：一个是被里奇和比尔称为系统1的中期系统，它是根据过去20天（或者说4个交易周）的价格来决定高点和低点。

还有一个时间跨度更长的系统，也就是系统2，它根据过去60天（12个交易周）内的高点和低点来确定突破点。

在每个交易日结束后，我们都要为这两个系统重新计算高低突破点。一般来说，我们要做的就是回顾一下过去一段时间，根据价格变化的视觉特征找出那么一两个高点。在大多数时间里，系统内的高点不会变，所以我们也无事可做。

二、优缺点比较

（一）优点

通道突破方法简单，一看就会。

（二）缺点

1. 由于唐奇安提供的原始参数没有考虑到市场波动性的变化，所以值得尝试的是加一些过滤指标，这样可以减少市场高波动性带来的亏损。

2. 唐奇安方法的另一个缺陷是市场刚刚超越支撑位或阻力位时就会触发交易信号，比如说一些交易者会在这个位置设置止损，而这个突破很有可能是假通道突破。

（三）补救方法

1. 亚特·科林斯曾经写过许多关于交易系统的文章，他提供了一个特别简单和稳健的方案，就是增加一个过滤指标：要求市场超越设定价位的幅度至少达到前一个交易日波动的20%。

2. 修改建、平仓条件，比如说当市场突破前20天的高/低点时建仓，当突破前10天的高/低点时平仓。

3. 过滤假突破（本人重点推荐的方法）。突破交易的利润是非常可观的，但是，很多的突破会以失败告终。市场经常出现假突破的主要原因是，市场相比容易受到技术因素的驱动。因此，很多的市场参与者有意地制造突破，以欺骗其他未察觉的交易者。为了过滤掉潜在的假突破，要通过价格行为进行筛选，以确定哪些突破有更高的胜算。我们采用这样的规则，当价格创出了新高，接着回落到近期的低点后，又再次反转创出另一个新高。这类情形通常有非常高的成功率，原因在于，在不坚定的交易者被彻底清出场外后，那时候只剩下有资金的真正玩家重新入场，促使交易品种创出更高的价格，这种策略令交易者进入一个强劲的趋势市场。

（四）过滤假突破的策略的规则

1. 买入。

①观察一个交易品种，它的价格正在创出 20 天的最高点。

②观察到交易品种在接下来的 3 天，交易品种出现反转，创出 2 天的最低点。

③如果在创出 2 天最低点后的 3 天内，价格突破前期 20 天的最高点，就买入交易品种。

④最初的止损点设在步骤 2 中确定的 2 天最低点以下几点的地方。

⑤运用移动止损保护利润，或者当利润达到所冒风险 2 倍的时候，止盈出场。

2. 卖出。

①观察一个交易品种，它的价格正在创出 20 天的最低点。

②观察到交易品种对在接下来的 3 天内出现反转，创出 2 天的最高点。

3. 如果在创出 2 天最高点后的 3 天内，价格跌破前期 20 天的最低点，就卖出交易品种。

①止损点设在步骤 2 中确定的 2 天最高点以上几点的地方。

②运用移动止损保护利润，或者当利润达到所冒风险 2 倍的时候，止盈出场。

三、周规则

在我们设计跟踪趋势系统的时候，除了移动平均线外，也有别的选择。其中最著名也最成功的技术之一，称为周价格管道，或简称周规则。本方法也具有移动平均线的许多优点，而且省了不少麻烦，使用起来也简便一些。

在过去 10 年中，随着计算机技术的进步，人们对在期货市场建立技术性交易系统的问题进行了大量的研究。这些系统在本质上是自动化的，消除了人类情感和主观判断的影响。另一方面，它们也越臻于复杂。起初用的是简单的移动平均法，后来，又加入了双移动平均线交叉、三移动平均线交叉的内容，再后来，又对移动平均值进行了线性加权、指数加权。最近，人们又引入了高级的统计学系统，例如线性回归系统。上述系统的首要目的依然是追随趋势，即首先识别趋势，然后顺着既有趋势的方向交易。

不过，随着越来越复杂、越来越富于想像力的系统和指标的出现，也有些不妥的倾向。人们往往忽视了那些简单、基本的工具，而它们的效果相当好，且经受住了时间的考验。下面我们就来说说其中一种最简便的方法——周规则。

1970 年，邓恩和哈吉特公司的金融服务部门推出了一本《交易商手册》。其中对当时最流行的自动交易系统进行了模拟测试和比较研究。该项研究的最后结果表明，在所有的测试对象中，“四周规则”系统最为成功。这种系统是由唐奇安创立的。唐奇安先生在希尔森·莱曼·运通公司工作时，担任其高级副总裁兼金融顾问。他被推崇为商品期货自动交易系统领域的先驱（在 1983 年，《投资账户管理报道》推举唐奇安为首届“最佳获利奖”得主，表彰他对商品市场资金运作领域的巨大贡献。该机构目前向后来的受奖人颁发“唐奇安奖”）。

（一）四周规则的基本原理

根据四周规则建立的系统很简单：

1. 只要价格涨过前四个日历周内的最高价，则平空头头寸，建多头头寸。

2. 只要价格跌过前四个周内（照日历算满）的最低价，则平多头头寸，建空头头寸。

如上所述，本系统属于连续工作性质（连续在市），即系统始终持有头寸，或者是多头，或者是空头。连续在市系统也有一个缺陷：当市场进入了无趋势状态时，它仍处在市场中，难免出现“拉锯现象”。我们曾经强调过，在市场处于这种无趋势的横向状态时，趋势顺应系统效果很差。

我们也可以对四周规则进行修正，使之不连续在市。办法是采用较短的时间跨度，比如一周或两周，作为平仓的信号。换言之，必须出现了“四周突破”，我们才能建立头寸，但是只要朝相反方向的一周或两周的信号出现，就平回该头寸。之后，我们将居于市场外，直到下一个四周突破信号出现时再入市。

本系统坚实地建立在技术分析原理之上，信号自动给出，并且清晰、分明。因为它是顺应趋势的，所以实际上能够保证每当市场出现重大趋势时，用户总站在正确的一边。同时，它的结构也体现了商品交易一句老生常谈的格言——“让利润充分增长，把损失控制在小额”。本系统还有一个特点，由于该系统的交易往往不太频繁，所以其佣金成本较低。这一点，正是很多资金管理者所重视的。不过，经纪商们对该系统的态度当然就不一样了。最后一点，既可以应用计算机来实施本系统，也可以不用。

周规则也有自己的反面意见。同所有趋势顺应系统所遭受的指责一样，反对者怪它不能捕捉顶或底。那么，趋势顺应系统到底做了些什么呢？最重要的一点是，四周规则的表现同绝大多数趋势顺应系统一样漂亮，甚至超过其中许多种方法，同时，它还有个长处：惊人得简明。

（二）对周规则的修正

我们对四周规则的讨论是对其原形展开的，不过，它也具备许多种修正和改进形式。首先，我们并不是非得把本规则运用于交易系统不可。我们也可以把周规则的信号简单地看做一种技术指标，由之来辨识价格突破、趋势反转等信号。周规则的突破信号也可以辅助其他技术，比如移动平均线等，起到与过滤器类似的验证作用。一周和两周规则便是极佳的过滤器。因此，当移动平均线的交叉信号出现后，为了确定是否依照这个信号开立头寸，我们必须根据两周规则，考察在其相同方向是否也有两周规则的突破信号。

（三）周规则也可以优化

我们也可以针对不同的市场，调整周规则的时间跨度。我们并不是对每个市场都机械地使用四周规则，而是具体市场具体分析。在 1979 年 2 月《美林公司商品研究报告》上，“自动化交易技术”一文，对各种周规则的突破信号也进行了广泛的研究。其中对每个市场，都得出了相应的优化的周规则。此外，在这篇文章中还提出，通过改变每周结束的日子，系统的成绩可以进一步改善。例如，据该报告称，在糖期货市场上，最好采用五周规则，并且把每周的结束日人为地规定为星期四。在大豆市场上，最佳的选择是两周规则，并把星期一人为规定为每周的最末一天。在更早的美林公司的研究中，还对日间突破（“日规则”）的各种天数进行了检测。

根据风险管理和灵敏度的具体需要，我们还可以相应地扩大或缩短周规则的时间跨度。举例来说，如果我们要求系统更灵敏，则可以缩短时间跨度。当市场急剧上升，从而价格相对地处于“高处不胜寒”的境地的时候，我们就可以缩短时间跨度，使系统更灵敏。假定我们已经根据四周规则的向上突破信号，建立了一个多头头寸，那么，就可以把保护性止损点设置在过去两周的最低价的下方。如果随后市场急剧上冲，交易商试图采用更紧凑的保护性止损方法来监控该多头头寸的话，那么还可以选用一周规则来设置止损点。

当市场处于横向伸展的情形时，那些随趋势而动的交易者会袖手旁观，专心等待重要趋势信号的出现。那么，这时，就可以把时间跨度扩张到八周。这样，就能够避免开立短线的头寸，以免陷入时机不成熟的趋势信号中。

前面曾交代，在期货市场上，以日为长度单位的周期具有重要意义。在所有的市场上，为时四周（或 20 天）的周期都是极为显著的。这或许说明了利用四周这种时间区间为何如此成功。它可能是最佳的时间跨度。请注意，我们也曾提及 1 周、2 周以及 8 周规则。根据周期分析中的谐波理论，每个周期都与它相邻的周期成倍数关系（上一级周期是其 2 倍，下一级周期是其 1/2）。

在移动平均线的研究中，有人曾用月周期加上谐波理论，解释了 5 天、10 天、20 天和 40 天移动平均线之所以盛行的原因。同样的道理，在四周规则上也适合。如果我们把上述天数换算成星期数，那么它们分别就是一周、二周、四周和八周。因此，对四周规则的最有效的修正是，以四周作起点，依次乘以 2 或除以 2。在缩小时间跨度的时候则从四周变为二周。如果要采取更短暂的时间跨度，那么甚至可以由二周变为一周。在扩大时间跨度的时候，则从四周变为八周。因为本方法把价格与时间结合起来了，所以，谐波周期理论当然就起到了重要作用。我们把周期规则的时间跨度除以二以缩短之，乘以二以扩张之，这一做法着实可以从周期理论找到充分的根据。

第七节 三线反转和宝塔线

一、三线反转

（一）三线反转图的定义及画法

三线反转图是由日本人发明的。它的反转信号由市场决定的，我们可以借此掌握市场的动态性与强弱程度。

三线反转图是由许多不同高度的白色与黑色方格组成（见图 3－7－1）。

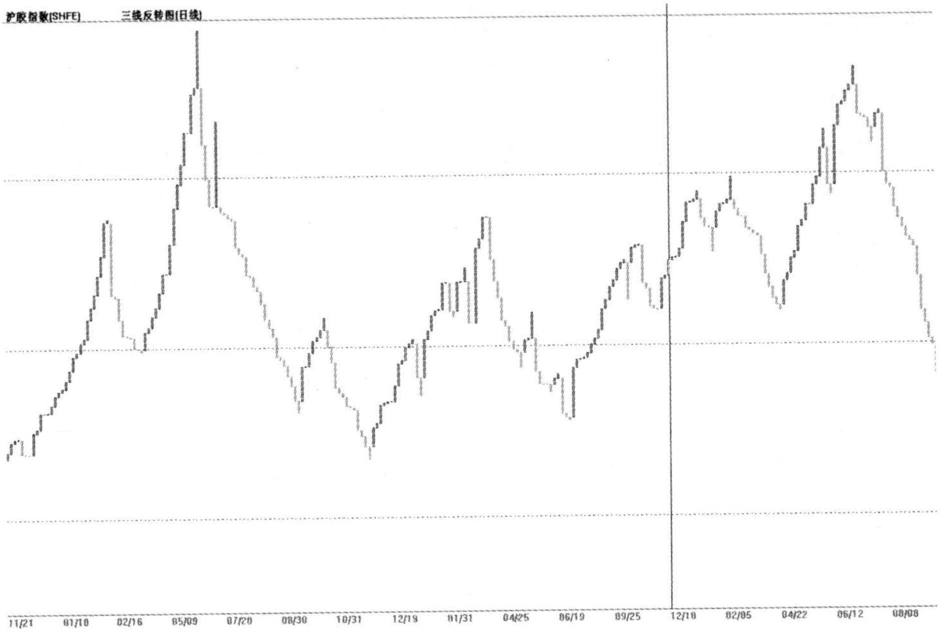

图 3－7－1 上海橡胶指数 2005 年 11 月到 2008 年 9 月的三线反转图

在三线反转图中，每个方格都称为线，各自占有一栏。以收盘价为准，当价格创新高时，绘制一条白色的线；当价格创新低时，绘制一条黑色的线。

如果涨势（跌势）非常强劲而足以形成三根连续的白线（黑线），以前三根白线的最低价为基准（以前三根黑线的最高价为基准），唯有随后的收盘价跌破（向上穿越）该基准时，才可以绘制新的黑线（白线）。所以，“三线反转图”是指当收盘价得以突破先前三根线形时，线形的颜色才可以反转。三线反转图的优点是，没有涉及任意设定的反转点数。反转信号完全由市场决定。

（二）交易方法

反转白线为买进信号，反转黑线为卖出信号。

在三线反转图中，最基本的运用方法是在反转白线发生后买进，在反转黑线为卖出。初学者开始在市场交易中使用三线反转交易系统时，完全可以利用最简单的“白线买进，黑线卖出”的方法进行交易，随着使用的熟练再完善自己的技巧和方法。

二、宝塔线

（一）宝塔线的定义

宝塔线（TOWER）指标是以价格的收盘价作为参照，当价格上涨时用白线（或红线），当价格下跌时用黑线（或绿线），从而通过黑白棒线的变化情况来研判价格的未来走势。与其他技术分析指标不同的是，宝塔线指标没有计算公式，而是靠选用划图表的方式形成的。

由于选用的图表周期不同，宝塔线指标包括：日宝塔线指标、周宝塔线指标、月宝塔线指标和年宝塔线指标以及分钟宝塔线指标等。经常被用于股市研判的是日宝塔线指标和周宝塔线指标。

（二）宝塔线的画法

以日宝塔线指标为例，其具体画法如下：

1. 当价格上涨时，用白色（或红色）空心棒体表示；而当价格下跌时，用黑色（或绿色）实心棒体表示。

2. 以某一日的收盘价作为基准价，每日依次将收盘价的涨跌画于图表上。

3. 如果上一日价格是涨升的白色棒体，而次日下跌，价格未跌破上一日白色棒体低点的那一部分跌幅仍用白色棒体，跌破的部分用黑色棒体表示。

4. 如果上一日价格为下跌的黑色棒体，而次日上涨，价格未涨过上一日黑色棒体高点的那一部分涨幅仍用黑色棒体，涨过的部分用白色棒体表示。

5. 未来的日行情画法依次类推。

宝塔线的特征和画法与点状图类似，并非是记载每个周期的价格变动过程，而是在价格创新高或新低时，才予以记录，这点不同于 K 线的画法。由于目前技术分析软件上的宝塔线是电脑自动生成的，因此，投资者不需自己画，这里主要是通过了解其计算过程而达到对宝塔线指标的熟悉。图 3－7－2是郑州 PTA 指数的宝塔线。

（三）应用法则

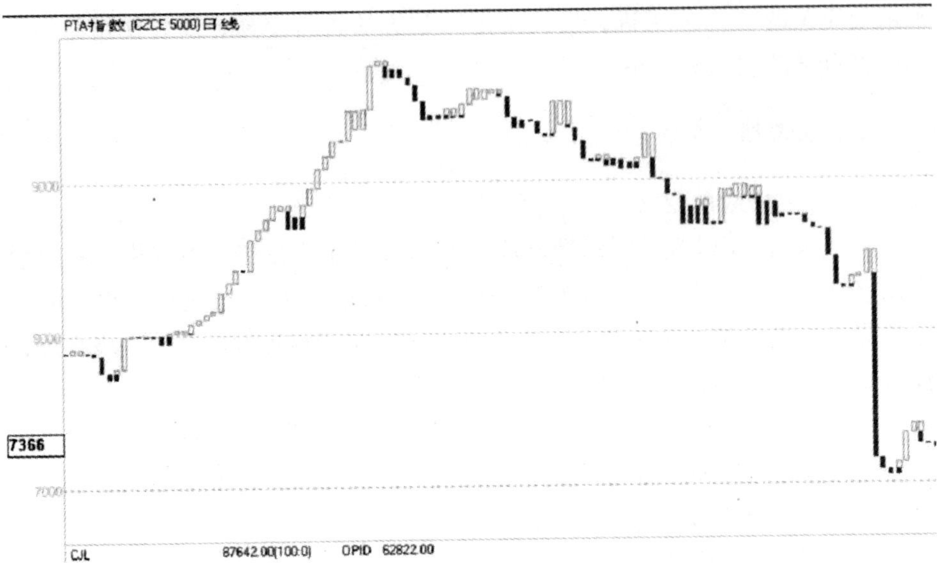

图 3－7－2 郑州 PTA 指数的宝塔线

1. 宝塔线翻红之后，后市往往有机会延伸一段上升行情，视为买入信号。

2. 宝塔线翻绿之后，后市通常将延伸一段下降行情，视为卖出信号。

3. 当行情处于盘整阶段时，常常出现小幅翻红或翻绿的现象，可不予理会。

4. 当价格处于高位时出现长绿向下突破时应果断了结。

宝塔线指标也可设置参数，通常设为 3 日（或 5 日），当收盘价高于前 3 日（或 5 日）最高价时，视为买入信号。当收盘价低于前 3 日（或 5 日）的最低价时，视为卖出信号。在实践过程中，投资者还总结出“三平底（顶）翻红（绿）为买入（卖出）时机”等经验。

由于宝塔线指标应用法则较为简单，且操作指向明确、客观，仅仅根据价格高低点反转进行判断，投资者很容易掌握。不过，值得注意的是，虽然宝塔线指标能起到一定的“过滤”作用，但和其他指标一样不可能杜绝“骗线”的困扰。如行情在高位出现调整时，宝塔线翻绿发出卖出信号，在下跌一段后可能又翻红而发出买入信号，但此时很有可能是下跌途中的小幅反弹，后市仍有继续下跌的可能。因此，投资者应结合 K 线、移动平均线及成交量等因素来综合研判。

本人在实际使用宝塔线指标时，往往与 21 日移动平均线结合使用。具体例子见图 3－7－3。

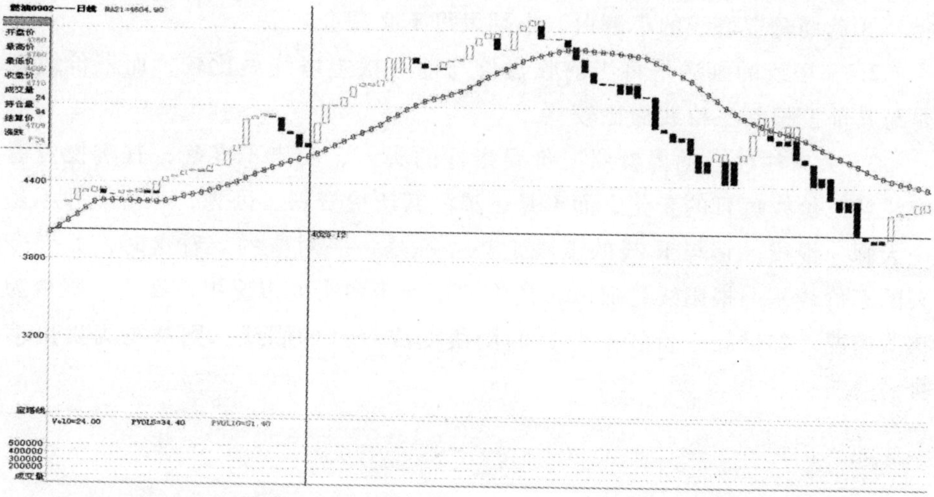

图 3－7－3　上海燃油 0902 合约的宝塔线与 21 日移动平均线的结合使用

三、三价线与宝塔线的异同点

（一）相似点

三价线指标应用法则：

1. 三价线由黑色变成白色时，视为买进信号。

2. 三价线由白色变成黑色时，视为卖出信号。

3. 三价线如果持续上涨，则会由原三价线向上延伸，因此，三价线不会与 K 线相对称，反之亦然。

宝塔线指标应用法则：

1. 宝塔线由黑色变成白色时，视为买进信号。

2. 宝塔线由白色变成黑色时，视为卖出信号。

3. 宝塔线如果持续上涨，则会由原宝塔线向上延伸，因此，宝塔线不会与 K 线相对称，反之亦然。

（二）不同点

1. 盘整行情中，宝塔线会忽翻白忽翻黑，其信号的效果会大幅降低。因此，现在用户使用中也有如下的用法：

①宝塔线三平底翻白为买入时机，价格将会延伸一段上升行情；

②宝塔线三平顶翻黑为卖出时机，价格将会继续一段下跌行情；

③盘局时宝塔线的小翻白、小翻黑可不必理会。

2. 宝塔线的画法是将当前收盘价与前一根宝塔线做比较，而三价线则是与其前三根新三价线做比较。

3. 大家往往会觉得参照三价线指标的买入、卖出不准确，其实投资者应注意三价线每日的变化，而不是去追溯其历史资料，因为，三价线并不是一天画一根线，它与 K 线的涨跌走势并不是一一对应的。看盘时，如果今天的三价线是一根阳线，那么，代表它正处于多头的市况中；反之，则视为空头市况。如果新三价线从昨日的阳线变成今日的阴线，则被视为卖出信号。

第四章 寻找拐点

市场参与者特别是大机构的普遍观点是"追随趋势不寻找拐点"。我们非常清楚，尽管这种反转形态难以判断，但是它并不永远是深不可测的，特别是在顶点向下的V型反转，每年都会发生。如果拐点出现后，短期内的价格剧烈变化的幅度能够把握住，那将是令人十分愉快的事情。我们通过本章的学习，来提高我们捕捉它的能力。

第一节 摆荡指标

摆荡指标（或荡动指标）是一项深受交易者喜爱的工具，常用它来判断价格涨幅是否过高（市场超买），或跌幅是否过深（市场超卖）。交易者通常会预期趋势的变化，在超买市场做空，在超卖市场买进。

为了分析的完整，我应该提及一点，大多数摆荡指标的数值——相对其与数学均衡点（通常为0或50%）的关系——可以充当绝佳的趋势指标。如果摆荡指标位于均衡点上方，则属于上升趋势；如果位于下方，则属于下降趋势。另外，有些系统则以相反方式来操作。摆荡指标到达特定水准时，它们在超买状态中买进，在超卖状态中做空。

当摆荡指标出现超卖读数则买进，出现超买读数则卖出，虽然也是操作的方式之一，但进场问题则稍微复杂。对摆荡指标触及这些水准而进行买进或卖出操作的方法，这方面的测试结果很多。这种方法面临一个问题，当市场进入超买或超卖状态，趋势有时候会持续发展。事实上，市场经常在持续上涨或下跌行情的初期，就呈现出极严重的超买或超卖。

为了避免这种情况，摆荡指标首次达到超买或超卖的触发水准时，你需要等待它回档到某个特定的幅度。

使用摆荡指标的最佳方式，或许不仅要等待超买、超卖与回档，还要等待背离随现象。背离是价格动能趋缓的现象，即当价格创新高或新低时，摆荡指标的读数却未能随之创新高或新低。因此，价格与摆荡指标之间会有背离的现象。为了避免巨额亏损，在这些系统内使用了固定金额的止损点，以预防信号出现后而市场未呈现预期的走势，并导致严重的损失。

市场中使用的摆荡指标，种类甚为繁多，目前常用的主要有 KDJ、RSI、ROC、CCI、威廉指标等，严格意义上讲 MACD、BULL、双线交叉等也属于摆动指标的范畴（我们主要介绍 KDJ 和 RSI 这两种指标，对此有兴趣的读者可以参考有关的书籍）。在摆荡指标的设计中，有些人使用收盘价，有些人使用最高价与最低价，更有些人使用全部 3 种价格。我没有听说任何使用开盘价的摆荡指标。虽然每项指标有其支持者，但结果大致相同，因为它们都是以相同的数据点进行测量。延长摆荡指标的期限长度，将导致信号减少。我们可以调整摆荡指标的触发读数来克服这一问题。

就数学上而言，摆荡指标在设计上会过滤出期限长度两倍以下的价格周期。因此，你所选择的摆荡指标的期限长度，应该等于交易之商品循环周期的一半。如果价格循环的周期为 28 日，则摆荡指标的期限应该是 14 日，如此你才可以获得循环的良好信号。如果循环确实如此，则该市场会出现 14 日的上升行情与 14 日下降行情，但期间内的涨、跌幅度可能有相当大的差异。

一、随机指标（KDJ）

KDJ 指标又称做随机指标，早期应用于期货市场，因敏感性非常好，非常适用于短线操作。随机指标综合了动量观念、强弱指标和移动平均线的优点，指标买卖点明确，使用简单，容易掌握。它特别适合于短线操作者使用，因此成为股市中最常用的辅助指标之一。

（一）计算方法

计算公式：

RSV =［第 N 日收盘价 - 最近 N 日内最低价）/（最近 N 日内最高价 - 最近 N 日内最低价）］×100%

N 代表取值时间数，因 KDJ 指标属于敏感的短线指标，通常取值 5 天和 9 天。计算出未成熟随机值（RSV）之后，再根据平滑移动平均线的方法，来计算 K 值与 D 值。

当日 K 值 = 2/3 前一日 K 值 + 1/3 RSV

当日 D 值 = 2/3 前一日 D 值 + 1/3 当日 K 值

若无前一日的 K 值与 D 值，可以分别用 50 代入计算。经过长期的平滑运算之后，起算基期不同的 K 值都将趋于一致。K 与 D 值永远介于 0 与 100 之间。

J = 3D - 2K，J 值可以大于 100 和小于 0。

目前，很多的软件都在使用 J = 3K - 2D，这样得出的计算结果 J 值在先，KD 值在后，所以原则上应该叫做 JKD 指标。

而 J = 3D - 2K 指标，KD 在先，J 值在后，所以叫 KDJ 指标。

（二）KDJ 指标的使用方法（以 9 日 KDJ 指标为例）

1. 当 KD 指标在 20 以下形成黄金交叉，J 指标从下向上与 KD 指标重合交叉时，是买点信号。

2. 当 KD 指标在 80 以上形成死亡交叉，J 指标从上向下与 KD 指标重合交叉时，是卖出信号。

3. 当 KD 指标在 20 之下形成 W 形、头肩底形是买点信号。

4. 当 KD 指标在 80 以上形成 M 形、头肩顶形是卖点信号。

5. 当股价连续数浪下跌，股价创新低而 KD 指标不创新低，称为底背离，常是较可靠的买点信号。

6. 当股价连续数浪上升，股价创新高而 KD 指标不创新高，称为顶背离，常是较可靠的卖点信号。

7. J 指标大于 110 时，头部将会出现。

8. J 指标小于负 10 时，底部将会出现。

9. 在弱势市场中，股价反弹，KD 指标从 20 向上，运行到 50 左右时，常会遇到阻力并向下调头，股价反弹结束，继续下跌。

10. 在强势市场中，股价回调，KD 指标从 80 向下，运行到 50 左右时，常会遇到支撑并向上调头，股价调整结束，继续上涨。

11. 在一个极弱的市场中，KD 指标会在 20 之下进行徘徊，而股价继续下跌，这种情况称为 KD 指标的钝化，这种情况应放弃使用此指标。

12. 在一个极强的市场中，KD 指标在 80 之上进行徘徊时，而股价继续上涨，这是指标在高位的钝化，这种情况也应放弃使用此指标。

随机指标最好和趋势型指标如 MACD、趋势线、中期移动平均线等配合使用（我本人一般在期货市场使用 21MA，在股票市场使用 55MA 或配合 13 周 EMA）。

图 4－1－1 是随机指标和趋势型指标（21 天移动平均线）的配合使用。尽管随机指数是一个非常好的及时指标，但是需要通过趋势线去选择哪个指标最好。当价格在整理区间波动时，买卖信号都可以放心地使用。在下跌趋势十分明显时，我们只能用卖出指标；反之，当上升趋势明显时，我们只能用买入指标。

（三）随机指标背离

随机指标中的背离十分有效。当价格上涨和随机指数下跌的角度之差很

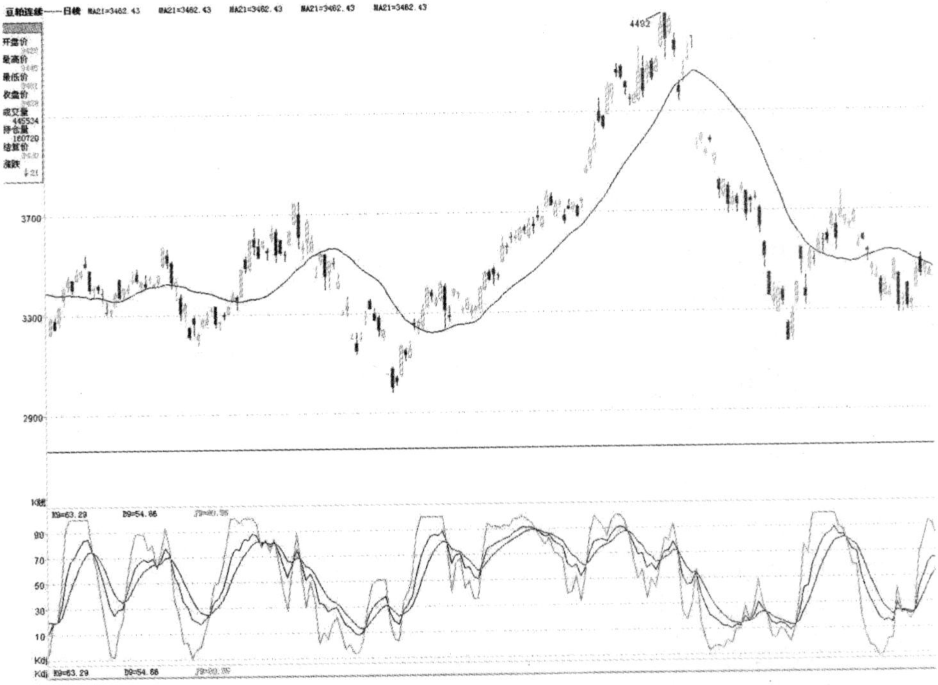

图 4－1－1 大连豆粕指数的 21 天均线配合 KDJ

大时，也就是说，当价格快速上涨并且（或者）随机指数快速下跌之时，一个强的熊背离指标就会出现。

只有当价格走势和随机指数走势方向相反时，背离才有效。还有一点就是，背离并没有要求非要有一个强烈的相对差；当价格轻微下跌，而同时随机指数急速下跌时，这种情况不是背离。背离要求指标必须一个向上一个向下。

有一些特定规则可以用来识别背离信号（下面是描述一个熊背离，而牛背离信号正好和它相反）：

1. 第一个随机指数的峰值必须大于80。

2. 第二个随机指数的峰值必须至少低于第一个峰值15%（不能少于5%）。例如，如果第一个峰值是90，第二个峰值应该是70或者75。

3. 和随机指数峰值一起出现的价格峰值，必须是明确上升的走势。

（四）KDJ指标的特点

KDJ指标优点是：指标非常敏感，适合短线操作，在常态情况下，具有较高的准确度。

缺点是：过于敏感，常过早地发出买入和卖出信号，在极强的市场上和极弱的市场上会出现指标钝化，使投资者无所适从；买入和卖出过早，造成操作失误。

KDJ指标可以和其他指标一同使用，准确度将大幅提高。如与SAR指标和趋势线以及中期移动平均线的结合使用可以较有效地克服钝化问题。

（五）KDJ指标的钝化和解决方法

KDJ指标是技术分析人员经常使用的一种指标，此种指标的优点反应敏感，能给出非常明显的进货信号和出货信号，如黄金交叉进货、死亡交叉出货，使用者易于掌握，只要看信号进货出货就可以了。但KDJ指标又有明显的不足，如它的反应过于敏感，使用者不是进货太早被套牢，就是出货太早被轧空，也就是所谓KDJ指标的低位钝化和高位钝化问题。很多KDJ指标的使用者常常抱怨KDJ指标用起来经常会有上当受骗的感觉。由此认为KDJ指标是庄家拿来故意骗人的。

KDJ指标是一种非常好的指标，但是它有一个常态使用范围，通常价格在一个有一定幅度的箱形之中运动时，KDJ指标将发出非常准确的进货信号和出货信号。在此情况下，按照低位黄金交叉进货，高位死亡交叉出货，准确度非常高，投资者按此方法操作，可以获得很大胜算。但在一个极强的市场或者一个极弱的市场，也就是有时出现的单边上升行情和单边下跌行情，KDJ必然发生高位钝化和低位钝化的情况。这时候还按照黄金交叉进货，死亡交叉出货将会发生行情刚起动，KDJ指标已在高位发出卖出信号，如果按信号操作，将丢失掉一个主升段行情；行情刚下跌，KDJ在低位发出黄金交叉，如果进货将被套牢，而且价位损失将非常大。因为KDJ指标可以在低位钝化了再钝化，价格下跌不止，使按此操作的投资者损失惨重。

通过多年的实践操作经验，我总结出如下方法，可以比较有效地解决KDJ指标的钝化骗线问题：

1. 放大法。因为KDJ指标非常敏感，因此经常给出一些杂乱信号，这些信号容易误导投资者，据此敏感进货信号或出货信号操作的，常会导致操作失误，不是买入过早，就是卖出过早。如果我们放大一级来确认这个信号的可靠性，将会有较好的效果。如在日K线图上产生KDJ指标的低位黄金交叉，我们可以把它放大到周线图上去看，如果在周线图上也是在低位产生

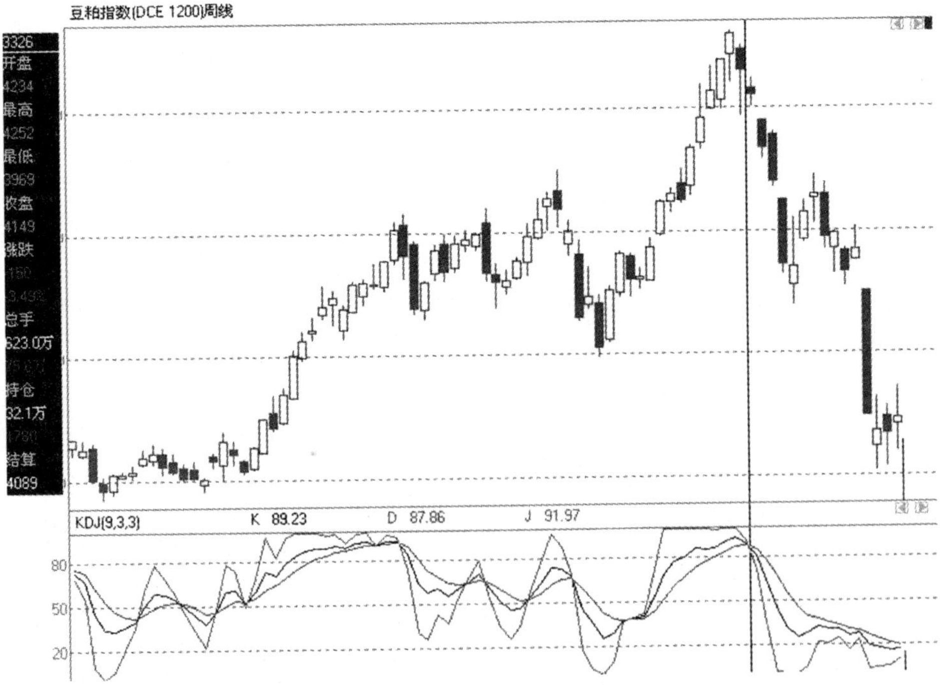

图4-1-2 豆粕指数的周线图

黄金交叉，我们将认为这个信号可靠性强，可以大胆去操作。如果周线图上显示的是在下跌途中，那么日线图上的黄金交叉可靠性不强，有可能是庄家的骗线手法，这时候我们可以采用观望的方法（见图4－1－2）。

2. 形态法。由于KDJ指标的敏感，它给出的指标经常超前，因此我们可以通过KDJ指标的形态来帮助找出正确的买点和卖点，KDJ指标在低位形成W底、三重底和头肩底形态时再进货。在较强的市场里，KDJ指标在高位形成M头和头肩顶时，出货的信号可靠性将加强（见图4－1－3）。

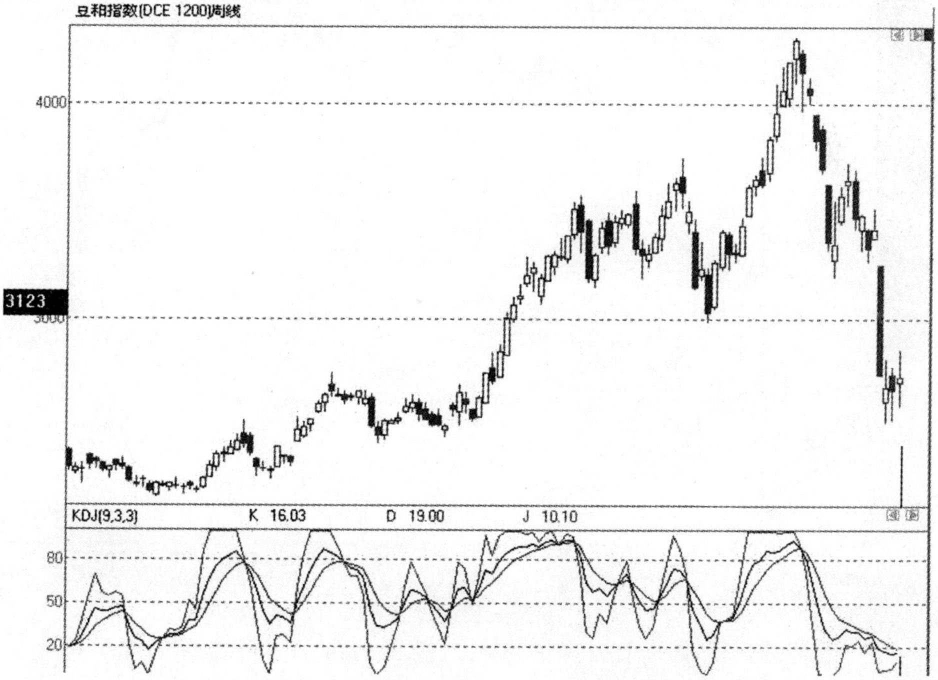

图4－1－3　豆粕指数的周线图

3. 数浪法。KDJ指标和数浪相结合，是一种非常有效的方法。在K线图上，我们可以经常清晰地分辨上升形态的第1浪、第3浪、第5浪，在K线图上，价格盘底结束，开始上升，往往在上升第1子浪时，KDJ指标既发出死亡交叉的出货信号。这时候，我们可以少考虑这个卖出信号，因为它很可能是一个错误信号或是一个骗人信号。当价格运行到第3子浪时，我们将加大对卖出信号的重视程度，当价格运行到明显的第5子浪时，这时如KDJ指标给出卖出信号，我们将坚决出货。这时候KDJ指标给出的信号通常将非常准确。当价格刚刚结束上升开始下跌时，在下跌的第 1 子浪较少考虑 KDJ 指标的买进信号，当价格下跌了三个子浪或五个子浪时，才考虑 KDJ 指标的买入信号，尤其是下跌五个子浪后的 KDJ 指标给出的买进信号较准确（见图 4－1－4）。

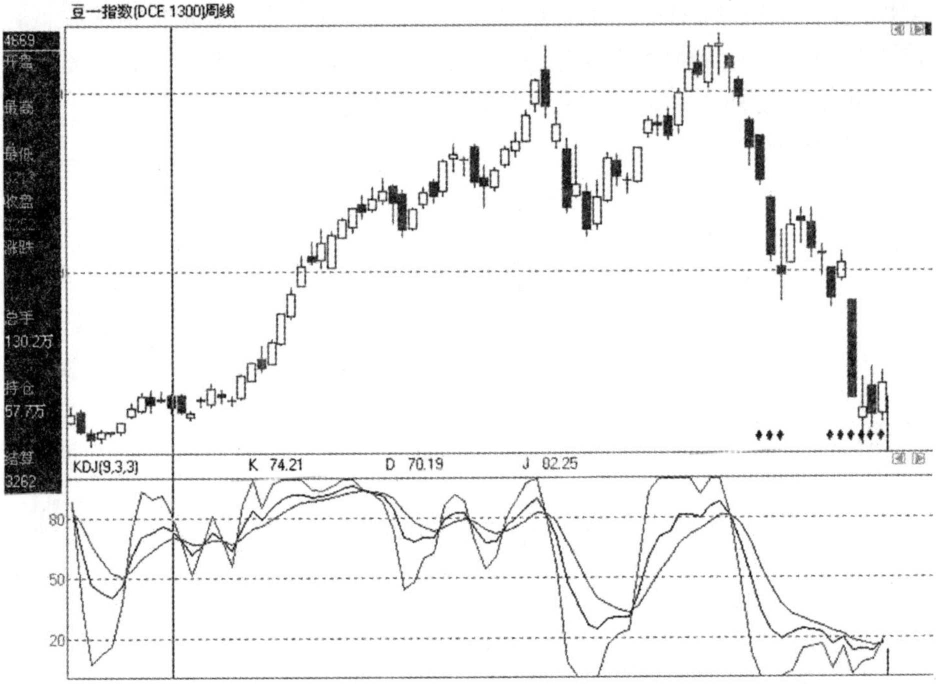

图 4－1－4　豆粕指数的周线图

4. 趋势线法。在一个极强的市场或极弱的市场，价格会形成单边上升走势和单边下跌走势。在单边下跌走势中，KDJ 指标会多次发出买入信号或低位钝化，投资者按买入信号操作了，将被过早套牢，有的在极低的价位进货的，结果价格继续下跌，低了还可以低，如要有效解决这个问题，可以在 K 线图上加一条下降趋势线。在价格没有打破下降趋势线前，KDJ 发出的任何一次买入信号，都将不考虑。只有当价格打破下降趋势线后，再开始考虑 KDJ 指标的买入信号；在单边上升的走势中，市场走势极强，价格会经常在高位发出卖出信号，按此信号操作者将丢失一大段行情，我们也可以在日 K 线上加一条上升趋势线（见图 4－1－5）。在价格未打破上升趋势线前，不考虑 KDJ 指标给出的卖出信号，当价格一旦打破上升趋势线，KDJ 给出的卖出信号将坚决执行，不打折扣。

图 4-1-5 豆粕指数的日线图

KDJ 指标最好和趋势型指标配合使用，不要单独使用它作为买卖点信号。

二、相对强弱指标（RSI）

RSI 指标是通过比较一定时期内价格的变动情况，来分析市场买卖双方的强弱程度，从而预测市场的发展趋势。RSI 是一种常用的技术指标，也是中小散户应该首先掌握的指标之一。

一般将 RSI 指标的周期定为 5 天、10 天、20 天，这样从周期当中可以定为 5 天为短期 RSI 指标，10 天为相对中期 RSI 指标，而 20 天为相对长期 RSI 指标。因为 RSI 指标是技术分析中的中短期指标，所以我们不能将周期放的过大，如在行情较大的市场中，以 RSI 指标作为参照指标，那么，可将 RSI 指标周期放大为 5 周、10 周、20 周，还可放大为 5 月、10 月、20 月，以确定长期走势的趋势。

RSI 指标的计算公式：

RSI = 100 - 100/（1 + RS）

其中，RS = n 天内上涨收盘价的平均值/n 天内下跌收盘价的平均值，

n 为 RSI 的时间周期。

RSI 指标的下限为 0，而上限是 100，50 就是 RSI 指标的中轴线。一般以 10 日 RSI 作为股票的参照依据，10 日 RSI 大部分时间应在 30 ~ 70 之间波动，50 以上为强势区，而 50 以下为弱势区。当 10 日 RSI 运行到 20 以下时，就进入了超卖区，而 10 日 RSI 运行到 80 以上时，就进了超买区，一般 10 日 RSI 在 20 以下和 80 以上的时间相对较短，50 的中轴线是划分多空双方的分界线，10 日 RSI 在 50 以上运行，属强势市场。而 10 日 RSI 在 50 以下运行，属弱势市场。目前，多数 RSI 指标使用者在使用 5 日 RSI 或 10 日 RSI，也有一些分析者使用 14 日 RSI，早期使用的 6 日 RSI 和 12 日 RSI 对应的是一周 6 个交易日，现在一般已不再使用。

（一）买点

1. W 形、头肩底形。当 RSI 在低位或底部形成 W 形或头肩底形的形态时，属最佳买入时机。5 日 RSI 指标形成明显的 W 底形态，以此点作为买点，随后该股产生一波上升行情。

2. RSI 20 以下。当 RSI 指标运行到 20 以下时，即进入了超卖区，股价将很容易产生反弹。

3. 底背离。当底背离现象发生时，将是最佳买入时机。

4. 金叉。当短周期的 RSI 上穿长周期 RSI 时形成金叉时，为买进信号。

5. 突破压力线。当 RSI 指标，从底向上到达一个高点下来，再上涨产生第二个高点，我们将这两个高点所连成的直线叫压力线。当 RSI 指标突破压力线时，是买进信号。

6. 没破支撑线。当 RSI 指标从上向下到达一个低点反弹后再向下产生第二个低点，我们将这两个低点所连成的直线叫支撑线。当 RSI 指标触及到支撑线而没破，随后反弹向上时，叫做突破支撑，是买入时机。

RSI 指标在一个极弱的单边下跌市场上，会在 20 以下出现低位的钝化，这时候投资者可以放弃使用该指标（见图 4 - 1 - 6）。

（二）卖点

RSI 指标是典型的强弱度指标和超买超卖指标，使用它可以在超卖的时

图 4-1-6 白糖指数走势图

候选择买点；同样，可以在超买的时候选择卖点。以下是常用的几种运用 RSI 指标寻找卖点方法。

1. 数值在 80 以上时。在常态情况下，当 10 日 RSI 运行到 80 以上时，反映市场已进入了超买区，股价将很容易产生下跌（见图 4-1-7 中的 A 处）。

2. M 形、头肩顶形。当 10 日 RSI 在 80 以上形成 M 形或头肩顶形的形态时，通常反映市场极度超买，属最佳卖出时机。

3. 顶背离。当顶背离现象发生时，常预示价格将大幅下跌，是最佳卖出时机。顶背离卖出信号具有极高的准确度。如白糖 0901 合约，在 2008 年 2 月 21 日，5 日 RSI 指标为 97.52，当日对应最高价 4493 元/吨；2008 年 3 月 6 日，价格创新高 5385 元/吨，而 5 日 RSI 指标没有再创新高，反而降低为 51，产生明显背离，此时是最佳的出货点（见图 4-1-8 中的 A 处）。

4. 死叉。当短周期 RSI 指标从上向下，下穿长周期 RSI 指标形成死叉时，为卖出讯号。

图 4-1-7 白糖 0901 的 K 线图

5. 没破压力线。当 RSI 指标撞击压力线，而没能穿越时，是较佳卖点。

6. 跌破支撑。当 RSI 指标跌破支撑线时，是较佳卖点。

当价格在一个极强的上涨单边势中，RSI 指标上涨到 80 以后会出现高位钝化现象，此时可能不但不是卖出信号，反而是买入信号，反映市场超出常态，处于一种极强的态势中，此时投资者应使用趋势线或其他趋势指标。

RSI 指标的优缺点如下：

（1）价格在常态运行区间时，使用起来非常有效；

（2）对单边上升行情和单边下跌行情，也就是在极强的市场和极弱的市场中，RSI 指标常会出现买卖点信号过于提前或过于滞后的情况；

（3）RSI 指标的买入信号和卖出信号常在一个区域间不如有些技术指标那么明确；

（4）在单边市场中，由于常会出现“强者恒强，弱者恒弱”的现象，指标显示超买了价格却还在涨，超卖了价格却还在跌，因此，投资者容易产生迷惑和不易掌握的感觉。RSI 指标在许多时候应配合其他技术指标同时使

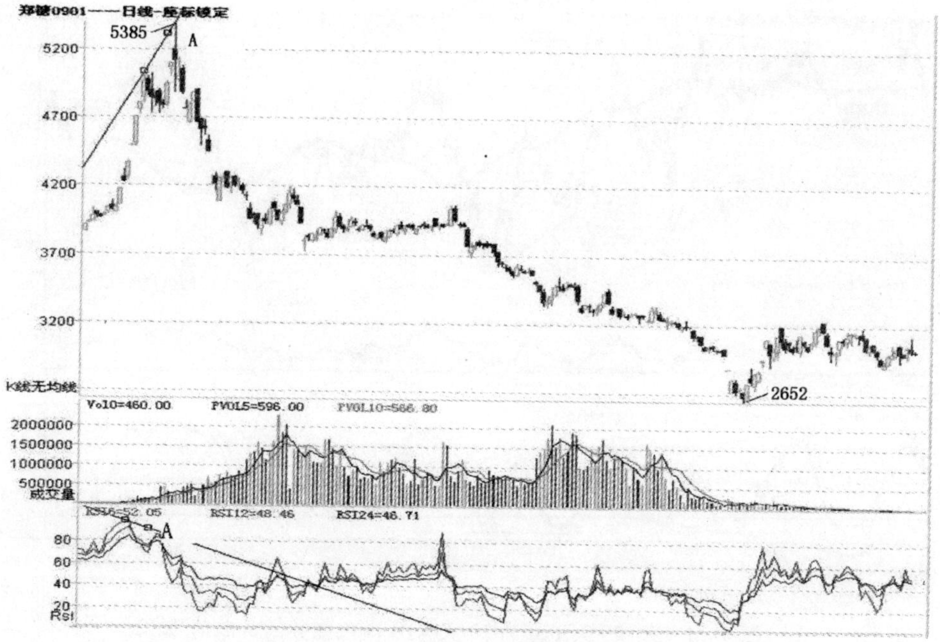

图 4-1-8 白糖 0901 合约的 K 线图

用。

三、KDJ 和 RSI 的比较

RSI 与 KDJ 相比哪一个更好？下面我们把 RSI 和 KDJ 的图放在一起比较。在图 4-1-9 中，20 天 RSI 在图的中间部分，20 天 KDJ 在图的底部。你会发现即使它们的计算周期不同，但是两种指标的走势还是会经常相匹配。

在图 4-1-9 中，20 天 RSI 指标的高峰值和低谷值与 20 天 KDJ 的值十分类似。KDJ 在 0 到 100 之间自由流畅地运行，而且最重要的极值与 20 天 RSI 的极值几乎都处于同一位置。RSI 指标只有一个牛背离信号，没有熊背离指标，而 KDJ 有三个牛背离和两个熊背离信号。

四、趋势的重要性

本节讨论如何利用摆动指标来进行市场分析。它有助于揭示市场短期的超买和超卖状态，提醒交易者警惕可能出现的相互背离现象。

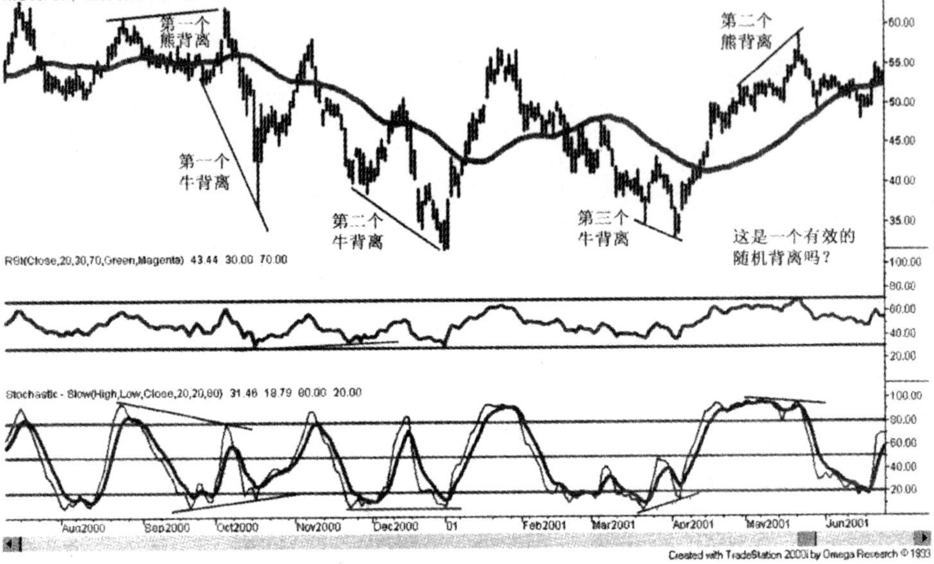

图 4-1-9　20 天 RSI 和 20 天 KDJ 随机指数的背离信号

背离现象分析是摆动指标最大的长处。但是，这里要提醒大家，绝不可把背离现象分析奉若神灵，而把基本的趋势分析置之不理。大多数精通摆动指标分析的人们都明白，摆动指标的买入信号处在上升趋势中更灵验，而摆动指标的卖出信号处在下降趋势中才更有效。当我们分析市场的时候，首要的是确认市场的一般趋势。如果趋势向上，则应采取买入的策略。然后，我们才能运用摆动指标来帮助我们寻找入市时机。当市场在上升趋势中处于超卖状态时，我们买入；而当市场处于下降趋势中处于超买状态时，我们卖出。或者举例来说，在主要上升趋势的条件下，当动力指标向上穿越零线时，我们买入；在下降趋势的条件下，当动力指标向下穿越零线时，我们卖出。

顺应主要趋势的方向交易这一点很关键，其重要性怎样强调都不为过。如果我们过于迷信摆动指标，那么，危险就在于我们可能仅仅看到了背离信号本身，却违背了大趋势的方向。这样一来，我们往往要遭受损失。尽管摆动指标确实有其价值，但是它只是诸多分析工具中的一种。综上所述，它只是我们进行基本分析的辅助手段，绝不能取代基本趋势分析。

第二节 K线战法

K线（Candle Stick），也称烛线、蜡烛线，起源和发展于日本18世纪的大米市场的“市场之神”——本间宗久。据传，他曾经有100笔交易连续盈利的惊人纪录！当时日本有一句谚语：这辈子能登上领主的宝座，但休想像本间宗久一样有钱。

在这里，我不讨论所有的K线形态，只对初学者提供一些最常见与最重要的价格形态。对于熟悉K线的读者来说，将会发现一些更精练的观念与交易技巧，尤其是关于走势图的说明，其中包含许多新的理论与概念。我们主要介绍一些常见的形态，分别为单一的线形，如“锤子”（hammer）与“流星”（shooting star）；两根线形所构成的形态，如“乌云罩顶”（dark cloud cover）、“双黑跳空”（two black gapping candles）；三根或以上的排列，如“夜星”（evening star）、“新值排列”（record sessions）。

一、单一线形

K线的影线长度往往可以透露多头或空头所具备的“韧性”。举例来说，在上涨的走势中，一根上影线很长的线形，可以显示空头“锤子”、“上吊”与“流星”。可是，这些线形的实体都很小，而且都位于交易区间的上端或下端，所以特别重要。

（一）“锤子”（hammer）

“锤子”的下影线很长，上影线不存在（或很短），实体很小而位于交易区间的上端（见图4-2-1）。“锤子”的名称有两个含义，一是“夯牢底部”；二是底部非常坚实，即使以锤子敲打都不能突破。

“锤子”是一个重要的反转信号，必须发生在大幅的下跌之后或严重的超卖情况中才有意义。如果发生在两三天的下跌走势之后，通常没有特殊的意义。另外，由“锤子”所发动的反弹很可能遭遇卖压，所以涨势经常被拉回重新试探“锤子”的底部。

所以，如何根据“锤子”进行交易，取决于交易者的心态与风险偏好。

图 4－2－1 “锤子”

某些交易者希望在“锤子”之后立即买进，因为价格未必会重新试探“锤子”的底部；另一些交易者希望等待价格被拉回，完成试探之后再进场。如果盘势成功地试探“锤子”的支撑区，底部将更为坚实，随后的涨势也比较稳当。我经常建议客户，当“锤子”刚出现时，先以小量进行交易，如果价格被拉回，并成功完成探试，再加码买进。同时，停损点（以收盘价为准）设定在“锤子”最低价的下方。

（二）“上吊”（hanging man）

“上吊”的下影线很长，上影线不存在（或很短），实体很小而位于交易区间的上端（见图 4－2－2）。“上吊”的形状与“锤子”完全相同，但后者是低档的买进信号，前者是高档的卖出信号。

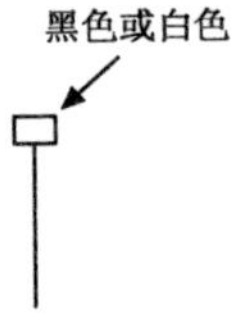

图 4－2－2 “上吊”

所以，这个线形既可以代表多头也可以代表空头，这完全取决于它在趋势中的位置。如果发生在下降趋势中的低档，便是多头的“锤子”；如果它发生在上升趋势中的高档，则是空头的“上吊”。

因此，“上吊”是上升走势中的头部反转信号，而“锤子”是下降走势中的底部反转信号。相同的线形可以是多头或空头的信号，其实际的意义取决于先前的趋势。“锤子”与“上吊”也是如此。同一根线形将根据先前的趋势而区别为多头的“锤子”或空头的“上吊”。

在“上吊”的线形中，偏长的下影线代表买进的意愿，似乎应被视为多头的信号。可是，“上吊”的线形显示，一旦价格开始下跌，多头的力量相当脆弱。

另外，“上吊”的小实体也代表先前的涨势可能在变化中。由于“上吊”当天具有多头的意味（价格一度大幅下滑而收盘价走高，留下很长的下影线），所以必须经过空头的确认。一般的确认方法是观察隔天的收盘价。一旦第二天的价格跌到“上吊”实体的下方，代表“上吊”当天在开盘与收盘附近买进的人都亏损。在这种情形下，多头或许希望认赔出场，可能使价格进一步走软。

（三）“流星”（shooting star）

“流星”是一根上影线很长的线形，实体很小而位于交易的实体与前一根线形的实体之间应该有跳空缺口，上影线的长度至少是实体的二至三倍，而下影线几乎不存在。我们知道，“锤子”的下影线具有多头的意义；同理，“流星”的上影线具有空头的意义。上影线很长，代表空头有能力大幅压低价格。

图 4－2－3 “流星”

二、两根线形所构成的形态

单根 K 线对研判行情趋势变化有较大局限性，只有对多根 K 线的组合形态进行分析研究，才能准确把握股价运行的趋势。两根 K 线组合分析，是分析多根 K 线组合的基础，因而对两根 K 线组合进行研究具有重要意义。

单根 K 线形态多种多样，两根 K 线的组合形态更是千姿百态。只要能抓住两根 K 线组合的关键——两根 K 线的相对位置，就能够准确把握两根 K 线组合的意义。

按照两根 K 线相对位置进行分类，可分为：包线型、孕线型、入线型和跳线型四种。

（一）包线型

1. 包线概念。包线是指后一根 K 线最高价大于前一根 K 线最高价，以及最低价又比前一根 K 线最低价低。换句话说，后一根 K 线的价格区间包住了前一根 K 线的价格区间。从严格意义上讲，包线是指后一根 K 线的较长实体包住前一根K线的所有价格区间。

2. 包线种类。包线种类一般有四种，分别是：阳包阳、阳包阴、阴包阳和阴包阴（见图4-2-4）。

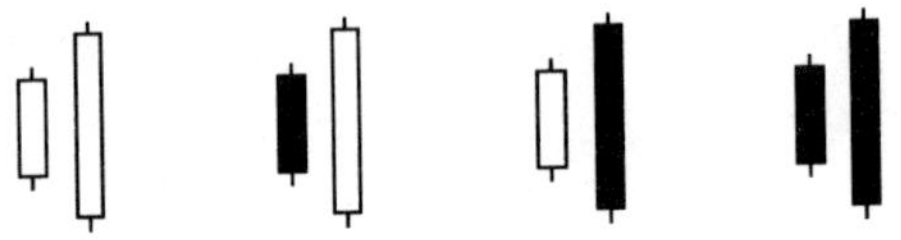

图4-2-4 包线种类

3. 包线含义。包线后一根K线的价格区间将前一根K线完全包住，其价格变化幅度比前根K线要宽，表明形成后一根K线当日，多空双方争斗较前一日激烈，争斗结果取决于后一根K线的阴阳情况。后一根K线为阳线，多方取胜占优势，行情看涨；反之，后一根K线为阴线，空方获胜占优势，行情看跌。所以，在行情波段的高点出现阴包阳或低点出现阳包阴时，常预示趋势的反转。

4. 特别提示。

（1）包住根数多少与涨跌力度密切相关。后一根K线包住前面的K线根数越多，其力度越强。阳包型，上涨力度大。阴包型，下跌力度大。

（2）成交量放大或缩小情况，对确定包线的意义有较大的指导作用。例如，在高位出现阴包阳，而阴K线的成交量增大，空头力量强大，表明高位反转强烈。同样，在低位出现阳包阴，成交量放出，多头力量强大，是底部反转的强烈信号。

（3）主力刻意制线。主力为达到某种目的，经常会刻意制造K线形态，如在顶部和下跌中途制造阳包阴、阳包阳等多头K线组合形态，以诱惑散户跟进。在底部或上升中途制造阴包阳、阴包阴等恐怖K线组合形态，进行震仓洗盘。

（二）孕线型

1. 孕线概念。从广义上看，孕线是指后一根K线最高价小于前一根K线最高价，以及最低价大于前一根K线最低价。换句话说，后一根K线的价格区间被前一根K线的价格区间包住。从严格意义上讲，孕线是指前一根 K 线的实体包住后一根 K 线的所有价格区间，而且前一根 K 线的实体较长，上下影线较短，后一根 K 线的实体、上下影线都较短。

2. 孕线种类。孕线种类一般有四种，分别是：阳孕阳、阳孕阴、阴孕阳和阴孕阴（见图 4－2－5）。

图 4－2－5　孕线种类

3. 孕线的含义。孕线通常代表趋势的反转。阳孕阳或阳孕阴形态在相对高位，表明多方不能乘胜追击，显示上涨动能不足，在空方反扑下，行情将反转；在相对低位，表明空方已不能将价格再次打低，显示下跌动力不足，股价将止跌回升。阴孕阴或阴孕阳形态在相对高位，表明空方大举进攻，多方已无声收复失地，预示行情将反转；在相对低位，表明股价理应继续下跌，但股价并没有创出新低，显示下跌幅度有限，在多方反攻下，会导致行情反转。

4. 特别提示。

（1）若后一根小 K 线为十字 K 线，则形成阳孕十字星和阴孕十字星，代表反转的意义更强烈。

（2）主力刻意制线。市场主力为了迷惑投资者，经常会刻意制线，形成多头或空头陷阱。投资者在运用 K 线进行买卖时，要结合多方面要素综合分析，才能避免落入主力设计的圈套。

（三）入线型

1. 入线概念。从广义上看，入线是指前后两根 K 线的最高价至最低价的价格区间有且仅有部分交叉重叠。从严格意义上讲，入线是在两根 K 线的较长实体之间有且仅有部分交叉重叠。入线是两根 K 线关系中数量最多的一种。从入线后一根 K 线看，多空双方经过争斗的结果，既攻击了前一根 K 线的部分价格区，又攻击了前一根 K 线不包括的部分价格区。

2. 入线种类。严格意义上的入线种类有八种，分别是：阳上入阳、阳上入阴、阴上入阳、阴上入阴、阳下入阳、阳下入阴、阴下入阳和阴下入阴。

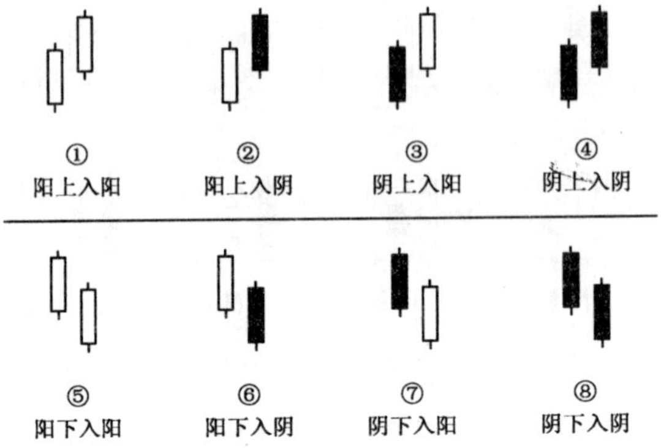

图 4-2-6　入线种类

3. 入线研判法。我们知道，一根 K 线由实体、上影线和下影线三部分组成，如果将实体的中心点（收盘价与开盘价平均值）作为多空双方平衡点，则 K 线将被分成四个部分，从上到下分别是上影区、上实体区、下实体区和下影区（见图 4-2-6）。

入线研判的方法是按照后一根 K 线收盘价所处前一根 K 线的位置进行研判，其原则有如下五点：

（1）当后一根 K 线收盘价位于前一根 K 线上影区时，多头强势，空头弱势。

（2）当后一根 K 线收盘价位于前一根 K 线上实体区时，多头略强，空头略弱。

（3）当后一根 K 线收盘价位于前一根 K 线中心点时，多空双方暂时处于平衡状态。

（4）当后一根 K 线收盘价位于前一根 K 线下实体区时，多头略弱，空头略强。

（5）当后一根 K 线收盘价位于前一根 K 线上影区时，多头弱势，空头强势。

（四）跳线型

1. 跳线概念。跳线是指前后两根 K 线的价格区间没有交叉重叠的部分，K 线之间存在一个无成交行为的真空区域，即有缺口。跳线是对市场状态异常活跃甚至极端化的反映。

跳线具体表现两种形式：一种是后一根K线的最低价大于前一根K线最高价，另一种是后一根K线最高价小于前一根K线最低价。在一些有关K线书籍中，认为跳线是实体之间的跳空，这是不够准确的，投资者应注意区分。

2. 跳线种类。跳线种类一般有八种，分别是阳上跳阳、阳上跳阴、阴上跳阳、阴上跳阴、阳下跳阳、阳下跳阴、阴下跳阳和阴下跳阴（见图4-2-7）。

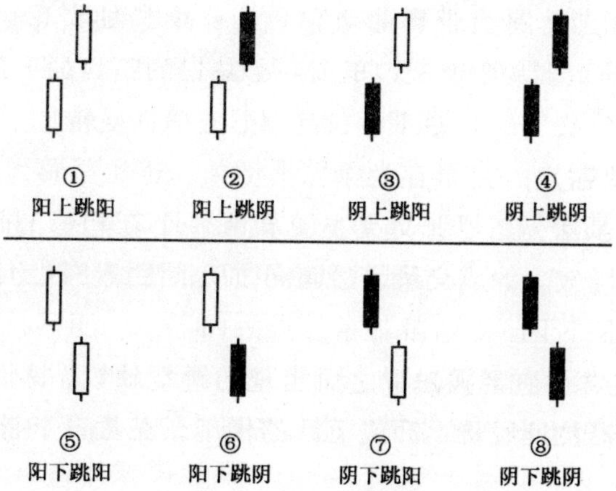

图4-2-7 跳线种类

3. 跳线的研判。跳线的研判，通常是按跳线之间的缺口进行研判的。只有对缺口的分类、作用、意义有了正确的认识，才能准确把握跳线的真正涵义。

跳线之间的缺口，按其性质分为：突破缺口、中继缺口、衰竭缺口和普通缺口。

4. 缺口的作用。

（1）确定趋势。缺口是市场在综合了市场的基本面、技术面等诸多因素，并集中了多方面量能的强大合力后形成的，它有力地打破了原有的旧趋势，建立了新的运行趋势。如果缺口是向上突破，将形成上升趋势。反之，若缺口是向下突破时，将形成下跌趋势。

（2）支撑及阻力作用。缺口是在得到市场认同，并集中了多方面的合力形成的，在缺口处积累了较大能量，对价格具有较大的支撑或阻力作用。当价格由上向下运行到缺口处时，缺口将对价格产生支撑作用。反之，价格由下向上运行到缺口处时，缺口将产生阻力作用。不同性质的缺口的支撑或阻力强弱不同，一般来讲，突破性缺口支撑或阻力作用最强，中继缺口次之，衰竭缺口最弱。

(3) 涨（跌）幅度测定作用。缺口是价格异常波动的典型表现，它对未来价格涨（跌）幅度会产生较大影响，同时，能够对未来股价涨（跌）幅度进行一定程度的测定。不同性质的缺口对未来涨（跌）幅度的影响有所不同：突破缺口影响最大，未来涨（跌）幅度一般能达到从缺口至突破前波段低（高）点之间的距离的 2 倍以上；中继缺口影响次之，未来涨（跌）幅度一般能达到从中继缺口至前一个缺口的距离的 1 倍左右；衰竭缺口影响最小，股价涨（跌）幅不大，甚至形成单日反转。

5. 缺口的含义。

(1) 突破缺口表示一个旧趋势的结束和一个新趋势的开始。突破缺口幅度越大，并伴随较大的成交量，强调突破后上涨或下跌力度越大。突破缺口在短期内不会被封闭。

(2) 中继缺口是继突破缺口之后出现的跳空缺口，表示将继续原有的趋势运行。它具有加速股价上升或下跌的作用，在数量上常会有 1 ~ 3 个缺口出现。

(3) 衰竭缺口常出现在急速上升（下跌）行情的末期，市场情绪出现极端化，多方（或空方）最后一搏，并伴随着巨大的成交量，预示趋势将反转。

(4) 普通缺口常出现在盘整形态内，并在短期内得以回补，它强调整理形态的有效性。

从突破缺口至中继缺口，再到衰竭缺口，实际反映的是价格趋势从产生到发展，再到消亡的过程。因此，它们通常是按顺序出现，不要在持续性缺口出现前就去寻找衰竭缺口，也不要把一个接一个的缺口都当成持续缺口而盲目乐观。

(5) 成交量变化与缺口关系密切。突破缺口、中继缺口、衰竭缺口通常伴随较大的成交量，如果缺口处的成交量较小，那么该缺口的可靠性就得打上问号。

(6) 主力刻意制线。主力为了达到某种目的，会频繁地高开或低开，产生各种各样的缺口，让投资者无所适从。另外，主力常常采用反操作策略，先朝反方向跳空，迷惑投资者采取错误操作，然后价格复位，再继续前进。例如，主力拉升时，有意先向下跳空低开，产生向下跳空缺口并跌破技术支撑位，产生市场恐慌性抛售，一旦投资者卖出筹码，价格却起稳并且很可能反转向上，出现大幅拉升行情，让卖出的投资者后悔莫及，望“涨”兴叹。

三、“乌云罩顶”

“乌云罩顶”（dark cloud cover）这个形态是由两根线形所构成，第一根是强劲的长白线，第二根线因惯性而开高，但收盘价却深入第一根白线的实体内（超过实体长度的50%）。在“乌云罩顶”的期间，长白线所代表的上升动能被第二根黑线所冲散（见图4－2－8）。一个标准的“乌云罩顶”，第二根黑线的收盘价应该深入第一根白线的实体一半以上。如果深入的程度未超过一半，属于不完整的形态，应该观察隔天的收盘价作为确认信号（见图4－2－9）。

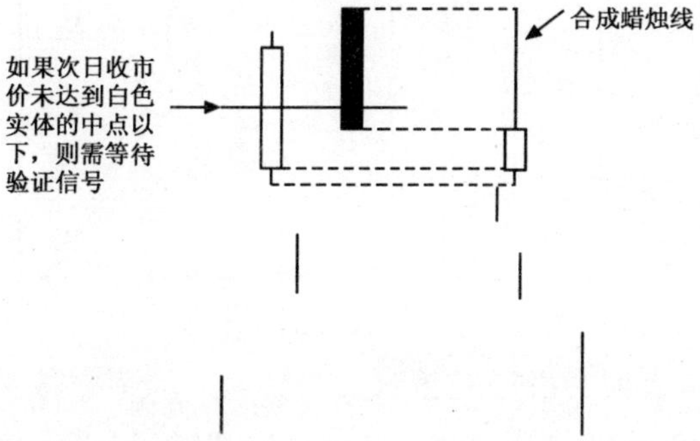

图4－2－8 “乌云罩顶”

在股票与期货市场上，对于“乌云罩顶”的要求不同。在期货市场上，以典型的排列来说，第二根黑线的开盘价应该高于第一根白线的最高价。因为期货市场的价格波动通常高于股票市场，所以期货市场所适用的定义应该比较严格。换言之，在股票市场中，第二根黑线的开盘价只需要高于第一根白线的收盘价，而不是最高价。一旦“乌云罩顶”形成，经常成为后续走势的压力。“乌云罩顶”的实例见图4－2－10。

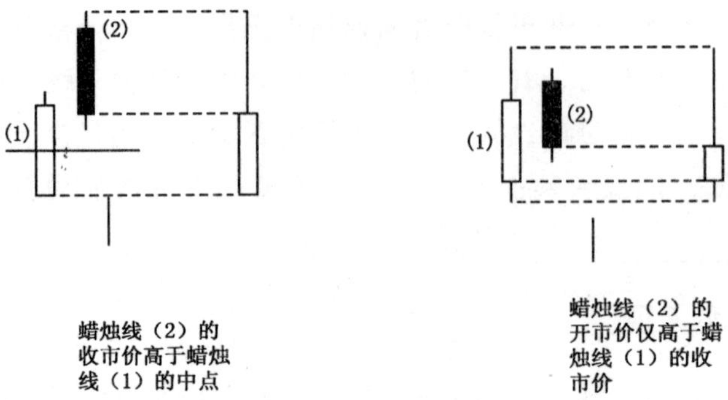

图 4-2-9 “乌云罩顶”的变形

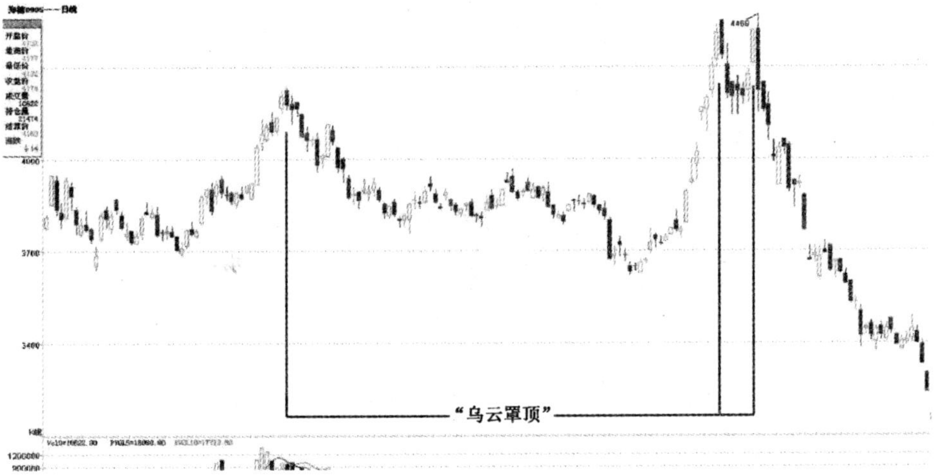

图 4-2-10 “乌云罩顶”实例

四、K线运用中需要注意的事项

K线形态简单易学，运用K线进行短线操作，能够敏感地把握住市场的气氛，及时判断市场走势。但是，在使用中要注意以下一些问题：

1. 反转K线的颜色并不重要。
2. K线组合往往比单独的K线更为有效。
3. K线所预示的趋势并不一定发生，K线对趋势的预测有一个概率。
4. K线信号之后的走势验证非常重要。
5. K线与其他西方的各种技术手段，例如移动平均线、振荡指标、缺口理论、波浪理论等结合起来往往更为有效。

6. K 线的最佳入市时机，一般在 K 线得到第二天走势验证之后。

7. K 线信号一旦发出，就应该遵循市场的信号，只有错误的判断，没有错误的市场。

K 线最大的弱点在于无法准确预测市场的目标价位。日本的一些投资者往往在趋势改变的时候入市，然后保持头寸一直到下一次 K 线图发出反转信号。值得注意的是，在短线操作中，K 线图应该和其他的手段结合起来。

对于市场的新手而言，尽管 K 线信号比较简单，但实际使用过程中确是相当难以把握，要经过长时间的培养才会有很好的市场感觉。我还是建议大家先用比较简单并且容易掌握的趋势追随系统，待积累一定的交易经验后，再使用 K 线交易方法。

第三节　各种转向系统

一、2%转向系统

市场趋势会发生转变。我们想要在市场开始上升时买进，并且持有这个多头头寸直到市场停止上升且开始下降的时候。此时，我们要出清多头头寸而且反手做空，并持有该空头头寸直到市场下降趋势的力量耗尽而反转上升的时候。这时候，我们就会将空头头寸出清，然后开始买进，重复前述的过程。由于上升趋势市场的最佳指标就是价格实际上涨，因此我们会在价格上涨一定幅度之后买进。下降趋势市场的最佳指标则是价格确实下跌，我们会在价格下跌一定幅度时做空。这套交易系统会永远在市场中持有多头或空头的头寸。它的交易方式保证我们会在市场出现强劲上升趋势时持有多头头寸，而在市场出现强大下降趋势时持有空头头寸。以下是交易系统的规则：

首先要决定最近 5 天的趋势方向是上升还是下降。如果今天的收盘价高于 5 天前的收盘价，则趋势向上。假使今天的收盘价低于 5 天前的收盘价，则趋势向下。若是最近 5 天的趋势向下，则第一笔交易将是买进。当价格比最近 5 个交易日出现最低价格高 2% 时，进场买入。一旦买进，就持有该头寸直到价格比最近 5 个交易日的最高价位低 2% 的时候。当价格到达这一点，便将多头头寸了结并且进场做空。一旦做空，就持有空头头寸直到价格比最近5个交易日的最低价高2%的时候。价格到达这一点，便回补空头头寸并且进场买入。继续以此方式交易下去。如果开始交易时，最近5个交易日的趋势是下降，你的第一笔交易应该是做空。依照前面提到的规则改变交易的方向，由空转多，周而复始。你只有在决定第一笔交易的方向时，才需使用5日趋势指标。

如果规则显示改变交易方向时—价格比过去5天的最高点低2%，又比过去5天最低点高2%，你就在当日继续持有原先的头寸，待下一个交易日再以前述规则重新作判断。当然发生这种情况的几率不大。图4－3－1说明了“2%转向系统”如何发生效用。第一次见到这种方法是在布鲁斯·巴布科克（美国）所著，黄凯译的《高级技术分析》一书中，原作者并没有做任何历史价位测试，就选用2%的价格变动作为判断趋势改变的条件。他认为，这个数值似乎是一项可以适用于各个市场的合理数字。如果利用历史价位数据进行彻底的测试，然后寻求最佳的数字来建立交易系统，这系统就不再是合格的“非曲线匹配”交易系统。这是一种非曲线匹配的系统，是一种很简单的顺势操作观念，使用2个百分点的变化作为进出的信号。这种简单方法与其他著名系统的绩效相比并不相上下。国外有这方面比较详细的绩

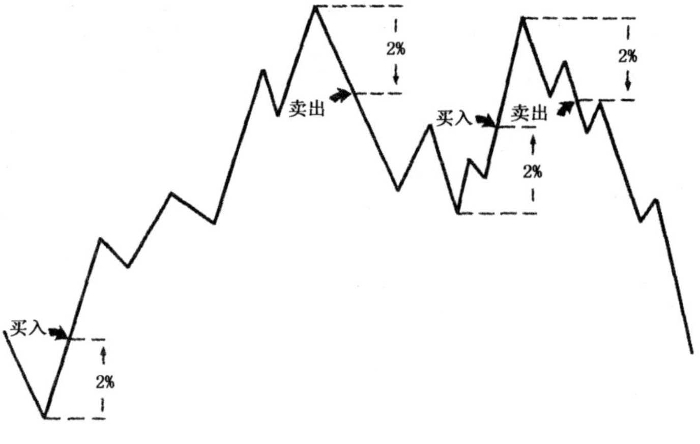

图4－3－1　2%转向系统

效评价，其在指数型品种中的表现还是相当优秀的。我本人曾经尝试过这种方法，结果不是十分理想，分析其主要的原因可能是我们的商品期货合约并不具备独立的定价权，导致的在日线级别上的跳空缺口太多。但其在模拟的股指期货的交易中，还的确取得了相当不错的成绩。

二、价格包络线

近年来，国外盛行一种称其为价格波动包络线的操作方法。它是前面所讨论通道突破概念的变形。价格波动包络线是由拉瑞·威廉姆斯所发展，并于1983年首度对外发表。这项方法的概念是衡量整体的短期价格波动，然后在当时的收盘价附近，形成一个通道或包络带，并以此反映价格波动。当市场累积足够的动能突破此包络带，便顺势操作。通常来说，头寸建立之后，应继续持有该头寸。当相反信号出现时，出清原有的头寸，并建立相反方向的头寸。这类系统每天都会衡量近期的价格波动，因此，每天的包络均会变动。一般来说，该方法试图始终保有某种头寸，不论其为多头或空头，如此才不会错失任何良好的走势。在某些情况之下，当短期价格波动超过特定水准，并导致激烈的盘中震荡时，系统会发出退场观望的信号。潜在的可变参数有：衡量价格波动的天数（通常为2~4天）、实际价格波幅或真实价格波幅、计算包络大小时所使用的整体价格波动百分比（通常为60%~90%）、计算隔天包络边界所使用的中心点（通常为当天的收盘价，但有时候则使用其他标准）。我们用图4-3-2来说明这些观念。

国外已经有多种软件交易系统以价格波动包络为基础，这类交易系统非常易于使用优化，经过优化的参数值，其历史测试绩效通常都极佳。价格包络线应用最佳的市场是股指期货。在其他金融市场的表现也极佳，例如，美国长期公债、欧洲美元、国库券、欧洲大陆的货币。但在其他市场的表现却不甚理想。如果你不求过度地优化，该系统是相当有效的系统。

在图4-3-2中，我们使用2日的期间，包络大小则使用67%的真实价格区间。请注意，这是一种交易非常频繁的系统。与本书中的任何基本系统相比，它所产生的交易笔数最多。这也是最受交易者欢迎的系统之一。

上面介绍的两种方法本人曾经使用一个单独的账户继续交易，效果还可以，但交易非常频繁，不太适合自己的个性。

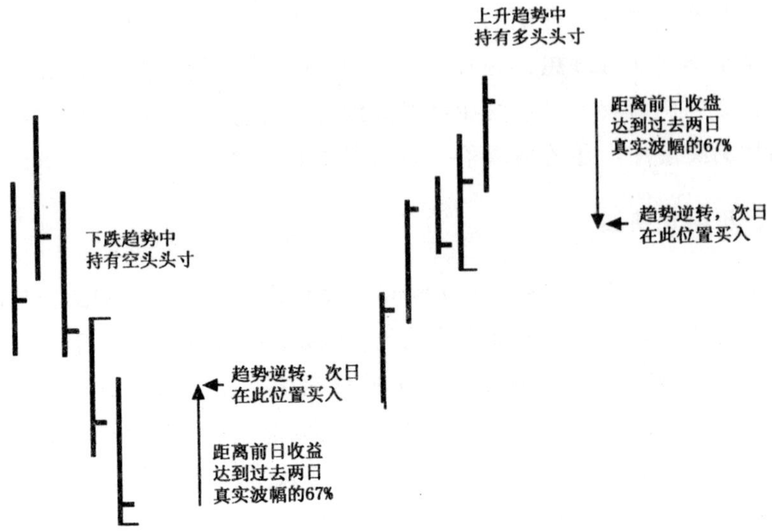

图 4－3－2　波动包络线的应用

三、关键反转日

（一）定义

顶部反转日有个通行的定义：在上升趋势中，某天价格达到了新的高位，但当天收市价格却低于前一天收市价格（见图 4－3－3）。换句话说，在一个上升运动中，当某日市场价格创下新的纪录后，当天价格便逐渐跌落，结果其收市价格反而比前一日的收市价还要低。底部反转日是指在下降趋势中，当某天市场跌出新的最低点，但当日收市价格却高于前一日收市价。如果反转日的价格变化和交易量越大，那么作为近期趋势可能反转的信号，它的分量就越重。因形状像吊钓，关键反转日也被称为“吊钓”。

（二）标准

美国布鲁斯·巴布科克（Bruce Babcock）所著《高级技术分析》（黄凯译）一书对关键反转日的标准给出了一个定量的数值：信号日当天极值与前一天对应极值的价差，至少必须是前一天波动区间的 40%。我本人认为：以上涨为例，收盘价最好进一步下跌到前一天最低价之下，开盘价不作为必要条件。

以看跌关键反转日为例，其还需满足以下条件：

（1）市场先前处在明显的上升趋势中。

（2）摆动型的技术指标如 RSI 看到明显的背离发生。

（3）吊钩发生当日持仓量显著减少。

（4）反转当日成交量非常活跃。

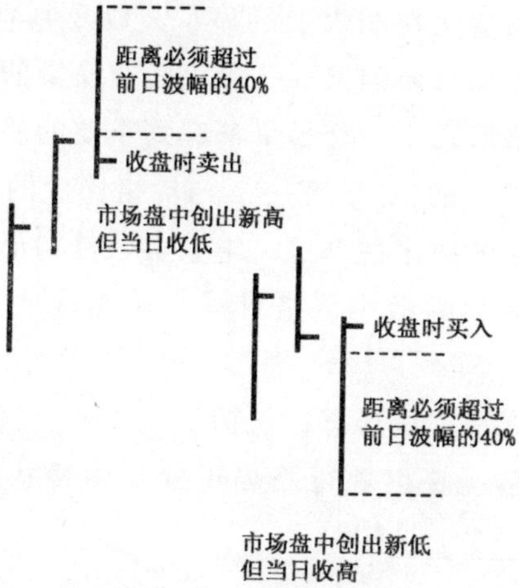

图 4-3-3　关键反转日

第四节　反转形态

一、什么是价格形态

千万不要以为绝大部分趋势的变化突如其来，事实上，趋势在发生重要变异之前，通常需要一段酝酿的时间。问题就在于，这种酝酿时期并不总意味着趋势将要逆转，有时候，这只是既存趋势的休整，随后原有的趋势仍将继续。研究这种酝酿时期及其预测性意义就是价格形态所要解决的问题。

二、形态的两个类别：反转形态和持续形态

价格形态有两种最主要的分类——反转形态和持续形态。反转形态名符其实，意味着趋势正在发生重要反转；相反，持续形态显示市场很可能仅仅是暂时作一段时间的休整，把近期的超买或超卖状况调整一番，过后，现存

趋势仍将继续发展。关键是，必须在形态形成的过程中尽早判别出其所属类型。

最常用的主要反转形态有：头肩形、三重顶（底）、双重顶（底）、V字顶（底）和圆形（盆形）顶（底）等形态。下面我们将考察这些形态价格本身的变化过程及其变化在图表上的显示，以及判别它们的方法。然后，我们还要研究另外两方面重要因素——伴生的交易量的形态以及价格形态的测算意义。在所有价格形态中，交易量都起到重要的验证作用。在形势不明时（许多情况下都是这样的），研究一下与价格伴生的交易量形态，是判断当前价格形态是否可靠的决定性办法。绝大多数价格形态有其具体的测算技术，可以确定出价格变动的最小价格目标（虽然这些目标仅仅是一种参考目标）。

形态的另一个大类是持续形态，包括：三角形、旗形、三角旗形、楔形和矩形。这类形态通常反映出现行趋势正处于休整状态，而不是趋势的反转。

三、反转形态所共有的基本要领

在单独地剖析各个主要反转形态之前，我们先交待所有反转形态所共有的以下基本要领：

（1）在市场上事先有趋势存在，是所有反转形态存在的前提。

（2）现行趋势反转的第一个信号经常是重要的趋势线被突破。

（3）形态的规模越大，则随之而来的市场动作越大。

（4）顶部形态所经历的时间通常短于底部形态，但其波动性较强。

（5）底部形态的价格范围通常较小，但其酝酿时间较长。

（6）交易量在验证向上突破信号的可靠性方面，具有参考价值。

（一）事先存在趋势的必要性

市场上确有趋势存在是所有反转形态存在的先决条件。市场必须先有明确的目标，然后才谈得上反转。在图表上，偶尔会出现一些与反转形态相像的图形，但是如果事前并无趋势存在，那么它便“无物可反”，因而意义有限。在我们辨识形态的过程中，正确把握趋势的总体结构，有的放矢地对最可能出现一定形态的阶段提高警惕，是成功的关键。

（二）重要趋势线的突破

即将降临的反转过程，经常以突破重要的趋势线为前兆。不过大家请记住，主要趋势线被突破，并不一定意味着趋势的反转。主要向上趋势线被突破后，或许表示横向延伸的价格形态开始出场，以后，随着事态的进一步发展，我们才能够把该形态确认为反转形态或连续形态。在有些情况下，主要趋势线被突破同价格形态的完成恰好同步实现。

（三）形态规模越大，市场动作越大

这里所谓规模大小，是就价格形态的高度和宽度而言的。高度标志着形态的波动性的强弱，而宽度则代表着该形态从发展到完成所花费的时间的多寡。形态的规模越大，即价格在形态内摆动的范围（高度）越大、经历的时间（宽度）越长，那么该形态就越重要。

实际上，我们前面所介绍的所有的测算技术，均是以形态高度为基础的。这种方法主要适用于线图。而测量价格形态横向宽度的方法，则通常应用在点数图分析中。

（四）顶和底的差别

顶部形态与底部形态相比，它的持续时间短但波动性大。在顶部形态中，价格波动不但幅度更大，而且更剧烈，它的形成时间也较短。底部形态通常具有较小的价格波动幅度，但耗费的时间较长。正因如此，辨别和捕捉市场底部比捕捉其顶部通常要容易。顶部形态虽然更难捕捉，却也更具盈利的潜力。特别是在期货市场中，这种情况表现的更加明显。

（五）交易量在验证向上突破信号时更具重要性

交易量一般应该顺着市场趋势的方向相应地增长，这是验证所有价格形态完成与否的重要线索。任何形态在完成时，均应伴随着交易量的显著增加。但是，在趋势的顶部反转过程的早期，交易量并不是如此重要。一旦熊市潜入，市场习惯于“因自重而下降”。图表分析者当然希望看到，在价格下跌的同时，交易活动也更为活跃，不过，在顶部反转过程中，这不是关键。然而，在底部反转过程中，交易量的相应扩张，却是绝对必需的。如果当价格向上突破的时候，交易量形态并未呈现出显著增长的态势，那么，整个价格形态的可靠性就值得怀疑了。

四、头肩形反转形态

我们现在来细细地探讨一下头肩形反转形态。这种反转形态可能是最著名、最可靠的。我们将花费较大的篇幅来研究这类形态，因为一方面它本身颇为重要，另一方面，我们也需要通过它来讲解各种新概念。其他绝大多数反转形态仅仅是头肩形的变体，因此，等以后讲到它们的时候，我们就可以节省许多笔墨了。

（一）头肩形形态

就如其余所有的反转形态一样，头肩形主要反转形态其实也是前面所讲的趋势概念的进一步提炼。举例来说，在上升趋势中，一系列依次上升的波峰和波谷首先把上涨势头逐渐放缓，然后上升趋势开始停顿。此时，供求双方的力量对比处于相对平衡之中。一旦这个“消散阶段”完成，那么，上述调整的横向交易区间底边处的支撑就被打破了，从而，市场确立了新的下降趋势。新的下降趋势具备依次降低的波峰和波谷。

我们来看看在头肩顶中上述情况的具体表现。在图 4－4－1 中，点 A 处上升趋势一如既往，毫无反转的迹向。交易量在价格上升到新高度的同时，也相应地扩张，表现正常。在 B 点的调整性下降过程中，交易量减少，也符合要求。然而到了 C 点，我们应该看到，当这一轮上涨向上突破点 A 时，其交易量同前一轮上涨时的交易量相比，已经有所减少。虽然这个变化本身并不具有重大意义，但是这时候分析者应该在脑海里亮起一盏黄色警告灯了。后来，价格跌回到点 D，出现了一些更令人困惑的问题。这一轮下跌的低点低于从前的高点 A。请记住，在上升趋势中，以前的高点一旦被向上穿越后就在随后的市场调整中起到支撑作用。而这次下跌明显地低于 A 点，几乎达到前一个向上反弹的低点 B 的水平，这就是个警示信号，说明该上升趋势可能出了问题。然后，市场再次上冲到点 E，这一次，交易量更少，甚至不能达到冲击高点 C 时的水平（点 E 这轮最后的冲击，经常回撤到从点 C 到点 D 之间下降幅度的 1/2 到 2/3 之间）。我们知道，如果上升趋势要持续发展，则每一轮新高点都必须超过前一轮上冲的高点。点 E 低于点 C，满足了新的下降趋势所要求的依次下降的波峰。

在点 D 处，主要上升趋势线（线 1）已经被跌破，从而构成了另一个危险信号。尽管发生了上述许多警告信号，但是，此时我们唯一可以肯定的一点是：趋势已经从上升转化成横向延伸了。这也许是了结多头头寸的充分根据，但还不足以构成卖出做空的理由。

（二）突破颈线，形态完成

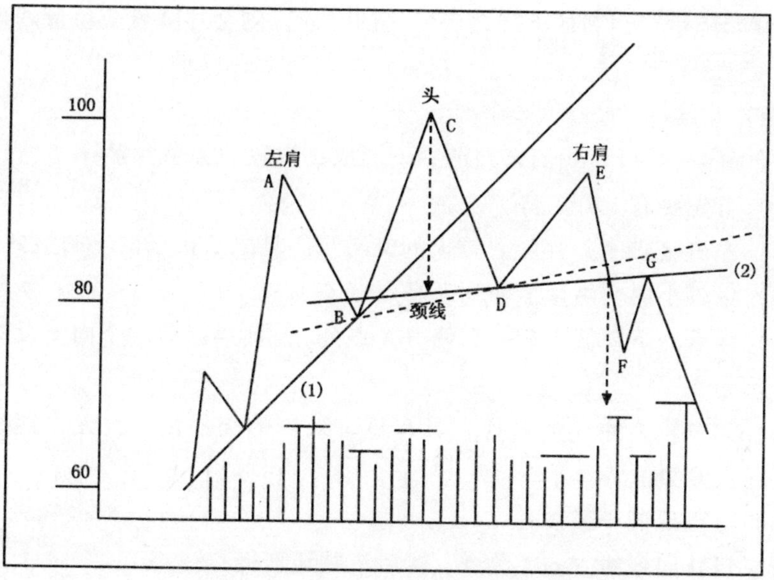

图 4-4-1 头肩顶形态

通过最后两个向上反弹的低点（点 B 和点 D），我们可以作出一条较为平缓的趋势线，称为颈线（在图 4-4-1 中线 2 所示）。在顶部，颈线一般轻微上斜（尽管有时也可能水平，或者在更少数情况下略倾斜向下）。头肩顶成立的决定性因素是，收市价格明确地突破到颈线之下。在这种情况下，市场终于突破了由底点 B 和 D 构成的趋势线，并跌破 D 点的支撑，从而完全满足了新趋势产生的前提条件——依次下降的峰和谷。于是，从依次下降的峰点和谷点 C、D、E、F 上，我们可以确定新的一轮下降趋势已经开始。顺便说明一下，在顶部形态完成后的初始阶段，当市场向下突破时交易量是否急剧扩张并不是至关重要的。

（三）反弹

接下来，通常市场会出现反扑现象，即价格重新弹回到颈线或者前一个向上反弹的低点 D 处。反扑现象并不一定总能发生，有时或者只能形成一段极小的反弹。交易量也许有助于我们推测这种反弹的幅度大小。如果在突破颈线的初始阶段交易量极大，那么反扑的幅度就会大为减小，因为上述突然增加的交易活动反映出市场上较重的向下压力。反过来，如果初始突破时的交易量较轻，那么反扑的可能性便大为增加。但是，这种反弹伴随着较少的交易量。随后，当新的下降趋势恢复的时候，则会伴随着交易量的显著增加。

（四）小结

结合图 4－4－1，我们来归纳一下形成头肩顶的各个要素：

（1）首先要有上升趋势。

（2）左肩（点 A）伴随着较大的交易量，且之后市场向下调整到点 B。

（3）以较小的交易量上冲到新高点（点 C）。

（4）随后的下跌低于前一个峰（A 点处），且接近前一个向上反弹低点（点 B）。

（5）第三轮上冲（点 E 处）具有显著减少的交易量，且无力达到头顶的高度（点 C 处）。

（6）收市价低于颈线。

（7）反扑回颈线（点 G 处），然后下跌至新低点。

这里有三个显著的波峰，它们的界定颇为明确。中间的峰（头）稍高于双肩（点 A 和点 E）。然而，只有当市场以收市价格的形式，决定性地突破颈线之后，该形态才得以最后完成。同样地，我们也可以采用 3% 穿越原则（或用前所介绍的其余价格过滤器）或者双日原则（即市场连续两天收市于颈线之下）作为进一步验证的手段。另外，除非确实发生了向下突破，不然始终存在以下这种可能性：整个图形并不是真正的头肩顶，在未来某一时时刻仍可将其修复。

（五）交易量的重要性

与价格变化相对应的交易量形态，在头肩顶形态的发展过程中担负着重要的角色。在其他的价格形态中，交易量的作用也都如此。一般来说，第二高峰（头）的伴随交易量比左肩的交易量要少。这一点倒不是必要条件，而是市场在这种情况下通常具有的一种强烈的倾向性，也是说明市场上买进压力减轻的早期警讯。最重要的交易量信号，发生在第三高峰（右肩），此处的交易量应比前两个高峰处显著地减少。在突破趋势线的时候，交易量应增大；在价格反扑时，交易量应减少。然后，一旦反扑完结，交易量便再度增大。我们曾经提到，在市场顶部的形成过程中，交易量的关键性比底部过程要逊色些。但是，在某些场合下，如果新生的下降趋势能够持续的话，交易量依然应当开始增加。而在市场的底部过程中，交易量则担负着更为关键的角色，很快我们将讨论这个问题。

（六）发现价格目标

形态高度是测算价格目标的基础。具体做法是，先测出从头部到颈线的垂直距离，然后从颈线上被突破的点出发，向下投射相同的距离。举个例子。假定头顶位于100，相应的颈线位置在80，那么其垂直距离便是两者的差为20。我们就应该从颈线上的突破点开始向下量出20点。突破点位于82，那么，向下突破的目标就被投射到62的水平（82－20＝62）。

还有一种较简便的方法：先简单地量出下降运动中第一浪的长度，然后往下翻出一番。这两种情况的道理都是一样的，形态高度越大（即波动性越大），那么其“前程”便越远大。趋势线被穿越的测算技巧，同此处的头肩形测算方法相类似。现在大家不妨比较一下。大略地说，价格在突破趋势线后所走出的距离，同它在趋势线之上曾经经历的距离相当。贯穿我们关于价格形态的讨论，你都将看到，线图上的绝大多数价格目标是建立在各种形态的高度（或者说，波动性）之上的。从突破点开始顺势投射与形态高度一致的距离，这是个老话题，我们将会一再地提起。

重要的是，上述价格目标仅仅是最近的目标，而实际上，价格运动经常越过上述目标。不过，如果我们对最近目标心中有数，那么对判断市场运动是否还有足够余地来开立头寸无疑是大有帮助的。即便市场越过了这个价格目标，那么剩下的也只是蛋糕上的那层奶油。当然，最大目标是原先趋势的整个范围。比如说，原先的牛市从30涨到了100，那么从顶反转形态得出的最大下跌目标便为30，从哪里来，还回撤到哪里去。从反转形态上，我们仅能预期市场对原先趋势的反转或回撤。

（七）价格目标的调整

在我们预计价格目标的时候，还应当考虑到其余许多因素。价格形态本身的测算技巧（如上面介绍的关于头肩形顶的相应情况）只是第一个步骤。其余技术性因素也应予以考虑。举例来说，由原先牛市中的向上反弹低点所形成的重要支撑水平在何处？熊市经常会在这些水平上被遏止住。百分比回撤的位置怎样？最大回撤目标是原先牛市的100%回撤。但50%和66%回撤的水平又在哪里？它们同样常常成为市场下方的重要支撑。价格跳空的情况怎样？它们同样常常演变成支撑区域。另外，市场下方有无长期趋势线存在？

在从价格形态确定价格目标时，技术分析者必须考虑其余技术资料。比如说，如果向下的价格测算目标是30，而32是一个重要支撑水平，那么，明智的做法是，把向下测算目标放在32，而不是30。一般地，当测算目标同清晰的支撑或阻挡水平只有微小差别的时候，我们通常把价格目标调整到这些支撑或阻挡水平上，以求可靠。这种综合考虑其余技术信息来调整价格形态测算目标的做法，常常是很有必要的。我们都知道，有许多不同的工具可供分析者选择，那么，最巧妙的技术分析者正是那些懂得如何恰如其分地综合使用各种工具的人。

（八）其他需要说明的几点

倒头肩形完全可以看成是前面形态的镜像对称，我们不再详细介绍。值得说明的是以下几点：

1. 复杂头肩形形态。在我们的图表上，有时会出现一些头肩形的变体，称为复杂头肩形。这种形态可能呈现出双头或两个左肩和两个右肩的情况。它们不如其原型常见，但具有同样的测算意义。对付这种情况有个窍门，那就是利用头肩形形态所具有的强烈的对称倾向。单个的左肩通常对应着单个的右肩，双重左肩则使出现双重右肩的可能性增加了不少。

在所有的期货交易中，交易策略问题是举足轻重的，我们在以后章节中还将更深入地探讨。并非所有的技术型交易者都愿意等到颈线突破后，才开立新头寸。较为大胆积极的交易者在相信自己已经正确地判明头肩底之后，在右肩形成过程中就开始尝试着买进，或者在右肩下跌完结的第一个信号出现时就买进了。

有些人先测出从头部的底点上冲的距离，然后在其50%或66%回撤位置买进。还有些人会看看市场下方有无跳空存在，以利用缺口作为买进点。也有些人或许在颈线被突破时买进。有些人考虑到这种形态具有相当的对称性，从而当右肩的发展接近了左肩的低点的水平时买进。这里要说明的是，在右肩形成过程中，会发生许多预期性的买进行为。如果上述尝试性头寸果真有利可图，那么，在颈线被实际穿越时或者在颈线突破后市场反扑时，交易者就会追加更多的买进头寸。

2. 流产的头肩形形态。一旦价格越过颈线，头肩形形态就完成了，市场也就不应再返回颈线的另一边。在顶部，一旦颈线被向下突破了，那么只要随后有任何一个收市价格返回到颈线上方，都是严重的警号，表明此次突破可能是无效信号。显而易见，这就是流产头肩形的由来。此类形态起初貌似典型的头肩形反转，但在其演化过程中的一定时刻（无论是在颈线突破前还是其稍后），价格将恢复原先的趋势。

由此，我们要注意以下两点：其一，没有哪个图表形态百发百中。它们在大多数时间是成功的，但并不会永远如此。其二，技术型交易者必须永远警惕自己分析中的错误信号。在期货市场，取胜的关键之一，就是要尽快摆脱亏损的交易头寸，确保交易损失限于小额。这里，我们或许可以为图表分析这门工具添加一条最实用的长处：它能够警告交易者认清现实、纠正错误。在期货行业，迅速地发现并承认自己的交易决策错误，及时采取断然的保护性措施，这样的能力和意志力是难能可贵的。

3. 头肩形作为调整形态。关于头肩形尚有最后一点需要补充。本章开头曾把它列举为最广为人知且最可靠的主要反转形态。但是大家必须明白，头肩形偶尔也会充当调整性形态而不是反转形态。

4. 颈线的倾斜程度。顶部的颈线通常稍稍倾斜向上，不过也有时是水平的。这两种情况并没有太大差异。然而，偶尔顶部的颈线会向下倾斜。这种坡度是市场疲弱的一种表现，通常，随之而来的右肩也很软弱。

（九）其他的反转形态

其他的反转形态主要有：三重顶和底、双重顶和底、圆形顶和底以及 V 型顶和底等。前面的三种我更愿意把他们看成是头肩型顶和底的变形和特例。

五、持续形态

另一个大类——持续型形态，它包括三角形、旗形和三角旗形、楔形、以及矩形。这类形态出现通常反映行趋势正处于休整状态，而不是趋势的反转，因此，通常被归纳为中等的或次要的形态，算不上主要形态。我们也不再进行详细的探讨，有兴趣的投资者可以参考其他的资料进行学习。

第五章 综合应用

第一节 价格预测

笔者以前在研究技术分析时曾经对预估目标下过一段时间的苦工夫，甚至有点走火入魔地想办法求精确的数字，甚至追求只有小数点的误差。虽然有时候真的可以这么准确的推算出，但我竟然只为了推算这样精准的数字，却忽略了该如何操作的逻辑思维。有一次，曾经推算到的波段满足高点数字，竟然出现与实际走势分毫不差的现象，并且伴随上影线，一副要反转的样子，心中沾沾自喜。然而，才过了一天，立刻被创新高的股价弄得目瞪口呆，心中直犯嘀咕怎么会这样？

后来才发现，预估目标区的目的仅在于策略的拟定与实际走势应该如何去应对，好比说，当价格出现买进信号时，买进的成本如果是 2000 元，而我预估出来的目标区在 2600 元，那么此时买进的相对风险较低，利润的幅度较大，因此，可以买进。而当价格上涨过程中，离目标区越接近时，我们考虑的就是不要再继续追买，反而要考虑将手中头寸平仓，也就是接近目标区时的位阶，称为“相对风险区”。

既然预估价格的目的是帮助我们拟定策略而如何善用测量工具，恰当的预估价格可能的涨升（或下跌）目标，就是我们这一节的重点。大家注意，我们重视的是怎么测量比较合理，而不是计算非常精确的数值。只有合理的预估方法，才能帮助我们能恰当地解读价格价的波动。

目前的测量方法，主要有大家熟悉的黄金比率预测方法、缺口测量方法、十字星线、江恩角度线以及各类通道型技术指标等等。另外，国内也有将我们的古老而神秘的预测方法《周易》等应用在价格预测方面的书籍和资料。有这方面兴趣和能力的读者可以进行适当了解。

一、黄金分割预测方法

（一）上涨时的预测

这里是要利用费波那奇数字衍生出来的黄金比率（我们可以称为黄金螺旋的比例数字）来测量波段。

为了说明方便，我们配上简单的价格折线图来对黄金矩形的图形进行解释。在图 5-1-1 中，我们可以清楚地看到：GK = 1，DG = 0.618，CG = 1.618，DG = 0.618。也就是说，第一段上涨假设是 H ~ L，那么第二段上涨就有可能是 H ~ H1 或是 H ~ H2。如果反映的是 H ~ H1 这一段，我们可以说上涨的力道是减缓的、不足的，是一个多头失败的攻击；如果反映的是 H ~ H2 这一段，我们可以说上涨的力道是加速的、有力的，是一个多头成功的攻击。多头的标准攻击盘，假设第一段上涨了 1 个单位，整段上涨应该有 1 + 1.618 = 2.618 个单位。

因此，我们不难得出这样的结论，不论强弱，计算的方式如下：

H1 的目标 = （H - L） × 0.618 + H 或（H - L） × 1.618 + L

H2 的目标 = （H - L） × 1.618 + H 或（H - L） × 2.618 + L

这些黄金比率的数字越大，代表的行情就越强，因为黄金螺旋的数字是从 1 开始扩大为 1.618、2.618、4.236、6.854、11.09、17.944…到无限大，其中 1 的数值在实战上定为原始上升段，而扩散的数字除了用 1.618 和 2.618 之外，我们习惯上还会采用 4.236、6.854 这两组数字的比例。将这些比例套入一般软件采用的算式，如下：

继续扩散的目标 1 = （H - L） × 4.236 + L

继续扩散的目标 2 = （H - L） × 6.854 + L

当这些比例的关系计算好之后，就可以分别给予这些目标定位，如果说上涨的过程中，只达到 1.618 的倍幅，我们可以说它是一个弱势的多头攻击；如果攻击到 2.618 的倍幅，是正常的多头攻击，也是正常的卖点；如果攻击到 4.236 或是 6.854 的倍幅，是多头强势的攻击，而这里通常往往是短

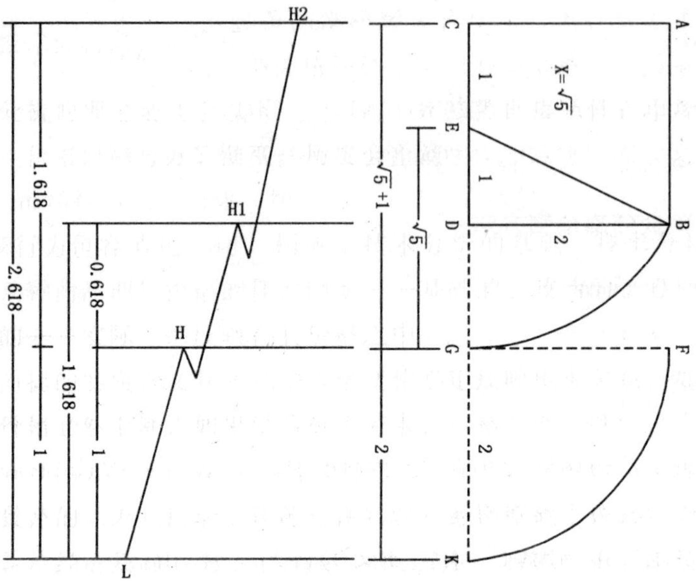

图 5－1－1 价格折线黄金矩形

线的相对或绝对卖点。

（二）下跌时的预测

下跌时的预测的推倒过程我们这里就不再给出。向下测量公式为：

基本测幅的目标 1 = H － （H－L） ×1.618

基本测幅的目标 2 = H － （H－L） ×2.618

继续扩散的目标 1 = H － （H－L） ×4.236

继续扩散的目标 2 = H － （H－L） ×6.854

当然，这样的计算方式也可以套用在空方趋势中，而且所有的线图，不论是分线、日线、周线或是月线，都可以使用。

为了便于大家理解和记忆我们把上面的公式可以归纳为：

上涨的目标 = （H－L） ×黄金比例倍数 + L

下跌的目标 = H － （H－L） ×黄金比例倍数

黄金比例倍数分别为 1.618，2.618，4.236，6.854，11.090，…

二、江恩的缺口测量预测方法

江恩把跳空缺口划分为功能性缺口和非功能性缺口两大类。

非功能性缺口一般是指普通缺口，常常出现在交易区间内部。表现特征是，当普通缺口出现后，成交量就迅速萎缩，价格无法顺缺口的方向持续挺进。

功能性缺口则划分为启动缺口（也叫突破缺口）、测量缺口（也叫中继缺口、连续缺口等）和衰竭缺口。

（一）启动缺口

启动缺口一般发生在中级趋势产生翻转的初始阶段，或者是交易区间、翻转形态刚刚突破阶段。启动缺口发生时，成交量往往持续放大，价格几乎天天连续刷新高，具有单边市特征。操作要点是顺应缺口方向，尽早进场，强势买进或弱势抛售，做足头寸；止损先定在缺口被完全回补的位置。

（二）测量缺口

一般发生在趋势进行的中段附近。例如，受突发的利多消息刺激市场强劲高开高走，当日的最低价和缺口前的最高价格区间由于买进意愿太过强烈而无法触及。这时往往伴随着均线系统明显的多头排列，RSI 或 KD 等振荡指标第一次接近或进入极端的超买位置，这种超买，可不是抛售理由，恰恰表明市场极度强劲，未来几周后将产生的背离或者几重背离才是较佳曲短线反转机会。此时，分时图上的振荡指标已出现了极度背离，所引发的短线逆势抛售信号仅仅昙花一现，将迅速被价格的滚滚洪流冲垮。因为价格行为已经跳升到了另一个时间空间，分时图指标已无法辨别这种更高层次价格空间的改变。

测量缺口和启动缺口的功能一样，成交量方面的变化也类似，量价配合中价格向前冲，只是发生的位置不是行情的初段，而是中段。有时还有这样的规律：缺口前的成交量大，缺口后的成交量就小，价格较难持续；若缺口前的成交量小，缺口开出后，成交量放大，持续的动能强劲。

发生的位置在很多情况下，是发生在一段涨势或跌势时段，即启动缺口大约发生于整个幅度的前 20% 阶段，对应缺口后的幅度是前期行情的 4 倍多，这显示了启动缺口后巨大的杀伤力。

中继缺口则多发生于行情的中点附近，或者是 38% 或 62% 的黄金位置，缺口前后的幅度比例为 1 : 1，或者 1. 618 或 0. 618。如果是 1 : 1，根据合约强弱性的不同，缺口前收盘价 A、缺口前的最低点 B、缺口后的最高点 C 都可能成为这波整段行情的精确中点。

在极度强劲的市场里，中继缺口可能会发生好几个，都不能有效回补（如恒指走势及 1973 年美国商品大多头市场时），当然并不是每个都能表现很好的测量功能（本文写成之后的 2003 年 8 月，黄豆即从 510 分到 1064 分运行了 8 个月的大牛市，期间喊价市场上连续地出现了 10 个不回补的缺口，升幅达 112%，极为罕见而骇人。要知道，芝加哥黄豆一般只需要 3% ~4% 的交易保证金，在不加仓的状态下理论上就能让机械式持有的多头部位者获得 30 多倍的回报。

（三）衰竭缺口

在跌势或涨势末端（5% ~10%），尤其是接近某个技术测量位置，再发生的跳空缺口，是行情动力耗尽的表现，当日不回补，就是衰竭缺口。最后的缺口有时留在市场中隔日或几日后回补，有时仅能维持开盘后的 30 秒，只能从分时图才能观察到。在最后一次外界消息刺激下，原来的抵抗趋势的那些力量终于耗尽了资金和信心，于暴跌前回补、暴涨前抛售，这种集体出局的欲望缺乏持续动力，造成顺势跳空开盘的同时，方向就结束了。

如果市场经过长期下跌或上升，再开出缺口后，只要价格不能持续有力度地挺进，创出相应高点或低点，就可能是碰到了衰竭缺口，至少是局部的衰竭缺口。应当准备随时离场，准备反向操作。等到这个缺口被回补后，市场继续表现翻转，可能市场就此真要翻转了。如果在这个新方向上，还能产生不回补的缺口，就是反向的启动缺口出现了。此时确认操作新方向，是当务之急。

第二节 黄金比率与移动平均线

一、黄金比率

在前面的介绍中，我们曾经介绍过黄金分割，现在我们把其原理用在单一K线上。不论K线是红黑，取最高点和最低点来分割黄金比率，图形当中都有一个50%的地方，称之为“中值”，又称为“多空均衡点”。如果收盘价收在多空均衡值之上，为多头优势，而在多空均衡值之下，为空头优势（见图5-2-1）。

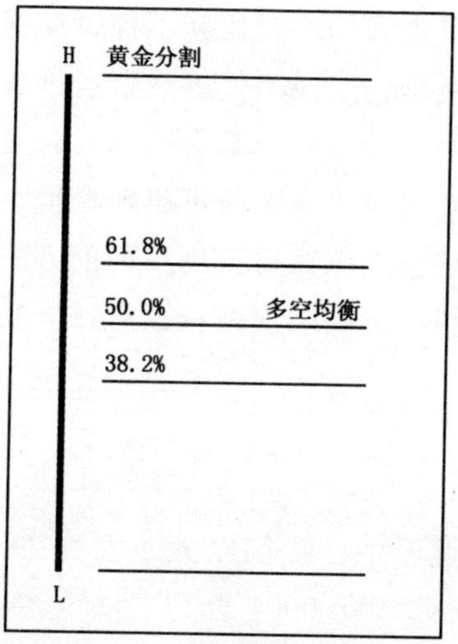

图5-2-1 单一K线中的黄金分割

如果继续将这一个幅度利用黄金比率进行切割，那么图形中有一个61.8%标记，也就是高低幅度的0.618位置，如果收盘价可以收在这一个位置之上，我们就可以说：多头不但占优势，而且此K线为强势K线，但是对空头而言，却是形成劣势的局面。而图形中有另外一个38.2%的标记，也就是高低幅度的0.382位置，如果收盘价收在高低幅度的0.382这一个位置之下，我们就可以说：多头不但占劣势，而且此棒线为弱势棒线，但是对空头而言，却是形成优势的局面。

计算的方法相当简单：

标示 61.8% 位置的数值 =（H－L）×0.618＋L

标示 38.2% 位置的数值 =（H－L）×0.382＋L

这一部分不仅可以运用在单个 K 线或是多根 K 线组合的探讨，也可以将测量的范围扩大，转成波段、月线、周线，甚至分时线上的运用。在运用的原则上，基本的范畴仍然不脱 0.618、0.5、0.382 这三个基本的数据。

运用的过程中必须要特别注意，当我们针对波段探讨的时候，并没有严格要求一定要收盘价位站上（或跌破）计算出来的关卡价位，只要在股价行进的过程当中曾经穿越，其目的就算已经完成，当然收盘价站上（或跌破）的棒线有其特殊的意义存在，这里暂时没有探讨这样的意义。

在以下的说明过程中，为了说明的方便，在讨论反弹的时候就不探讨回档的作用，同样的，在讨论回档的时候就不探讨反弹的作用，这样可以避免阅读的时候产生混淆。但是，这并不代表观察股价波动只使用单一方向的模式来观察，因为任何价格波动过程中都会有相互对应的回档与反弹，所以任何时候都有两种波动相互比对，自然就可以轻松地掌握价格涨跌力道。

简单地说，价格的任何上涨行情就用反弹的方法与前面波段比对，价格的任何下跌行情就用回档的方法与前面波段对比。我们先就回档过程中，如何运用黄金比率来观察。

二、回档时的探讨

在探讨回档的思考逻辑中，我们以大连大豆 0901 这一合约作为连续性思考的范例。在图 5－2－2 中，0901 合约下跌至 3840 元之后与前一笔形成下影线的 K 线形态，并且十分接近前期的最低点 3880；2008 年 8 月 12 日的长阳 K 线形态，对止跌可能会有所帮助。随即出现长白线对“阳子母”产生形态的突破，并且上涨到 4245 元（标示 H 之处）之后进行压回。

这里暂且算一个上涨或是多头反弹的波动，因此取标示 H～L 这一段切割黄金比率，而价格从 H 压回到标示 A 这里时发现又形成“阳子母”的 K 线形态，而回档比率最低探到 0.382 的幅度（3995）收盘在 0.5 的幅度（4042）之上，属于弱势回档，故对多头有利，因此只要出现形态突破，就可以再度进场做多。

标示编号 A 之处是暗示即将突破，因为这是大阳 K 线突破，多头力道比较强，而标示B之处出现跳空实体长白线，完全没有上下影线，这里就是确认股价突破，又称为“短线追买点”，并且以跳空的方式突破前期相对高点。但是，就整个格局而言，价格仍处于强烈下跌趋势过程，因此，这里出现的追买点，仅能视为短线追买目的是抢反弹波动，并不能确定为多头回升行情。

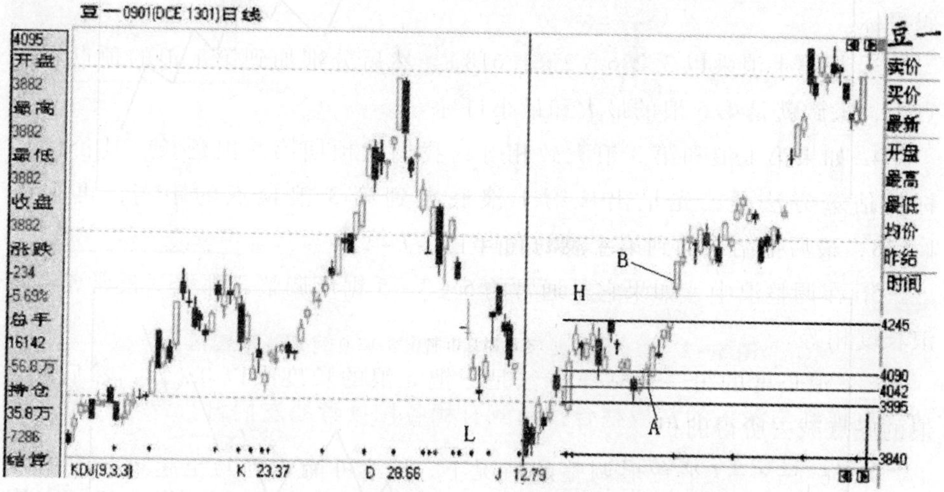

图5－2－2　大连大豆0901在2008年8月附近的图形

三、反弹时的探讨

在图5－2－3中，大连大豆0901从最高点5225元回跌到3583元，因此取这一段H～L的跌幅切出黄金比率，发现在0.382的位置下几天的走势都没有形成突破，属于“弱势反弹”。弱势反弹暗示的是多头力道不足，因此价格可能就会出现破底的走势。在2008年9月2日的向下跳空缺口就形成了极好的做空机会，在实际交易中我们还可以配合摆动类指标辅助判研。

四、与移动平均线的搭配

前面已经将波段力道的比较方法之一——黄金比率的强弱关卡，作了基本的运用说明。有了这些基础，投资人只要不断提高自己的技术分析，并且调整好操作心态及观念，那么自然可以在这一场金钱游戏中游刃有余。接下来我们要再为读者建立黄金比率关卡与移动平均线搭配的基本观念和研判技

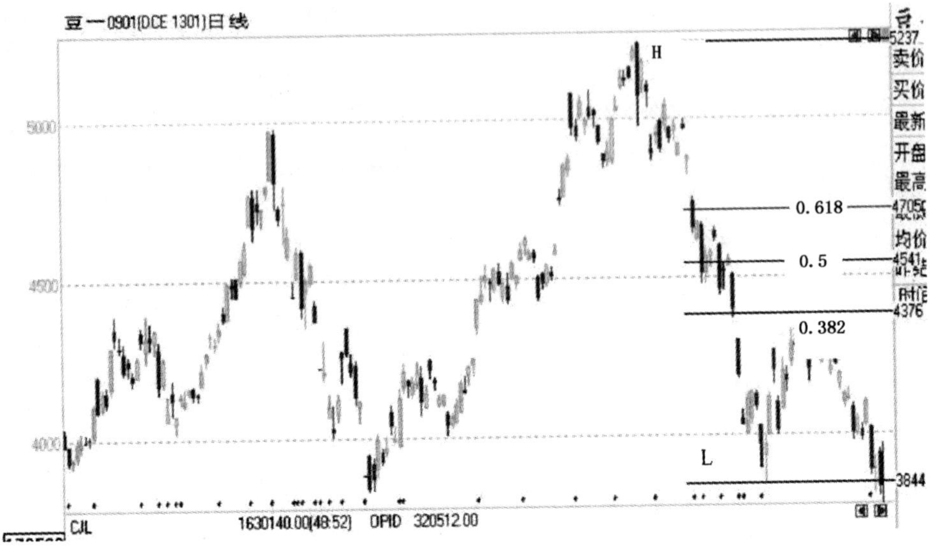

图 5-2-3 大连大豆 0901 在 2008 年 9 月附近的图形

巧，更详细与深入的实战整合技巧就有赖各位读者朋友们自行练习与观察。

（一）移动平均线上升

在图 5-2-4 中，我们将价格与 21 MA 结合起来来研判走势。大连 0901 合约从 3818 元开始上涨，先突破 21MA 之后出现杀空走势，没有出现像样的回档，一直涨到 B 处 4390 元才开始出现回档，当跌到到标示 A 的地方时，价格跌破上升中的 21MA，同时也满足 3318～4390 元这一段的黄金分割中的 0.5 倍幅。

在当时，我们是这样思考的：

（1）上升中的移动平均线是一种支撑，遭逢支撑且出现对多方有利的 K 线形态，应该准备再进入开多头。

（2）回档到黄金比率的 0.5 倍幅，为中性回档，因此，出现对多方有利的 K 线形态，应该准备进场。

（3）当价格在图 5-2-4 中跌到到标示 A 之处的低点是 4075 元，接着要看图形的变化。当价格从回档低点 4075 元处开始盘升，确认点就是在 4075 元的隔一日出现跳空 K 线。这样的图形走势也完全符合葛兰威尔法则的买点原则，可以大胆地进场做多。

（二）移动平均线下降

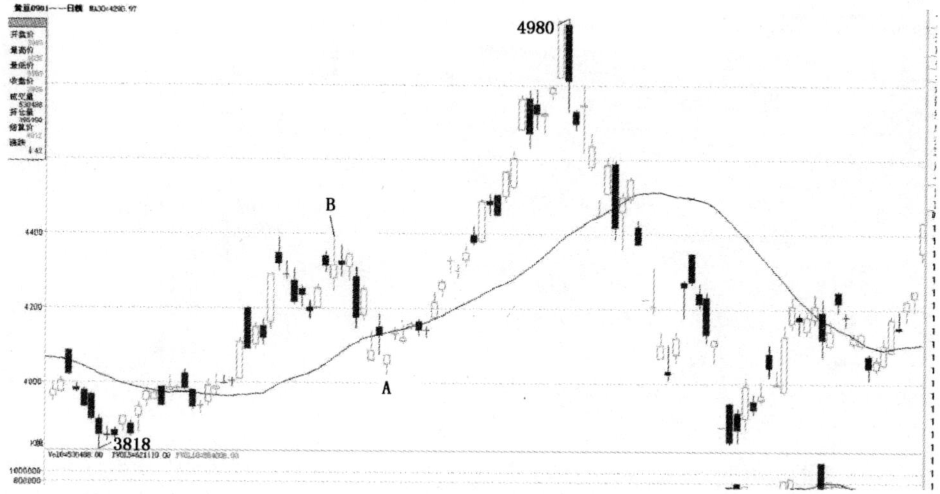

图 5-2-4　大连大豆 0901 在 2008 年 4 月附近的图形

在图 5-2-5 中，我们将价格与 21 MA 结合起来研判。大连 0901 合约从 3818 元开始上涨，突破 21MA 后出现短暂的回调后，再也没有出现像样的回档，一直涨到 4390 元才开始出现回档，当跌到标示 A 的地方时，才出现反弹，到标示 B 的地方遇到 21 天移动平均线，价格再次跌破下降中的 21MA，同时也满足 3318～4390 元这一段的黄金分割中的 0.382 倍幅。

在当时，我们是这样思考的：

（1）下降中的移动平均线是一种压力，遭逢压力且出现对空头有利的 K 线形态，应该准备再进入开空头。

（2）回档到黄金比率的 0.382 倍幅，为弱势反弹，因此，出现对空方有利的 K 线形态，应该准备进场做空。

（3）当价格在图 5-2-5 中跌到到标示 B 之处的高点是 4365 元，接着要看图形的变化。当价格从反弹高点 4365 元开始下跌时，确认点就是在 2008 年 9 月 2 日 4075 元的隔一日出现跳空 K 线。这样的图形走势也完全符合葛兰威尔法则的卖点原则，可以大胆地进场做空。

五、实际使用中的技巧问题

1. 上升中的移动平均线是一种支撑，遭逢支撑且出现对多方有利的 K 线形态，应该准备再进场开多头。

图 5－2－5　大连大豆 0901 在 2008 年 9 月附近的图形

2. 下降中的移动平均线是一种压力，遭逢压力且出现对空头有利的 K 线形态，应该准备再进场开空头。

3. 待行情出现比较明显的反转形态时，我们就对前面的走势进行黄金分割，不论是上升中的回档还是下跌中的反弹，但价格遇到黄金分割线时，我们就要特别留意其在附近的走势，一旦出现明显的 K 线形态，我们就按上面介绍的理念开仓。

第三节　波浪理论的客观分析

在互联网里面搜索“波浪理论”会有成千上万条信息，关于波浪理论的书籍也是多如牛毛。有点技术常识的读者都非常明白，当我们面对已经成为“过去完成时”的 K 线图时，我们都会看得非常清楚，解释得非常明白。但是，当面对将来的时候，我们就会感到无所适从，很难看清楚现在的走势是处于波浪的什么阶段，将来会演变成为延长浪还是会演变成失败浪。这也就是为什么有些西方学者会把带有很大主观色彩的波浪理论称为“事后理论”的原因；同时，这也在很大程度上限制了投资者对波浪理论的使用。

经过作者本人多年的研究和探索，找到了用比较客观的技术指标解释波浪理论的方法，下面我们通过几个例子加以说明。

下面以图 5－3－1 大连大豆指数的周线图为例进行实证研究。

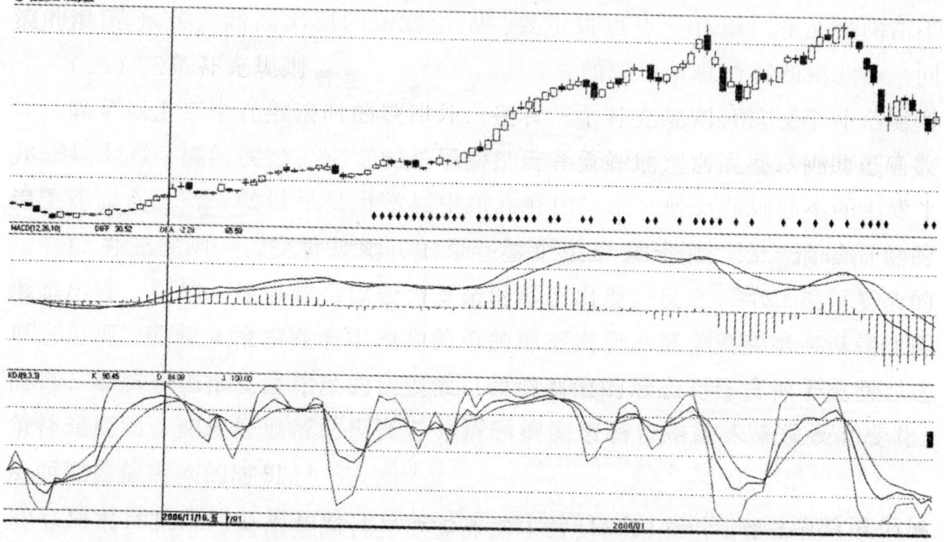

图 5－3－1 大连大豆指数的周线图

为了看得更清楚，我们把上面的图形进行局部的放大，见图 5－3－2。

一、各浪分析

（一）对第 1 浪的分析

在图 5－3－1 和图 5－3－2 中，第 1 浪从哪里开始算起？这是波浪理论研究中必须回答的。通常可以利用 MACD 值从零值下方上穿零值线且 MACD 线状柱由负数转为正数和 KDJ 形成上叉（俗称金叉）以及短期移动平均线开始方向向上配合进行判断。由此我们基本上可以确定图 5－3－2 中第 1 浪从Ⅰ线处开始。到Ⅱ线处，MACD 线死叉，价格回落，KDJ 下叉（俗称死叉）并且短期移动平均线方向向下。也就是说Ⅱ线处是第 1 浪的结束。第 1 浪的形成，主要是有远见的买家在前期激烈下跌时积极买入，也有跟风盘跟进，特别是空头的止损。

（二）对第 2 浪的分析

从Ⅱ线处开始，MACD 线状柱见顶，价格回落，KDJ 死叉并且短期移动

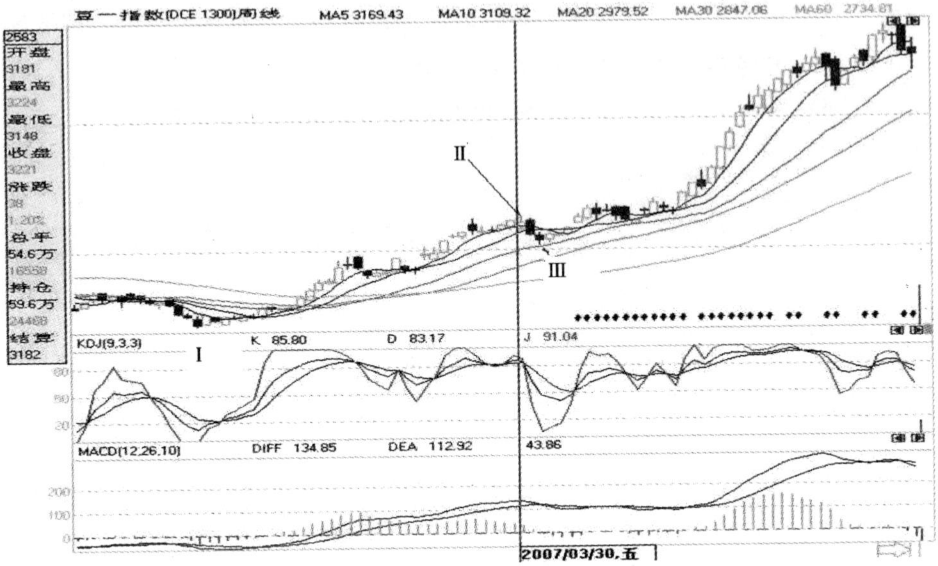

图 5－3－2　大连大豆指数的周线图（局部）

平均线方向向下，市场因为快速上涨而需要进行调整消化，一部分跟风盘开始获利平仓，新的空头认为市场会出现较大幅度的回撤而开始入场，第 2 浪开始了。到了Ⅲ线处，MACD 在零值以上线状柱出现上涨，KDJ 未创新低而再次形成金叉并且短期移动平均线方向要拐头向上，价格创出新高，第 2 浪调整结束（见图 5－3－3）。这一阶段主要是因为跟风盘获利了结和赌回撤的空头入市导致的。

（三）对第 3 浪的分析

从Ⅲ线处开始，多头又占了上风，而赌回撤的空头被困，无法顺利平仓，只能进行抵抗。这一阶段，市场持仓量和交易量都能快速放大。但趋势无法阻挡，价格继续上涨。场外投机资金也开始关注了，在对市场进行分析后，站在了多头一方，价格出现了快速拉升。最后空头被迫砍仓，投机多头逐步了结，但主力多头很可能在这一阶段还未完成获利了结。市场价格仍在上涨，但跟风盘并不会很多，而且遇到了战略空头的狙击，市场出现了第 4 浪回撤。在Ⅳ线处，MACD 线状柱未创出新高，同时 MACD 和 KDJ 分别形成高位死叉，价格开始回落。

第 3 浪往往是行情的主升阶段，上涨幅度最大。

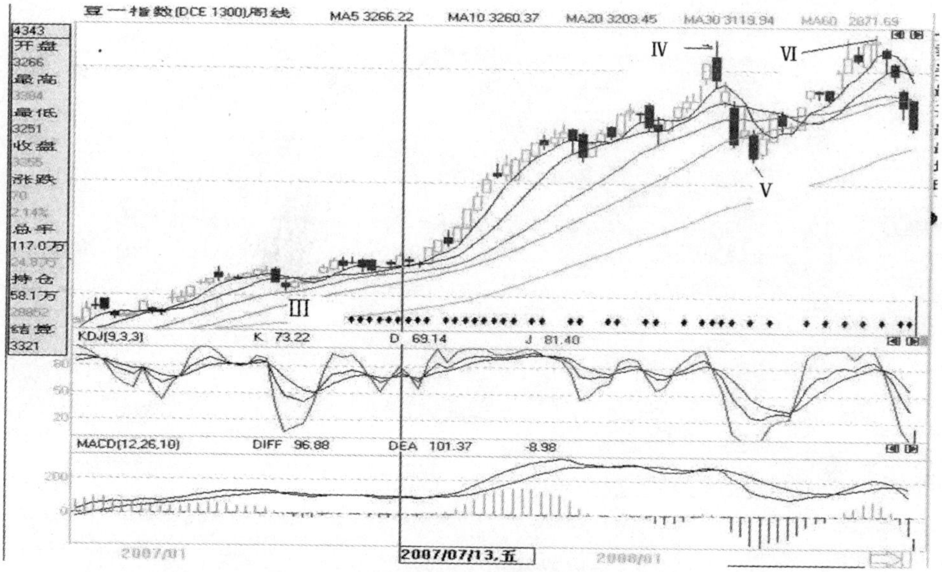

图 5-3-3 大连大豆指数的周线图（局部）

（四）对第 4 浪的分析

在Ⅳ处，MACD 线状接未创出新高而回落，KDJ 形成高位死叉，价格开始回落，第 4 浪形成。

（五）对第 5 浪的分析

在价格回落后，主力多头重整旗鼓，在Ⅴ线处，价格回稳开始拉升，但到Ⅵ线处，投资者发现 KDJ 再出现死叉，MACD 柱和 MACD 线均出现顶背离并且 MACD 线死叉。这样的两次顶背离预示着未来的下跌将异常快速。在市场的不同阶段，比如价格趋势总体向上的市场中，在趋势的帮助下，多头有足够时间完成派发并在派发中进行空头建仓，第 5 浪形成。

但有时，最后价格下跌创出了新低，因为是价格趋势总体向下的市场，第 5 浪会走出失败形态。主力多头派发未成功，市场在战略空头的狙击下，派发阶段变成了空头建仓阶段。

第 5 浪失败，市场直接进入熊市的第一阶段——空头建仓时，最明显的特征是 KDJ 金叉失败，形成顶背离；MACD 线状柱未创出第 1 浪 MACD 线状柱高点。

（六）对 A 浪的分析

下面我们以图 5-3-4 的上证指数为例进行实证分析。

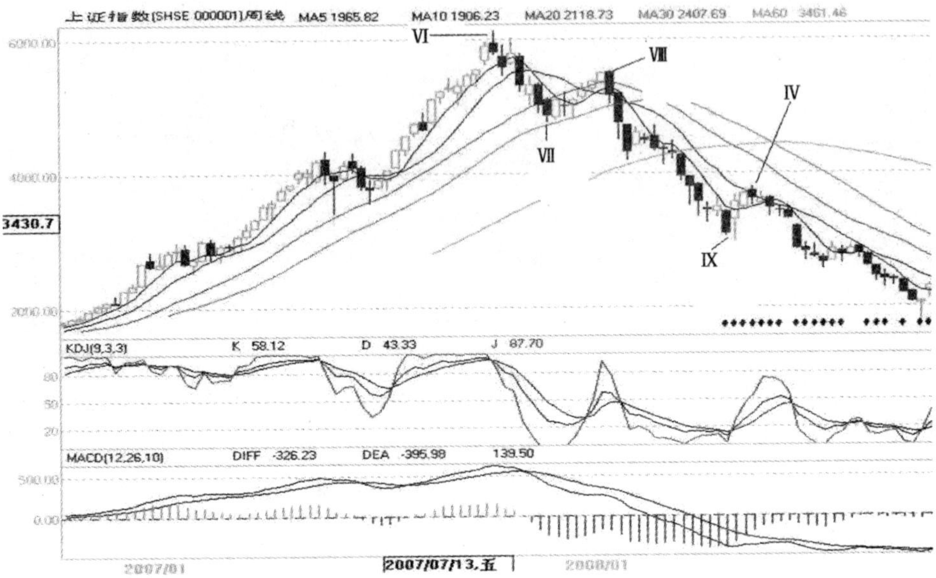

图 5－3－4　上证指数的周线图

通常 A 浪是很不明显的，在价格趋势总体向上的市场中，由于多头主力掌控局面，在派发过程中逐步建立空头头寸，市场从派发阶段直接过渡到恐慌阶段。

如 2007 年 10 月份以前上证指数在某些利益集团的“万点论”、“黄金十年”等观点的蛊惑下，走出了翻几番的超级牛市行情。在图 5－3－4 中，从Ⅵ线处到Ⅶ线处，KDJ 死叉，MACD 柱顶背离，MACD 线死叉并且短期均线方向向下，A 浪出现并且快速下跌，主要是多头主力拉高派发失败之后选择了向下不计价格的平仓出货，相对老多头来说，在这种价位上选择向下出货，利润还是非常巨大的。

（七）对 B 浪的分析

A 浪出现了暴跌，KDJ 中的 J 值出现巨大的乖离，价格有反弹要求。因此，出现了Ⅶ线处到Ⅷ线处的反弹浪，但到了Ⅷ线处，MACD 柱和 MACD 线均出现了严重的顶背离，最关键的是 MCD 金叉失败，KDJ 也出现顶背离，并且中期移动平均线开始方向向下市场进入了恐慌阶段。明智的投资者已经意识到了市场已经发生了根本性的转变，纷纷逢高放空，价格反弹的幅度很小，时间也非常短促。通常在这阶段，采取了“壮士断腕”的前多头会开始大量放空。如果前面的A浪下跌大家还抱有幻想的话，那么B浪反弹结束后的下跌，我们就应该远离这个市场，短期内不会再有任何的机会。

（八）对C浪的分析

在图5-3-4中，价格一到了Ⅷ线处，MACD值降到了零值附近，DIF和MACD出现了顶背离，KDJ也出现顶背离，市场进入了恐慌阶段。价格的主跌浪开始，整个下跌过程中，价格鲜有反弹。MACD值彻底下破零值，线状柱创出负值新高。在一轮暴跌之后，部分多头因为价格下跌过快过大，开始买入，在MACD、KDJ上出现了线条趋于平缓的迹象，价格有所趋稳；同样，有些人通过浪形分析，发现下跌3浪已经完成（按照波浪理论，3升2降或上涨5浪下跌3浪是浪型的基本形态），也开始买入。但作为一个总体趋势向下的市场，尤其是5浪时已经出现了两次MACD的顶背离。下跌时往往会出现5浪下跌甚至还有延伸浪和背离浪。但在这种买入力量的作用下，市场出现了反弹，C2浪产生了（Ⅸ线处到Ⅳ线处）。当然，你也可以把它看成是C浪的延长浪或是下一级的子浪。

（九）对C2浪的分析

在总体趋势向上的市场中，C2浪一般不出现；只有在总体趋势向下的市场里，C2浪才会出现，它的性质仍属于反弹浪。这一阶段的推动力量仍然只是市场的抄底资金，并不是市场真正见底。C2浪结束的特征是MACD值在0值下方，KDJ再次出现金叉失败，也就是顶背离。随后市场进入萧条阶段。

（十）对C3浪的分析

C3浪是市场的萧条阶段，多头需要有一个人气重新积聚的过程。C3浪的形态是非常复杂的，和总体趋势向上的5浪派发阶段一样，只有出现了背离浪，市场才算是开始反转。C3浪是2008年9月份（本书的截稿2008年10月6日）。此时，市场已经进入了萧条阶段，价格波动幅度很小，而且成交量和持仓量都很小。直到出现了背离浪出现，萧条阶段才算是结束。按正常的波浪理论后面还至少应该有一个C4浪的反弹，然后还要有一个比较大的C5下跌，这一次的循环才算一个完整的周期，并且根据前面，我们介绍的理论，底部需要的时间一定会比顶部的时间要长很多。

（十一）背离浪分析

在牛市收派发险段、空头建仓阶段和熊市的萧条阶段、多头建仓险段，一般都会出现背离浪。背离浪是判断行情是否反转的非常重要的特征，背离浪表现为价格创新高或新低，而 MACD、KDJ 值未创新低。如果 DIF 受到 MACD 的支撑和阻压，K 线受到 D 线的支撑和阻压，那么，背离的程度越大，价格反转的可能越大。背离浪还有一个特征，就是这一阶段成交量和持仓再次开始放大。但有一个比较棘手的问题，背离浪算是新一轮上涨的 1 浪，还是仍属于前一轮，从理论上来说，背离浪应该仍属于前一轮趋势。

下面我们再看看上海橡胶的周线图（见图 5－3－5），请大家自己继续分析。

图 5－3－5　上海橡胶周线图

通过上面三例的分析我们可以得出这样的结论：

1. 我们没有必要区分是第几浪以及是否是延长浪还是失败浪，只需要注意其 MACD 指标是在零轴之上还是在零轴之下就可以判断其主要趋势是在上升阶段还是下降阶段。

2. 在零轴上面的金叉可以放心做多，而零轴下面的死叉可以放心做空；零轴上面的死叉应该平仓多单，零轴下面的金叉应该平仓空单。

3. 长周期图表上的浪可以再细分为短周期图表的子浪。

4. MACD、KDJ 等指标的背离是判断是否可能发生反转的重要依据，背离的程度越强发生反转的概率越大。

5. MACD 的方向和 KDJ 的方向一致的行情一般都具有交易的机会。

6. 如果在日线图上看不清浪型走势可以把周期放大到周线图；同理，在周线图上看不清走势可以把周期放大到月线图。

7. 移动平均线的方向和相互之间的关系也可以提供很好的判断行情的依据。

8. 成交量和持仓量等指标可以作为判断行情是否反转的重要辅助指标。

第六章 交易系统的综合评价

市场上的各种技术分析方法无计其数，基于各种目的的各样交易系统更是无法统计。无论是何种形式的成功交易，它们都有一个共性：很难执行。因为市场上总是存在着买家和卖家这样的博弈对手，我们很容易想象出，即使是靠“抛硬币”这样的纯随机方法差不多也应该有 50% 的交易者是盈利的。然而，实际的赢家要比我们想象中的少得多（国外成熟市场的资料显示股票市场会有 25% 左右的人获利，期货市场只有 10%，但这里的 10% 会获得惊人的收益，这也是期货市场能够吸引大量投资者参与的原因；国内没有看到这方面的公开信息，由于缺乏必要的避险工具和市场参与者自身的原因，估计应该低于这样的比例），这是为什么呢？因为成功的交易要求你不断地去做那些令你感到“不自然和不舒服的事情”，为什么是“不自然和不舒服的事情”呢？因为交易者不论采用趋势交易还是均值回归交易，都不得不与人的本性作斗争，比如追求舒适、安全、完美、急躁、恐惧和贪婪。成功的趋势交易者必须让自己去做那些“不自然和不舒服的事情”：最近高点买入，最近低点卖出，接受低于 50% 的胜率，让盈利奔跑。尽管均值回归交易在很多方面站在趋势交易的对立面，但交易者同样需要做那些“不自然和不舒服的事情”：坚持与众不同，一旦价格到达极点就反向交易。

无论是哪种交易，我们都必须放弃那些容易和适意的交易习惯，培养自己的纪律、耐心、灵活，以及无论多困难都要坚持自己计划的决心。

第一节 各种常用交易系统的定性评价

毫无疑问，投机世界中存在着无数种时间周期和交易系统，我们只选择几个常用的系统，分析其需要的个人特性，以及这些特性是如何与时间周期和交易策略相适应的。作为投资者一定要对自己有一个正确的分析和评价，再结合自己的性格特点，找到适合自己的交易系统，并长期坚持。

一、长线趋势跟随系统

一般头寸持有的时间为 5 个月到 10 个月，如 MACD、三线反转、四周法则等。

（一）优点

1. 不需要太关注市场动态。

2. 不需要每天操作。

3. 一般来说，平均每笔交易的盈利最大，并且也有最好的盈利与最大回调的比值。

4. 在操作策略中，可以包含很多负相关或不相关的品种。

5. 因为需要较少的决策，它可以被视为压力最小的机械交易策略（这里假设交易者并不认为长期持有头寸会给他带来很大压力）。

（二）缺点

1. 缺乏活力。

2. 不能抓住那种很明显的短线机会。

3. 长期占有资金。

4. 一般胜率很低，并且有很高的最大连续亏损次数。

5. 每笔交易要比短线系统冒更大的风险。

6. 由于交易的持有时间很长，测试产生的交易次数有限，这就导致有些结果不是那么可信，比如最大回调、最大连续亏损次数（除非测试所用历史数据足够的长）。

7. 不能抓住市场中的中线和短线波动。

我们也可以反过来看这个问题，在市场中心位置持有一部分头寸，直至长期趋势转向；再利用剩余的头寸去抓那些短线或中线的机会。

二、中长线趋势跟随系统

一般头寸持有的时间为 6 周到 5 个月，如通道突破、中长期均线系统、三线反转系统等。

（一）优点

1. 相对短线系统来说，需要作较少的决策，承受较小的压力。

2. 较高的平均每笔盈利。

3. 在操作策略中，可以包含很多负相关或不相关的品种。

4. 相对长线系统来说，较多的交易机会和较少的头寸持有时间，这样让交易者看起来像一个“积极的”趋势交易者。

5. 如果使用同样长度的历史数据进行测试，那么它比长线系统的测试结果更有统计上的精确性。

（二）缺点

1. 和长线趋势跟随系统一样，它也不能抓住那种很明显的短线机会。

2. 一般胜率很低，并且最大连续亏损次数比较大。

3. 头寸需要长时间占用资金。

4. 每笔交易要比短线系统冒更大的风险。

5. 和所有的趋势跟随系统一样，它需要在最近高点买入，最近低点卖出，而且经常要回吐很大比例的浮动盈利。

三、中线趋势跟随系统

一般头寸持有的时间为 2 ~ 8 周，如 8 日和 21 日均线交叉系统、布林带、DMI、四周法则等。

（一）优点

1. 对趋势的变化非常敏感，这也意味着它可以非常迅速地参与到新出现的趋势中。

2. 不需要进行日内操作。

3. 在操作策略中，可以包含很多负相关或不相关的品种。

4. 与短线系统相比，有较高的平均每笔盈利。

（二）缺点

1. 有些系统对中线趋势转向反应速度很快，这样比长线的、敏感度较低的系统更可能受到双重损失。

为了减少中线系统的双重损失，可以引入一个新的指标来改变对波动的反应，比如说 ADX，从而跟随波动中趋势的一面。

2. 头寸需要长时间占用资金。

3. 一般胜率很低，并且最大连续亏损次数比较大。

4. 仍然需要在最近高点买入，最近低点卖出，而且经常要回吐很大比例的浮动盈利。

5. 与长线趋势跟随系统相比，每笔平均盈利较小。

四、带有趋势跟随过滤的中线均值回归系统

一般头寸持有的时间为 6 ~ 10 周，如带有 21 天移动平均过滤的 KDJ 系统、带有移动平均过滤的布林线。

（一）优点

1. 由于这些系统依靠的是市场均值回归的倾向，因此我们既可以在趋势市场获利，也可以在震荡市场获利。

2. 虽然需要比长线趋势跟随系统作出更多的决策，它们的心理压力仍然要比日内系统小得多。

3. 与日内系统相比有较高的平均每笔盈利。

4. 与趋势跟随系统相比，这些系统有着较高的胜率、较低的最大连续亏损次数。

5. 当这些系统交易的方向与长期趋势方向一致时，它们同时也利用了市场回到平均值的倾向，从交易者的角度讲，这些交易是最容易被执行的。如果对长期趋势的方向有很强的信心，然后沿着趋势方向买低卖高，这也将有助于交易者在遭受亏损时继续执行系统信号。

6. 这些系统有时会预先设好止盈盘，这样可以减少滑点发生的可能性。

7. 这些系统很少在某个市场持有很长时间的头寸，交易者可以从多个品种组成的策略中获益，同时可以摆脱长期持有头寸的压力。

（二）缺点

1. 头寸需要长时间占用资金。

2. 每笔交易的亏损不会小于平均盈利（这就需要较好的资金管理和严格的纪律）。前面已经提到过，这些系统的交易机会比较少，交易者必须有很强的纪律和耐心来关注市场，等待机会的到来。缺乏纪律和耐心会让交易者根据比较差的信号交易（比如，根据那些低回报率的信号交易）。

3. 比较少的交易信号意味着测试结果的可靠性降低（除非有足够的历史数据）。

4. 只能使用有限的品种。

五、中短线无偏向性均值回归系统

一般头寸持有的时间为3～8周，如带有ADX过滤的布林带、带有CCI过滤的慢速随机指标、带有CCI过滤和时间平仓的慢速随机指标等。

（一）优点

1. 由于这些系统没有偏向性，它们比使用趋势过滤系统有更多的交易机会。

2. 较短的头寸持有时间带来更多的交易机会。

3. 较多的交易机会让系统的测试结果变得更加可信。

4. 与许多传统的趋势跟随策略不同，这些系统（就像大多数均值回归技术）在开始交易前就已经度量了风险和回报。在建立头寸时，就可以设定止盈和止损盘，因此减少了出现滑点的可能性。

（二）缺点

1. 没有使用趋势跟随过滤，交易系统的可靠性降低了，并且交易者在回调中更有可能放弃系统。

2. 在短时间内有更多的交易机会，这就意味着更多的决策和压力。

3. 只能使用有限的品种。

六、趋势跟随型摆动系统

一般头寸持有的时间为1～15天，如带有15天建仓、8天平仓和7.5天时间平仓的通道突破，4天9天均线交叉系统等。

（一）优点

1. 在短时间内有更多的交易机会。

2. 能从长线交易者忽略的短趋势中获利。

3. 绝大多数策略使用了时间平仓，这使得趋势交易者更容易接受在最近高点买入、在最近低点卖出的建仓信号。通常都会设定止盈目标，这会像时间平仓一样对交易者的心理有所帮助。

（二）缺点

1. 能够盈利的品种很少——这些品种需要有很高的流动性和波动性来弥补交易中固定的费用。

2. 较小的平均每笔交易盈利。

3. 不能使用 24 小时交易的品种，除非是机构交易者或者交易团队。

4. 日内交易很多，这就意味着交易者必须全神贯注于屏幕，压力非常大。

七、带有趋势跟随过滤的均值回归摆荡系统

一般头寸持有的时间为 1 ~ 15 天，如带有移动平均的 RSI 极限等。

（一）优点

1. 享有中线交易拥有的优点，并且有更多的交易信号。

2. 由于系统有更多的信号，我们可以安心去度假休息。

（二）缺点

1. 只能使用有限数量的品种进行交易。

2. 日内交易很多，这就意味着交易者必须全神贯注于屏幕，压力非常大。

3. 相对于长线系统来说，需要更多的关注、测试和评估市场来保证稳健性。因为长线系统使用比较长时间的测试数据和比较多的品种，它的稳健性要比短线系统好（不需要过多的测试和评估）。

八、无偏向性均值回归摆荡系统

一般头寸持有的时间为 1 ~ 15 天，如 RSI 交叉、KDJ 交叉等。

（一）优点

1. 享有中线交易拥有的优点，并且有更多的交易信号。

2. 由于系统有更多的信号，我们可以安心去度假。

3. 在任何市场形态下，都能交易。

（二）缺点

1. 只能使用非常有限数量的品种进行交易。

2. 日内交易很多，这就意味着交易者必须全神贯注于屏幕，压力非常大。

3. 其他与“带有趋势跟随过滤的均值回归摆动系统”相同。

九、带有趋势跟随过滤的均值回归日内系统

一般头寸持有的时间为几分钟到几小时，如带有移动平均过滤的 RSI 极限、30 分钟均线交叉系统、60 分钟均线交叉系统等。

（一）优点

1. 使用了趋势跟随过滤，这样可以保证参与到短线和中线趋势中，同时也能抓住中线和长线的市场波动。

2. 由于交易的方向与短线趋势或中线趋势方向相同，交易者有更高的信心来执行交易信号。

3. 不需要持仓过夜，因为每个交易日都会平掉所有头寸。

4. 更多的交易机会。

5. 如果有很好的资金管理匹配的话，每笔交易的风险相对于资金量来说非常小。

（二）缺点

1. 更多的决策意味着更多的压力。

2. 每笔交易的盈利都很小，能够提供足够高波动性和流动性的品种不多。

3. 时刻要提醒自己不能重仓交易。

十、无偏向的均值回归日内系统

一般头寸持有时间为几分钟到几小时，如 RSI 交叉等。

（一）优点

1. 在任何市场形态下，都能交易。

2. 不需要持仓过夜，因为当日交易都会平掉所有头寸。

3. 有更多的交易机会。

4. 如果有很好的资金管理匹配的话，每笔交易的风险相对于资金量来说非常小。

（二）缺点

1. 更多的决策意味着更多的压力。

2. 每笔交易的盈利都很小，能够提供足够高波动性和流动性的品种不多。

3. 时刻要提醒自己不能重仓交易。

4. 离场劣势。每笔交易都要付出点差或佣金。这些费用是固定的，时间周期越短，系统的盈利空间越小。

第二节　交易系统评价的定量指标

目前对交易系统的定量评价指标多达几十种，但是却没有一个公认的最好指标。这里只作简单介绍。

（一）总的净盈利

这是对系统盈利能力的衡量，但它并没有考虑其中所蕴涵的风险。由于这个限制，这只能当作一个比较粗略的指标。但是，当我们需要比较交易策略时，因为每个交易策略都可能包含若干交易系统，使用这个指标不需要进行额外的计算。

（二）交易数量（Trades）

这是测试时间内所有交易的数量。对于趋势交易系统来说，我们希望在不影响盈利的情况下这个数值越小越好，这样可以减少工作量。

（三）持仓天数（Days）

这是一次交易的平均持仓时间。在其他条件相同的情况下，产生同样盈利所需的持仓天数越少越好。

这里要注意使用的是趋势跟随系统还是均值回归系统。如果是前者，那么持仓天数越多，产生的盈利往往也越大。

（四）最大回调值（MD）

这个值代表了在整个测试时间内权益可能经历的从波峰到波谷的最大值。这个数值也代表了为了成功运行这个系统所需的最小资金量。

大多数系统开发者喜欢在性能分析表中加入“最大亏损”列，这个值是指一次交易中可能遭受的最大亏损。虽然谨慎的价格风险管理要求一次交易的亏损不能超过总的资金量的1%～2%，但这个度量并没有考虑到策略内部品种之间的相关性。

本书中的一个重要原则就是通过负相关或不相关的品种组合，来达到减少风险的目的。因此我感觉如果只是使用最大亏损作为参考，那么对交易者来说是一种误导，相对最大回调来说最大亏损也是一个过于简单的指标。但如果由于某些特殊原因（比如说，缺少资金、公司限制等），不能够使用多品种的策略组合，那么使用最大亏损和坚持1%～2%的规则是必不可少的指标。

（五）最大回调持续时间（MDD）

这是当价格回调时，前面一个波峰与后面一个波峰之间的最长持续时间。这个时间有助于我们做好熬过漫长亏损期的心理准备。

（六）最大连续亏损次数（MCL）

这是在测试时间中所经历的连续亏损的最大次数。类似于最大回调持续时间显示了系统到达更高的波峰的能力，最大连续亏损次数给了交易者提示：要获得一定的净盈利可能需要经历多少次的连续亏损。

（七）盈利与最大回调之比（P：MD）

这是平均盈利与最大回调的比值。比值越高，系统的盈利能力越强。我们可以认为这个指标是最重要的指标，因为它直接衡量了获得一定盈利所需承受的风险。

（八）盈利亏损比（P：L）

这是平均盈利与平均亏损的比值。这个比值越大越好。趋势跟随系统应当有比较高的P：L值，因为它们的盈利次数比较少。也就是说，小亏大盈是产生好的P：MD值的关键因素。相对来说，这些比值在均值回归系统中不会太大，但均值回归系统中相对较高的盈利次数可以弥补这一点。

（九）胜率（%W）

这是盈利交易次数占总的交易次数的比例。就像前面所说的一样，趋势跟随系统的胜率比较低，均值回归系统往往拥有比较高的胜率。这一指标也称之为“系统的成功率”。

（十）时间百分比（T%）

这是系统中有头寸的时间占所有时间的比例。如果其他条件一样的话，我们倾向于一个比较低的时间百分比，这样在获得同样回报的情况下，资金不会被占用太长的时间。

（十一）交易机会

这是系统中在一定的时间段内提供的交易次数。如果其他条件一样的话，我们倾向于一个比较多的交易机会，这样在投入同样资金的情况下，回报会更多。

要想对这么多的指标进行综合评价，这涉及运筹学理论的多目标决策问题，这是个相当复杂的工作，一般的投资者很难做到，并且得到的结论也是基于对“历史”的分析，对未来也不一定是完全适用的。我本人的观点是，根据投资者自己的资金状况和性格特点，对某些指标有所侧重。我们后面的内容还会结合具体的实例加以详细地说明。

第三节 常用交易系统的定量分析

一、国内的统计数据结果

各种常用交易系统在国内各期货和约中的测评结果远远优于国外的结论。我仔细地分析了其中的原因，估计可能有下面几条：

1. 这次的全球商品大牛市开始于 2001 年，由于美国次级债的原因在 2008 年 10 月又走出了顶部的 V 型反转，这样从 2005 年 1 月 1 日到 2008 年 9 月 30 日这段时间里，几乎所有商品合约的趋势都比较明显。所以，得到的测试结果数据比较好，但是，这并不能代表所有的时间段都会这样好。

2. 由于手工统计的原因，没有统计成交滑差和佣金。

3. 由于历史的原因我国的商品期货和约都没有定价权，走势上基本是外盘的影子。

4. 统计的时间跨度比较短，数据的数量不一定能够满足统计学的要求。

5. 我国现在交易的品种只有商品期货和约，它们相互之间具有一定的相关性，个别品种之间甚至具有 100% 的正相关，这样也会导致统计结果存在一定的偏差。

二、国外的统计数据

1. 双移动平均线交叉系统。双移动平均线交叉系统测评结果见表6－3－1。

表6－3－1 双移动平均线交叉系统测评

品种	盈利	Trades	Days	MD	MDD	MCL	P：MD	P：L	%W	T%
ES	6023	117	22	－24621	1122	7	0.24	1.07	35.90	100
TY	10678	94	27	－10681	1032	5	1.00	0.18	37.23	100
ED	5952	88	28	－5606	1577	9	1.06	1.41	32.95	100
SF	15650	121	22	－30350	565	7	0.52	1.14	40.50	100
JY	66337	112	23	－33662	1076	4	1.97	1.49	43.75	100
CL	27940	90	29	－16150	566	5	1.73	1.45	42.22	100
GC	－13600	113	23	－23210	2207	7	－0.59	0.73	36.28	100
S	－1162	103	25	－15612	1596	8	－0.07	0.98	38.83	100
LH	43490	90	29	－10210	530	7	4.26	2.03	46.67	100
CT	8155	110	23	－28870	1946	7	0.28	1.09	34.55	100

2. 三移动平均交叉系统。三移动平均交叉系统测评结果见表6－3－2。

表6－3－2 三移动平均交叉系统测评

品种	盈利	Trades	Days	MD	MDD	MCL	P：MD	P：L	%W	T%
ES	11605	84	21	－11530	907	9	－0.48	0.86	28.57	66.37
TY	8922	70	26	－9000	765	4	2.10	1.46	40.00	68.79
ED	6452	65	29	－5394	1523	11	1.20	1.59	33.85	73.23
SF	26462	84	22	－12875	869	5	2.06	1.40	44.05	69.43
JY	80362	76	24	－18850	411	8	4.26	2.13	50.00	68.34
CL	8730	73	23	－19840	566	8	0.44	1.18	42.47	65.59
GC	－12370	84	21	－20180	2250	7	－0.61	0.66	34.52	65.54
S	－4900	78	22	－15687	2378	9	－0.31	0.89	33.33	65.61
LH	17220	73	24	－10150	860	5	1.70	1.49	39.73	65.58
CT	9100	82	22	－21105	1946	7	0.43	1.15	35.37	67.79

3. MACD系统。MACD系统测评结果见表6－3－3。

表 6－3－3 **MACD 系统测评**

品种	盈利	Trades	Days	MD	MDD	VICL	P：MD	P：L	%W	T%
ES	－4242	19	133	－42446	1089	4	－0.10	0.91	36.84	100
TY	35678	19	132	－12875	810	5	2.77	3.10	47.37	100
ED	9097	15	165	－6812	1827	8	1.34	2.60	26.67	100
SF	58225	14	179	－20225	516	3	2.88	3.72	57.14	100
JY	37	18	137	－41500	1098	2	0.00	1.00	44.44	100
CL	61080	14	179	－19840	521	5	3.08	4.75	42.86	100
GC	740	22	113	－13810	985	6	0.05	1.04	36.36	100
S	－18812	23	110	－35325	378	5	－0.53	0.61	34.78	100
LH	21440	18	139	－11690	688	4	1.83	1.94	50.00	100
CT	56255	13	193	－13990	510	1	4.02	6.43	61.54	100

4. 带有 ADX 的 DMI 系统（见表 6－3－4）。

表 6－3－4 **带有 ADX 的 DMI 系统测评**

品种	盈利	Trades	Days	MD	MDD	VICL	P：MD	P：L	%W	T%
ES	－18652	86	16	－30243	1424	12	－0.62	0.69	31.4	52.40
TY	－1431	84	18	－18406	2466	9	－0.08	0.97	32.14	56.72
ED	1556	76	23	－4181	2056	7	0.37	1.13	30.26	66.23
SF	－2537	81	17	－21850	1324	5	－0.12	0.96	41.98	52.99
JY	41825	85	17	－18300	952	3	2.29	1.46	41.18	55.61
CL	7490	73	19	－15170	623	6	0.49	1.16	38.36	54.00
GC	－18080	97	15	－25020	2401	22	－0.72	0.57	23.71	52.90
S	－8925	80	17	－14525	2378	10	－0.61	0.80	31.25	51.63
LH	25470	73	21	－9940	689	7	2.56	1.78	46.58	59.07
CT	18195	73	19	－21280	1947	7	0.85	1.35	42.47	52.10

5. 通道突破（见表6－3－5）。

表6－3－5　　带有通道突破（四周法则）测评

品种	盈利	Trades	Days	MD	MDD	MCL	P：MD	P：L	%W	T%
ES	11269	75	35	－27001	798	7	0.42	1.19	34.67	100
TY	28437	65	40	－15300	1252	5	0.86	0.67	43.08	100
ED	－4125	85	31	－10080	1903	9	－0.41	0.83	25.88	100
SF	27812	68	38	－17625	561	5	1.58	1.33	45.59	100
JY	63475	74	35	－20125	994	4	3.15	1.59	39.19	100
CL	8130	76	34	－23190	743	6	0.35	1.12	42.11	100
GC	－780	78	33	－9490	2250	7	－0.08	0.98	30.77	100
S	5337	78	33	－16375	1760	4	0.33	1.10	37.18	100
LH	36400	73	36	－10630	664	5	3.42	1.94	52.05	100
CT	－16920	87	30	－38060	1947	7	－0.44	0.83	28.74	100

第七章 建立适合自己的交易系统

第一节　概　　述

定式交易，即按照一套固定交易系统进行交易。系统交易的特点有：

1. 没有任何一个交易系统既能在趋势行情中获利又能够在震荡走势中获利，只有在恰当的时间使用了适合的交易系统才会获取最大收益。

2. 任何交易系统都是人设置的，所以不同的人，由于对技术分析的理解、解读、使用不同，设置出的交易系统也是完全不一样的。因此，只有适合自己交易风格的交易系统才是最有效的。

3. 时间周期不同，交易系统给出的交易信号可能会完全不同。投资者应当根据交易品种的特性选择不同的时间周期，并且应当严格按照交易系统选择的时间周期交易。

4. 参数调整是决定交易系统成败的关键，因为没有任何一组参数适合所有交易品种。要根据交易品种特性不断地磨合、测试，找到适合该交易品种的参数，并且还要在今后交易过程中根据市场变化，不断加以修正。

5. 有电脑基础的读者可以把自己的想法变成程序化交易，它系统体现了交易者的交易思路和交易风格，但它只是交易的辅助手段，人才是交易的主体，不能本末倒置。只有将交易系统与风险管理和资金管理相互结合，才能发挥其最大功效。

把人为的主观分析编成理性的计算机程序，需要我们舍去很多以往交易中的经验，而这些宝贵经验往往是无法通过计算机语言所能描绘的。因此，我的观点是：要坚持我们自己的经过实践检验的能够长期稳定获利的交易系统。

把交易分析简单化就意味着投资者由生手向熟手的转变，也意味着交易的有效化。谁也无法告诉你未来会怎么才能走，但程序化交易可以告诉你现在应该怎么办。交易的关键是怎么才能把握现在、处理正在发生的行情，而不是怎么才能预测未来。太多的人花太多的精力去预测未来，而对正在发生的情况却不知所措，这导致太多的人亏损。定式交易就是致力于处理现在的交易，而不是未来的交易。当市场处于调整以及震荡状态之时，当市场处于一轮上涨或下跌趋势的回折之时，非常多投资者会陷入对市场看法的迷茫之中，而将分析以及交易程序化，则可以使你对市场保持清醒客观的看法以及做法，以避免认识上的困惑。

一、市场分析

1. 判断市场状态必须首先判断市场是处于多头、空头、还是平衡状态，这样才不至于对市场产生迷茫以及困惑。简单地说，均线以上是多头状态，均线以下是空头状态，这主要看中长期均线。判断市场状态是分析市场的基础，并且判断市场状态并不是非常困难的事，把分析判断简单化，那么你想要知道的结果也会简单明了。绝大多数投资者都不敢相信简单有效的方法以及结果，总认为市场不可琢磨，根本不存在简单有效的方法。然而，正是因为预测市场的复杂性才导致不敢相信简单有效的东西。若不通过预测来交易，而通过客观性来交易，则一切都会发生根本的改变。判断市场状态就是客观的评估市场目前所处的状态，而不是未来将处于什么样的状态，所以它不是预测而仅仅是评估当前的情况，它不追究市场变动的原因。把握现在才能把握未来。

2. 分析市场处于何种行情中。判断清市场状态只能不让我们犯方向性错误，但还无法进行具体的操作。

在判断完市场状态之后，我们还必须判断市场是处于主升（跌）、稳步攀升（盘跌），还是多头（空头）状态下的调整行情，即接下来应该判断具体的行情了。只有具体的行情判断好了，才能真正进行交易。具体行情判断可以看图形结构以及价格的运行速度。

二、定式交易

在完成市场分析之后，我们就可以进入定式交易了，具体来讲：

1. 多头（空头）状态只考虑怎么才能买（卖），不考虑怎么才能卖（买），即不做逆市单，永不吃回调，保证不犯方向性错误。

2. 确定交易工具来把握进场时机这个因人而异，可以是均线、趋势线、形态及其他工具，但必须是适合个人的，不要因为别人用的好，你就盲目拿来用。交易工具的确定非常重要，而运用交易工具的能力则会导致完全不一样的交易结果。交易工具仅仅是个工具，这个工具用的好坏由交易者个人的决定，而不是工具本身。交易工具不能直接带来利润，但它会帮助你获取利润，它只能帮忙，因为它仅仅是个工具，请投资者不要误认为找到交易工具就找到利润了。

3. 主升（跌）或创新高（低）加码。依据新高（低）确定加码和止损位，这是个性化的交易行为，投资者可依据个人的性格、交易品种的特点以及风险承受能力来灵活使用。

4. 震荡调整中减仓或套利。主要指价格的波动已经使你的交易系统难以把握的情况。任何交易系统都有亏损阶段，在系统处于困难时期，必须有辅助手段来减少亏损或交易成本，即减少交易量或套利操作。

5. 转折状态反手。市场状态发生反转必须反手，这种反手不一定是根据基本面的分析，更多是根据技术图形。

总之，以上分析定式交易必须基于一个前提，即不预测市场，而是评估市场，这一点非常重要。通过这种定式化分析，你可以对市场保持客观的评估，在客观的评估基础上才能客观的交易。

第二节 三线反转交易系统

在前面的章节中，我们曾经介绍过三线反转系统的画法和基本原理，这里我们重点介绍其实战用法和特点。

一、实战用法

三线反转在白线出现时买进，在黑线出现时卖出（见图 7－2－1 沪锌的日线图）。

图 7－2－1　三线反转交易图

二、使用技巧

（一）反转白线为买进信号，反转黑线为卖出信号

一系列相互交错的白线与黑线，代表市场缺乏明显的趋势，见图 7－2－2（A）。可是，当连续发生三根白线或黑线时，代表市场有明显的趋势，见图 7－2－2（B）。在连续三根或以上的白线或黑线之后，如果出现反转线形，代表趋势反转的信号，见图 7－2－2（C）。

在三线反转图中，最基本的运用方法是在反转白线发生后买进，在反转黑线发生后卖出。请注意，如果有连续三根白线（黑线），价格必须穿越到这三根线形的低价以下（高价以上），才可以发生反转黑线（反转白线）。图 7－2－3 列示了这种方法的买进信号与卖出信号。在图 7－2－1 中，我们可以发现，某些买进或卖出信号与新趋势形成之间，有严重的时间落差。可是，很多交易者不在意这种现象，他们只希望安稳地掌握大部分的趋势，而

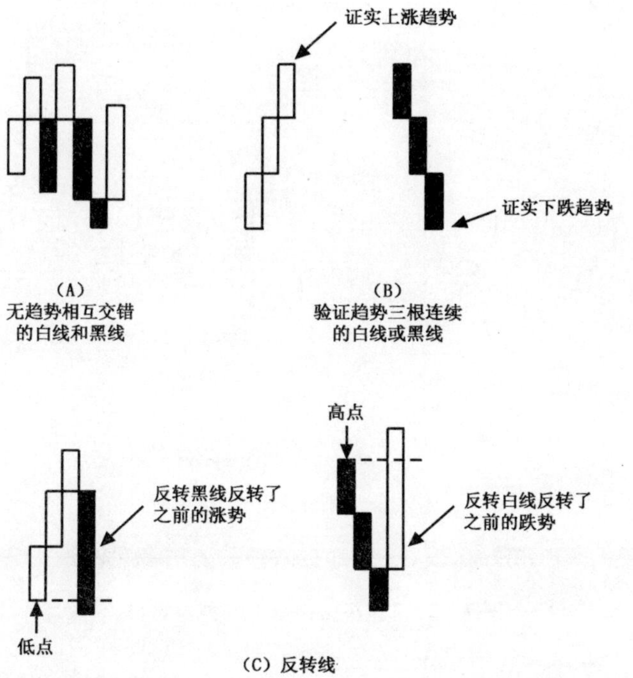

图 7-2-2 在三根连续白线或黑线后的趋势反转

不试图冒险猜测市场的顶部与底部。

三线反转图需要以收盘价来确认反转。可是，当确认完成的时候，价格可能已经脱离理想的买进或放空位置。为了克服这个问题，反转信号可以以盘中价格为准，并做少量的买进或放空。收盘价确认反转时，如果有必要的话，再追加头寸。

在图 7-2-4 中，B1 处如果收盘价超越 3461 元（先前三根黑线的高价）时，反转白线即形成。可是，当反转白线确实形成的时候，收盘价格是 3510 元。所以，盘中价格向上突破 3461 元时，交易者可以酌量买进，在收盘价 3510 元附近，可以考虑加码。当然，如果收盘价低于 2461 元，反转白线也就没有形成。在这种情况下，谨慎的做法是盘中冲销所建立的多头头寸。

在图 7-2-4 中，S3 处如果收盘价跌破 3943 元（先前三根白线的低价）时，反转黑线即形成。可是，当反转黑线确实形成的时候，收盘价格是 3892 元。所以，盘中价格向下突破 3943 元时，交易者可以酌量卖出，在

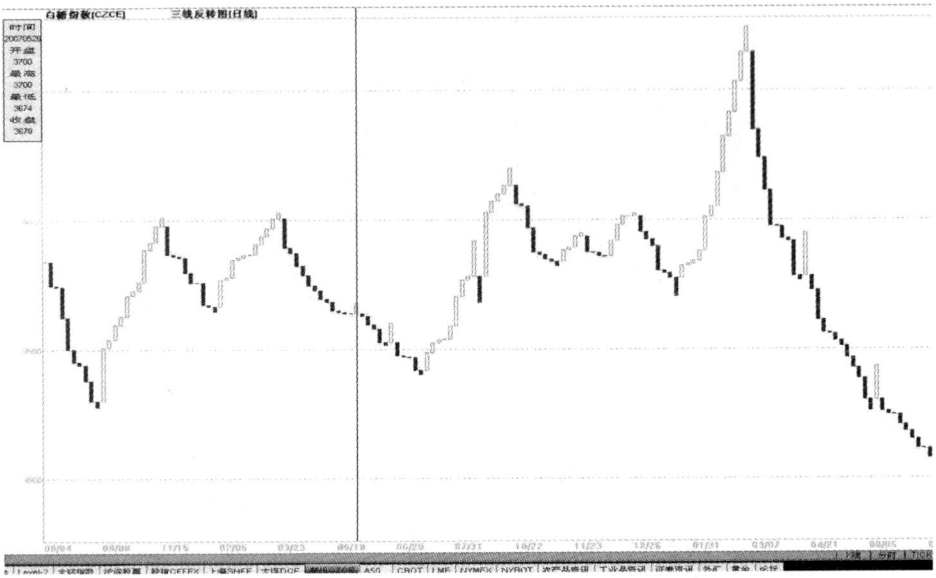

图 7－2－3　郑糖指数的三线反转图

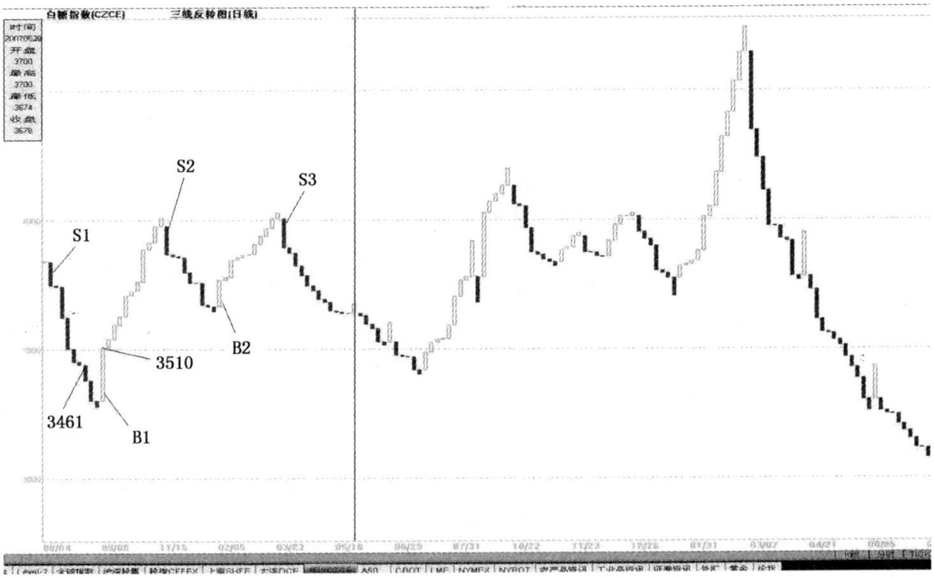

图 7－2－4　郑糖指数三线反转图盘中买卖点

收盘价 3892 元附近，可以考虑加码。当然如果收盘价高于 3943 元，反转黑线也就没有形成。在这种情况下，谨慎的做法是盘中冲销所建立的空头头寸。

如果交易者希望经过收盘价的确认才愿意进场，可以在随后的拉回走势中寻找买卖机会。

（二）三线反转图与 K 线走势图

我们在讨论 K 线时，曾指出 K 线在运用上应该配合市场的趋势。由于三线反转图可以界定多空的趋势，所以能够与 K 线配合使用（见图 7－2－5）。举例来说，如果三线反转图发生三根以上的白线，我们判断市场处于上升趋势。在这种情况下，多头的 K 线形态可以作为买进信号，空头的形态可以用来回补空头头寸。由于 K 线通常不提供目标价位，所以反转黑线（或反转白线）可以作为出场的信号。

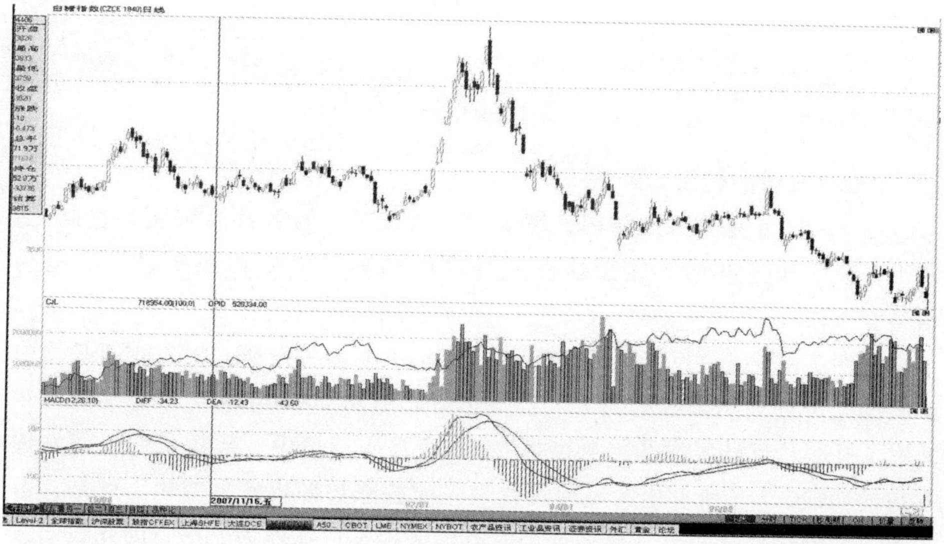

图 7－2－5　郑糖指数 K 线图

在图 7－2－6 中，价格触及 4328 元之后，2008 年 3 月 7 日发生一根反转黑线，而在图 7－2－5 的 K 线走势图中，2008 年 3 月 4 日发生了空头吞噬的顶部信号。反转黑线代表市场趋势反转向下。假定我们仅根据主要的趋势方向来建立新的头寸，可以寻找阴阳线的空头形态来放空。在多头的阴阳线形态中，可以回补空头头寸。

在这个例子中，我准备以三线反转图为架构，并以阴阳线走势图来进行交易。

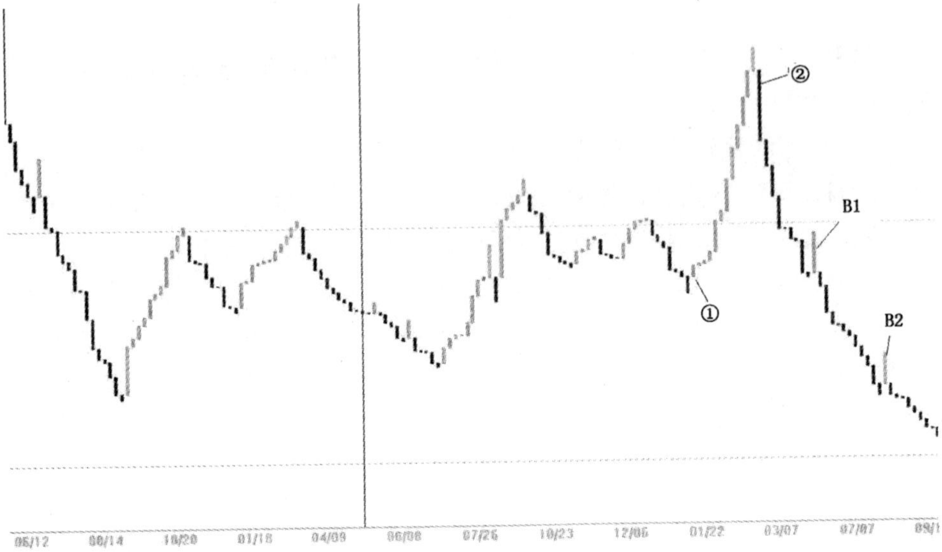

图 7-2-6 郑糖指数三线反转图

（三）三线反转图与趋势

图 7-2-6 是三线反转图，图 7-2-5 是对应的 K 线走势图。在此处，我准备说明如何根据三线反转图所提供的趋势，掌握 K 线所显示的交易信号。

在图 7-2-6“反转白线①”中，市场进入多头行情，代表我们必须由多头的角度处理阴阳线的信号。这波上升趋势由 2008 年的 1 月持续到同年 3 月（根据“反转黑线②”判断）。在这段多头行情中，数根长白线都发挥支撑的功能。2 月所发生的高浪线代表先前的涨势即将发生变化。可是，由于主要的趋势仍然向上，再加上当时有前一根长白线作为支撑，因此我们认为高浪线所引发的跌势，只是多头趋势中的回档整理。

在图 7-2-6 中，“反转黑线②”代表一个空头趋势的开始（发生在 2008 年 3 月 7 日）。非常有趣的是，在反转黑线发生以前，K 线在 2008 年 3 月 4 日便出现空头吞噬（也是关键反正日）的顶部信号。由 3 月到 9 月底，市场始终处在空头趋势中，这可以由三线反转图的连续黑线看出来。在这种情况下，我们只适合由空头的角度来处理 K 线的信号，因为基本的趋势是向下。在这段期间内，8 月的长白线使跌势暂时打住，但当它的低价支撑被跌破以后，代表价格将进一步下滑。

（四）趋势反转的进一步确认

在三线反转图中，反转线发生时，日交易对于趋势反转还需要额外的确认信号。换言之，在反转线之后，还需要以一根相同颜色的线形来作为确认。还是以图7-2-5为例，当反转白线出现时，以次一根白线为买进信号。在图7-2-6中，B1、B2之后并没有另一根白线，所以当时没有买进信号。

等待额外的确认信号，涉及风险与报酬之间的得失。趋势反转的确认信号愈多，正确的可能性愈高，但获利的潜在空间通常也愈小，这是因为额外的确认需要拖延时间而丧失先机。某篇日本文献曾经提及："虽然起步比较晚，获得也比较少，但错误的可能性比较低，安全程度也比较大。"这种情况类似短期与长期的移动平均。短期移动平均虽然可以及时地反映趋势，但也比较容易产生错误的信号。

我本人在实际交易中使用三线反转图作为买卖信号时，在盘中满足条件就开仓，等到以后每出现一个相同的线就加仓，但最多加仓次数一般不超过8次。

第三节　移动平均线交易系统

移动平均线是一项重要的交易工具。在日本的技术分析中，黄金交叉、死亡交叉、差异指数与背离，都是移动平均的常用技巧。根据我个人多年实际操作经验，最常用的短期均线是5天、8天或10天，21天或30天的均线是相对中期的，而13周与26周或55天与200天均线则是比较通用的长期均线。在实际应用中，每位交易者会有自己偏好的均线系统。

一、单一均线交易系统

（一）均线周期和类型的选择

移动平均线计算的依据是收市价，当然投资者也可以使用分析软件自己增加开盘价、最高价、最低价作为计算依据，尤其对于短线系统。

对于任何移动平均线体系来说——不管是简单、加权还是指数的，一个十分要紧的问题是：移动平均线周期的选择？面临的另外一个问题就是，是选择简单、加权还是指数型的，以及每一种不同的商品是不是有特定的天数？1978 年美国 Frank Hochheimei 在《商品年鉴》发表的《计算机能帮你做期货交易》文章里列出十分杰出的研究成果。Frank 测试过从 1970 ~ 1976 年里十三种不同期货品种，每一种都用十分广泛的平均天数，从 3 天到 70 天不等来测试，得出下面的结果。

1. 最佳的单一移动平均线——简单、加权、指数方法的综合比较（见表 7 - 3 - 1）。

表 7 - 3 - 1　　简单、加权、指数方法比较

商品	最佳天数	平均方法	累计利润/亏损	利润/总操作次数比
可可	57 天	指数	87959	0.262
玉米	43 天	简单	24646	0.223
糖	60 天	简单	270402	0.201
棉花	57 天	简单	68685	0.189
白银	19 天	简单	42920	0.308
铜	59 天	简单	165143	0.366
大豆	55 天	简单	222195	0.207
豆粕	41 天	加权	31385	0.208
豆油	34 天	加权	106996	0.253
猪腩	19 天	简单	97925	0.363
生猪	16 天	简单	35959	0.291
小麦	41 天	简单	65806	0.258
三合板	68 天	简单	1612	0.263

这是美国的历史统计，该统计对现在和以后还不一定是最好的，对我国的市场也不一定完全适用。

我的观点是：

（1）对一般的初学者而言可以根据自己的性格和喜好选择相对固定的时间周期，如短期的用 5 到 10 天（我本人用 8 天），中期的用 13 到 30 天

（我本人用21天），长期的用55到120天（我本人一般用55或60天）。

（2）可以用历史数据进行适当地优化，但没有必要非要找到一条“最好”的均线，因为我们是对“历史”的优化，对未来不一定是最优的。方法很简单，就是在K线图中改变均线的周期，看选择哪个周期时均线和K线的重合点最多。

2. 国内各期货合约最佳的单一移动平均线的比较见表7－3－2（统计时间是从2007年1月1日到2008年9月30日）。为了便于比较，把全部的收益率都换算成了每年，并且总保持仓位在40%。

表7－3－2　国内各期货合约的单一移动平均线的综合比较

商品	最佳天数	收益率/年（%）
白糖	12天	260.08
棉花	30天	213.30
豆粕	32天	441.68
大豆	13天	463.21
豆油	34天	225.54
粽油	7天	627.6
菜油	21天	490.04
PTA	27天	765.2
塑料	29天	1344.38
橡胶	22天	446.36
燃油	23天	406.45
沪铜	7天	219.30
沪铝	11天	248.25
沪锌	38天	372.42
沪金	43天	128.02
强麦	77天	137.10
玉米	18天	192.80

（二）单一均线的使用

1. 原则。葛兰威尔法则是单一均线使用的理论基础。他认为，八大法则中第二及第六项较具风险，投资者在使用时应加小心，同时还不可忽略道氏形态中的“图形分析”理论。而第四与第八项认定上有技术上的问题。综合八大法则的重点是平均线的变动趋势。移动平均线上升时，寻找买进时机；移动平均线下降时，寻找卖出时机。其应用原则归纳如下：

（1）移动平均线上升时不宜做空，下跌时不宜做多。

（2）移动平均线本身即支撑、阻力与助涨助跌功效为其特性之一。

（3）短期投资人应用于股价向下穿越平均线便卖出，向上穿越平均线便买入。注意“真假突破”的技术上认定问题。

（4）原本持续上升的移动平均线开始往横向走平时，多头应获利了结。持续下降的移动平均线，开始走平时，空头亦应平仓获利回补。

我的观点是：对于初学者而言，就掌握和坚持这四条的原则就完全可以在市场中取胜。

2. 葛兰威尔法则中曾提及“正负乖离过大”的观念，但是怎么才算是乖离过大，却变成一般投资人在移动平均线实战分析中的一个盲点。葛兰威尔本人在发表的文章中也未曾详述，事实上本人可以使用许多技巧来做盲点的破解。这些技巧大致上可以分成几个大类：一是利用乖离率指标或者是双乖离率指标；二是采用具有平滑系数的指标，如 MACD；三是采用摆动指标，如 KDJ、RSI、BULL 等。由于篇幅的原因这里不再详述。

3. 两个例子。经过我多年的观察，大连大豆在上升阶段可以用 21 天移动平均线、下降阶段用 30 天移动平均线，沪锌上升下降均使用 21 天移动平均线，就基本能够满足盈利的目的（见图 7 - 3 - 1、图7 - 3 - 2）。

单一均线交易系统的关键是所选移动平均线的周期。一般的原则是：比较活跃的品种选择的时间周期要尽量短，行情变化比较慢的品种选择的时间周期要尽量的长，要根据自己的风格和特点通过实践逐步摸索。

二、双线交叉系统

双线交叉可能是最简单也是最稳健的趋势跟随系统。当短期均线超过长期均线（黄金交叉）时，交易者平掉空头头寸，开始建立多头头寸；而当长期移动平均超过短期移动平均（死亡交叉）时，交易者则平掉多头头寸，建立空头头寸。该方法非常简单也很好理解，这里的关键也是时间周期的选择。美国 Frank Hochheimei 在《商品年鉴》发表的《计算机能帮你做期货交

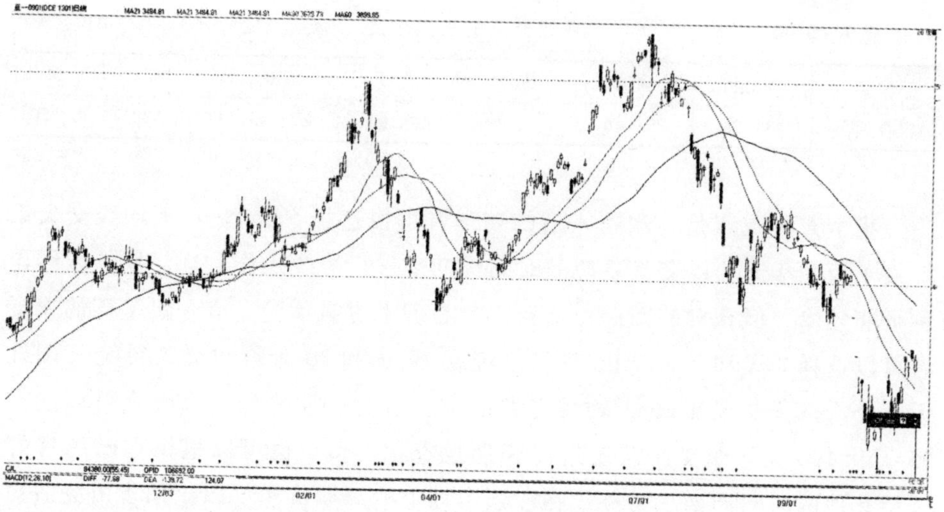

图 7－3－1 大连大豆 0809 合约

图 7－3－2 沪锌指数

易》文章里列出十分杰出的研究成果。Frank 测试过从 1970 年至 1976 年里十三种不同期货品种的双线交叉系统，得出下面的结果：

表 7-3-3　　双线交叉的最佳组合　　单位：天

商品	白银	猪腩	玉米	可可	大豆	铜	糖
组合天数	13、26	25、46	12、48	14、47	20、45	17、32	6、50

我个人的观点是，刚刚入市的初学者可以选择 5 天和 10 天均线交叉系统或 4 天和 9 天均线交叉系统的时间周期来进行短线操作。这样操作虽然盈利可能较少，但相对的回调也比较小，心理上容易承受。有一定基础的投资者可以选择 8 天和 21 天均线交叉系统或 10 天和 30 天均线交叉系统（国外大部分人选择 9 天和 26 天均线交叉系统）进行中期操作；大资金可以选择 55 天和 120 天均线交叉系统进行长期投资。当然，也可以根据自己的喜好选择其他的时间周期。另外，在股票市场上的周期选择可以比期货市场适当加长，但要注意其合理性。

在相同的条件下，我们要特别注意均线交叉的方向和强度（见图 7-3-3、图 7-3-4）。通过多年的摸索，我认为大连大豆 8 天和 21 天线交叉交易系统就能够比较好地抓住大部分行情。使用比较熟练的读者，还应该考虑双线交叉时的方向和强度。

大家要注意的是，在走势盘整阶段，所有的趋势追随系统的表现都不好，但只要我们坚持，就能够抓住主要的趋势。

三、三线交叉系统

三线交叉系统有在国外非常流行的短中期 4 天、9 天和 18 天均线交叉系统和中长期的 9 天、26 天和 52 天均线交叉系统。它的核心理念是，三线金叉时做多，两线死叉多头平仓；三线死叉时做空，两线金叉空头平仓。这样在市场中就有一段时间要空仓的。

图 7-3-5 是大连大豆 0901 合约的 4 天、9 天和 18 天均线交叉系统从 2007 年 7 月到 2008 年 9 月 26 日的表现。这种方法在其他合约中的表现大家可以自己对照。在后面的实战案例中还有详细地介绍。

下面，再看一个股票的例子（见图 7-3-6）。这里需要简单说明一下，到目前为止，我国的股票市场还没有做空机制，这里主要是想说明这种系统的用法。

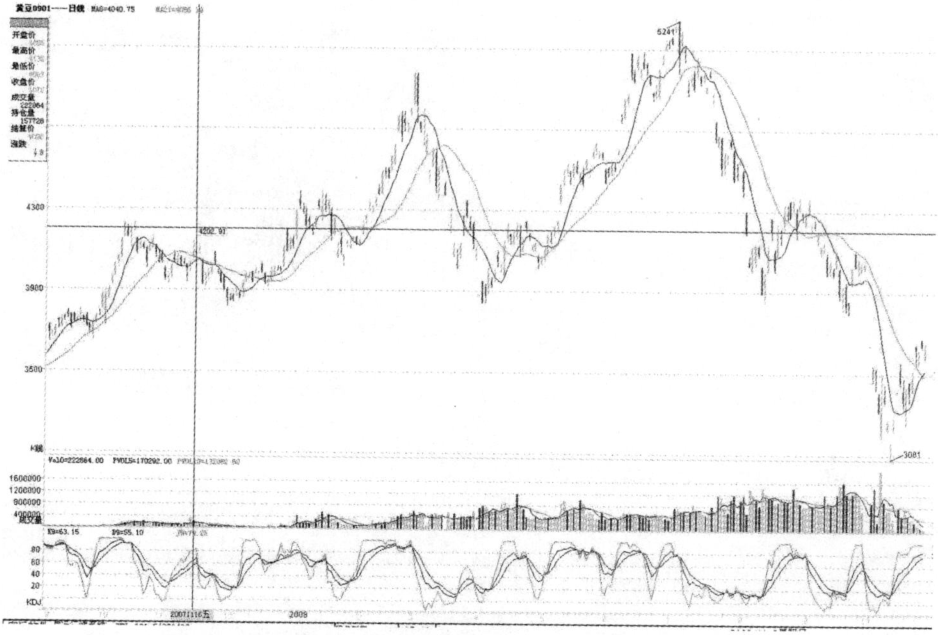

图 7-3-3　大连大豆的 8 天、21 天均线交叉系统

图 7-3-4　沪锌指数的 8 天、21 天均线交叉系统

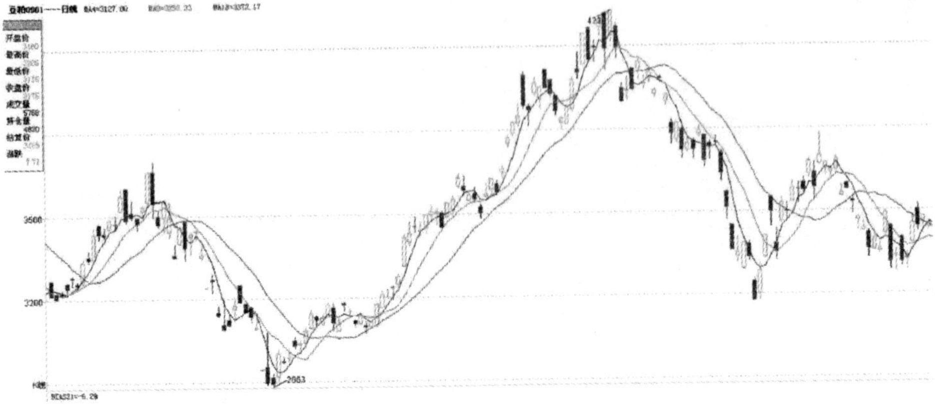

图 7-3-5 大连大豆 0901 合约

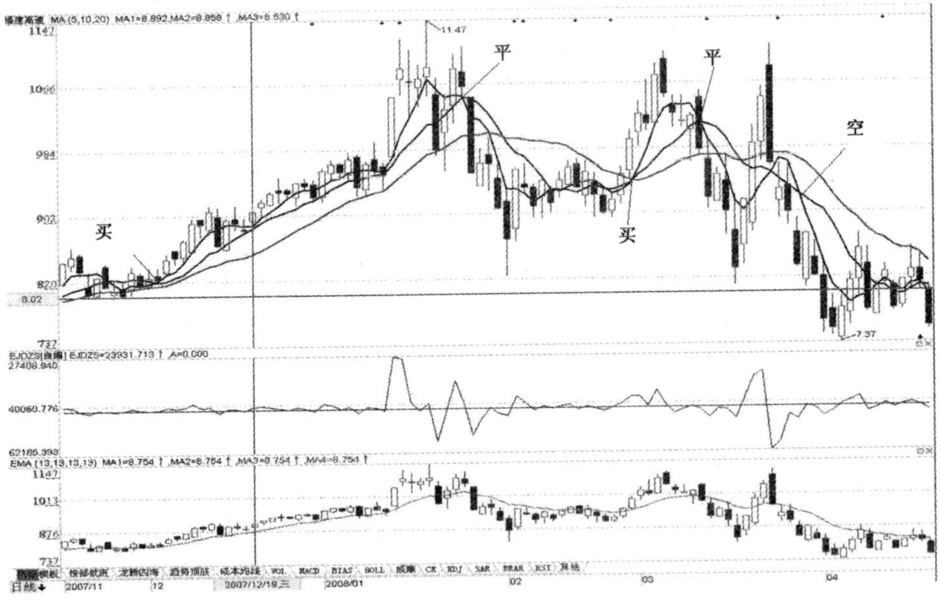

图 7-3-6 福建高速（600033）2008 年 2 月份前后的走势

四、移动平均线的完美秩序

（一）时间周期与时间共振的概念

虽然我们已经谈过了关于移动平均线周期的设定，那么该如何去运用这些不同的周期去研判股价的买卖信号呢？这里着重在时间周期与均线的搭配运用上加以说明。

如果我们仔细观察股价的波动，将会发现股价变动造成的谷底与谷底、谷峰与谷峰之间，其时间间隔隐约出现一些规则。一般来说，较不显著的谷峰或谷底会比较接近，较显著的谷峰或谷底间隔会比较远。介于谷峰或谷底间具有规则的时间常被称为“循环周期”。习惯上，我们都采用谷底来观察，因此循环周期也被称为“低点周期”。

研究这些波动周期需要相当的耐心与时间。这里利用移动平均线的基本概念，提出简单的运用方法，让价格自动调整周期。

我们先理解一下每个周期应该具有的市场行为。在图 7－3－7 中分成 1、2、3、4 个阶段，分别是买进、卖出、放空、回补。

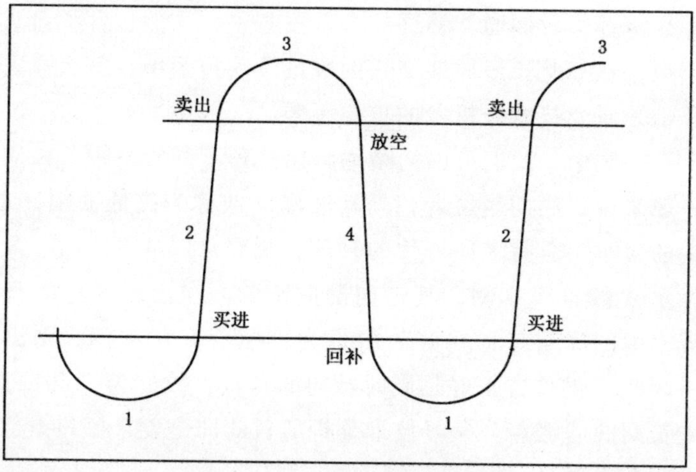

图 7－3－7 循环四大阶段图

1. 第 1 阶段。循环周期已经达到谷底，而且即将反转向上。此时价格将出现“跌势结束”的信号，因此，必须将放空的操作进行回补的动作。但是，由于价格还没有开始上涨，这一个阶段属于按兵不动的观望期，操作策略是伺机介入多单。

2. 第 2 阶段。价格已经开始上涨，故应做多买进，这里通常以加速度的上涨走势来表现，因此，这一个阶段是多单抱牢，并且伺机在股价进入第 3 阶段时将多单持股卖出。

3. 第 3 阶段。循环周期已经达到谷顶，而且即将反转向下。此时价格将出现“涨势结束”的信号，因此，必须将做多的操作转为卖出的动作。

但是，由于价格还没有开始下跌，这一个阶段属于按兵不动的观望期，操作策略是伺机介入空单。

4. 第 4 阶段。价格已经开始下跌，故应做空卖出。这里，通常以加速度的下跌走势来表现。因此，这一个阶段是空单抱牢，并且伺机在股价进入第 1 阶段时将空单持股回补。

一般来说，如果较长的市场周期处于第 2 阶段或第 4 阶段，则较短期的市场周期将会被较长期的市场周期所左右。比如说，当较短周期出现第 2 阶段的走势，而较长周期出现第 4 阶段的走势，那么短期周期会被长期周期牵引到第 4 阶段，因此，价格还会有剩余力道再往下滑。

如果较长周期走进第 1 阶段和第 3 阶段时，对短期周期市场的行为影响力就没有那么深远，我们通常称这一个阶段盘整，当然包含了盘头或是盘底的行为。那么，在如此长短周期交错的股价波动行为中，怎么样去找到有效的信号？恐怕是研究技术分析者的重要课题。

在图 7－3－8 中，我们可以简略地画出三种不同短、中、长周期的波动折线图。一般来说，周期越短者，则其波幅（或称为高低振幅）就会越小。而不管周期的大小，总有走向一致的时候，我们可以从图 7－3－8 中很明显地看出，标示 A 的直线右侧，其走向是向下的，当出现这样的现象时，我们就称为观察中的周期有“共振”的行为；标示 B 的右侧，则出现同时往上的走势，因此 B 的位置正好是同时转向的基点，故称为“共振点”，该点往往是短中长期的起涨点。学习技术分析的目的即是要掌握该点，并且在确认转折向上时介入做多。

如果周期发生共振行为，则在股价循环的四大阶段中，往往是在第 2 或是第 4 阶段（属于趋势阶段），也是投资人获利最丰厚的时候。如果周期的共振行为没有发生，也就是不同周期走向并不一致的时候，我们戏称为“乱振”现象。不同的周期产生互相干扰的行为，往往是第 1 或是第 3 阶段，是属于盘整盘或是调整盘，只有短线利润，而且操作难度较高，通常采取观望的策略为宜，或是利用箱型区间采用低买高卖进行操作。

在图 7－3－9 中，招商银行（600036）这支股票 2006 年 1 月 4 日站上 60 天之后开始出现缓步震荡走高的趋势，这是正常的波动模式，也是上涨力道趋缓的暗示。图形中移动平均线后面出现的上下箭头，是分别代表不同周期均线的走势，比如说第一个的箭头，代表的是 MA5 的走势方向，出现

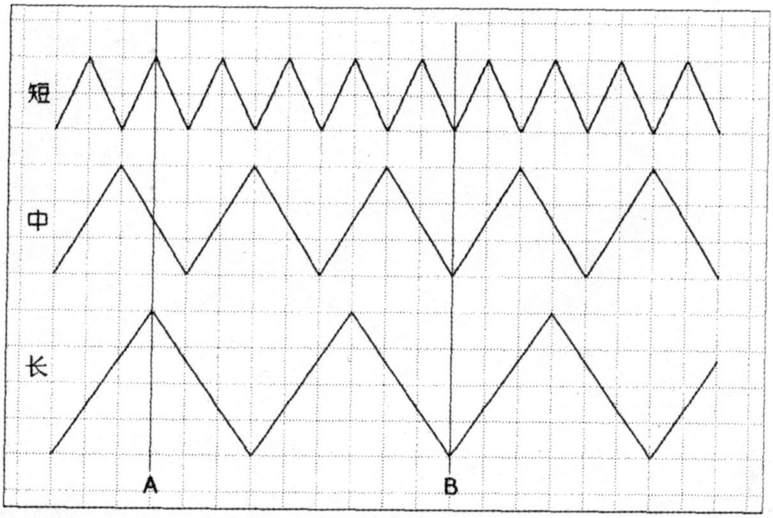

图 7－3－8 共振周期示意图

↑符号是均线向上，出现↓符号是均线向下，走平时以前一个符号来定位。标示十字光标的地方的地方是第一次全部的箭头向上，也就是股价站上季线后出现的第一次“共振”行为，就是所谓的“共振点”。其中，在多头产生的共振，以长白线的力道较强，在空头产生的共振，以长黑线的力道较强。产生多头共振，就是暗示这里出现多头转强，只要能够防守“共振低点”，即图形中水平颈线位置，那么多头就会维持一个强势。

在图 7－3－9 中，股价在 11.8 元见高点之后，开始出现不同周期箭头向下的情形，这里就是“乱振”的现象，一开始都会先定位股价进入“震荡整理”的走势。接下来才是研判的重点，因为在穿越中期均线后的高档整理，通常会酝酿未来另一波的攻击。

我们接着观察招商银行（600036）这支股票后续的走势，请看图 7－3－10。我们可以很明显看出股价一直维持在中期均线之上震荡，整理形态一直维持到标示十字光标的地方出现“真正的”多头形态。

2006 年 8 月 16 日，出现共振行为（5 个箭头同时向上），而 K 线的行为是出现高开走势，并且拉出一笔收高的长白线，意味着整理结束，多头的攻击波段行情即将展开，而共振周期指标后续也维持全部箭头向上，更确认了多头涨势。

在图 7－3－11 中，标示十字光标的地方可以看出所有箭头是向下的，

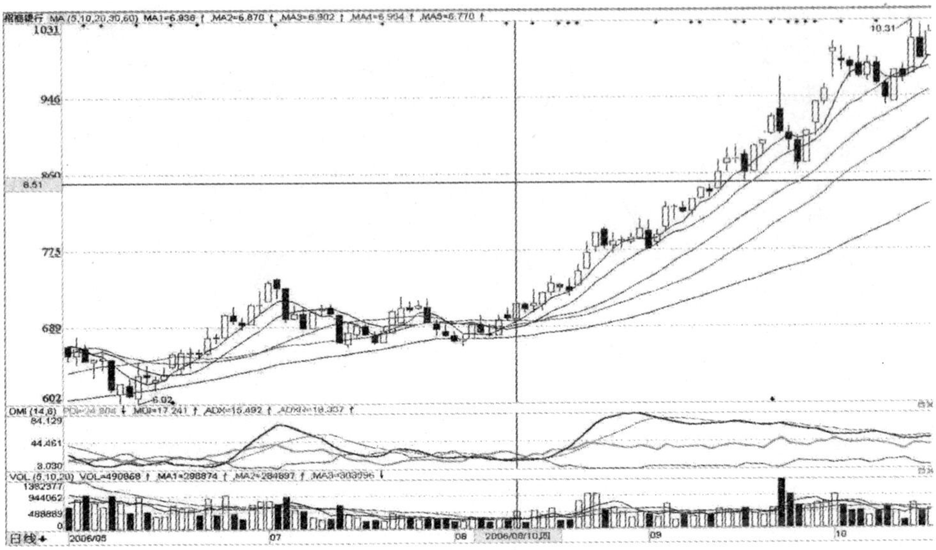

图 7－3－9　招商银行（600036）在 2006 年 1 月份前后的走势

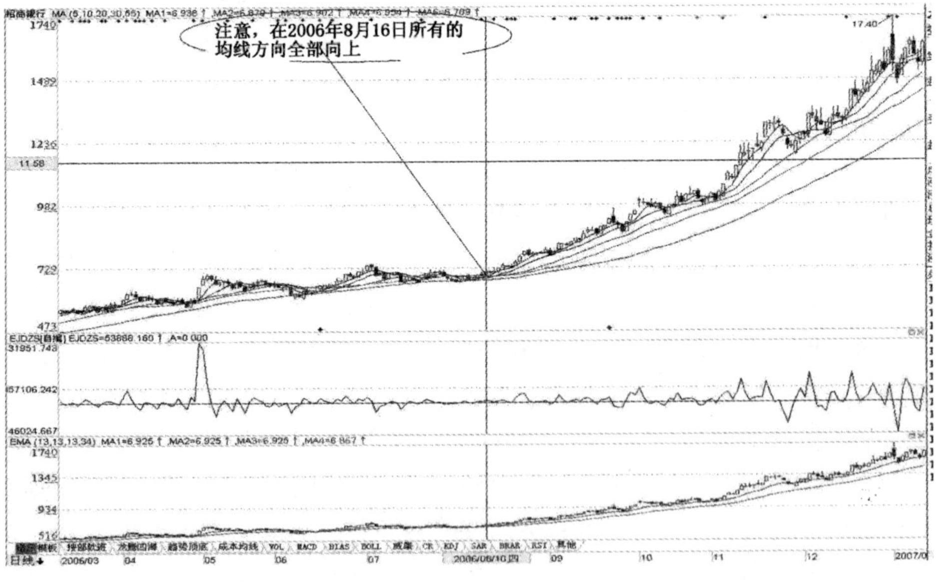

图 7－3－10　招商银行（600036）在 2006 年 8 月 16 日前后的走势

出现了 5 个箭头同时向下，因此暗示所有均线都产生助跌的力道，这里就是空头走势中的“共振”行为，标示十字光标的这一笔棒线就是“共振点”。其后面的跌幅是可以想象的。

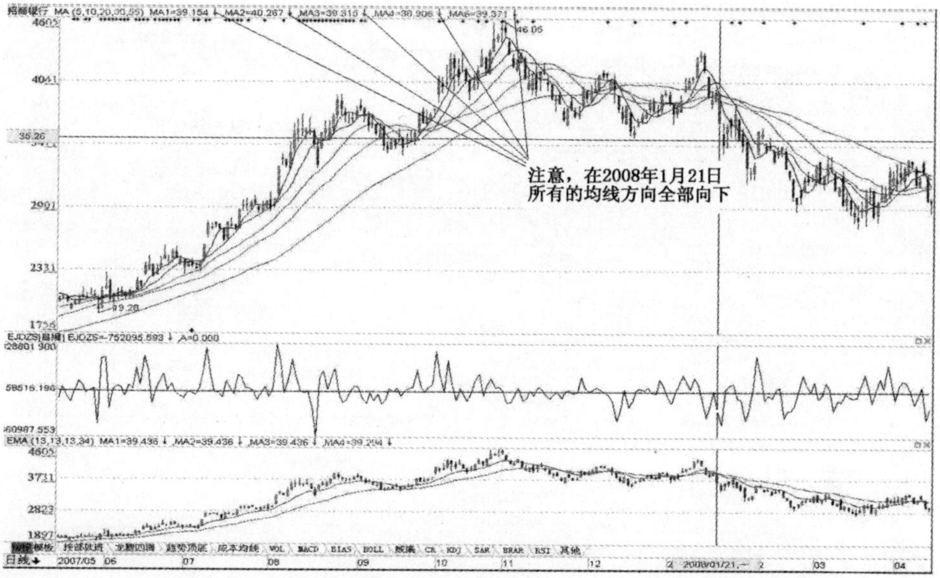

图 7－3－11　招商银行（600036）在 2008 年 1 月 21 日前后的走势

在图 7－3－12 中，标示十字光标的地方是属于“乱振”的指标行为，也是空头走势中的反弹波动，可以说走出反转的可能性极小。而标示 S 的地方全都是箭头向下的走势，也就是说在共振点出现之后，均线同时出现助跌的力道，股价随即下杀，此处通常为某个浪潮中的主跌段行为。

但是，非常遗憾的是，目前我所看到的期货行情软件还没有一个能够提供移动平均线方向这样的功能，只有靠使用者自己编程来解决。当然，这样的程序非常简单。

（二）移动平均线的完美秩序

移动平均线的完美秩序是指，一系列的移动平均线按顺序地排列。对于上升趋势，一个完美的秩序是指这样的情形：短期平均线在最上面，长期平均线在最下面（多头排列）；对于下降趋势，一个全美的秩序是指这样的情形：长期平均线在最上面，短期平均线在最上面（空头排列）。移动平均线不仅显示了趋势方的动能，而且起了多重支持位的作用。从资本博弈的角度看，说明一方已经取得了几乎决定性的优势；从周期共振的角度看，短、中、长的各个周期达到了方向的一致。

当然，根据这个策略决定入场点和出场点是比较困难的。但是，在通常

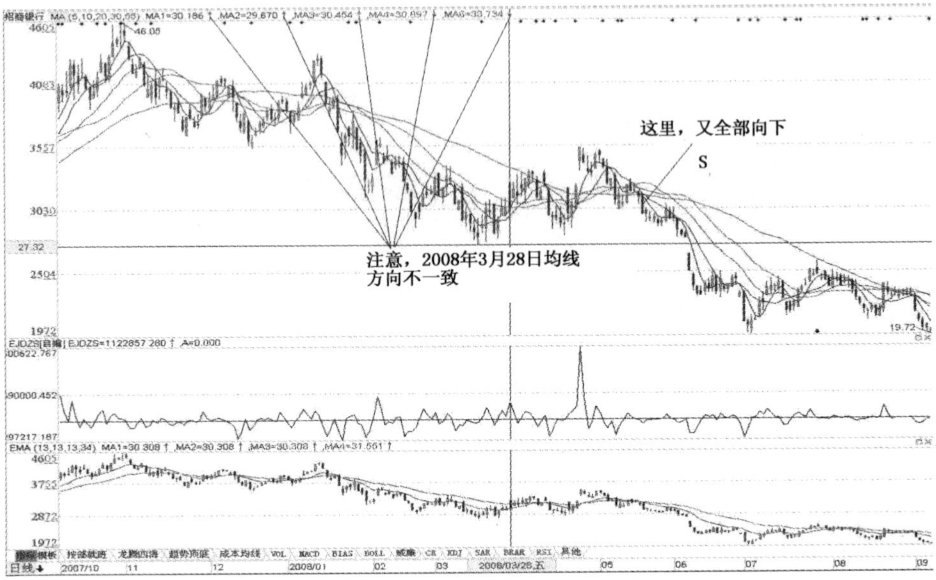

图 7-3-12 招商银行（600036）在 2008 年 3 月 28 日前后的走势

情况下，只要它仍然维持着完美秩序完美就要继续持有头寸；一旦完美秩序不能继续下去时，我们就平仓出场。完美秩序不是经常发生的，当它一旦出现就要跟随它。以下是运用这个技巧的一些规则：

观察期货合约，一旦某个品种移动平均线形成了完美秩序，我们就建仓。对于多头，最初止损点设在移动平均线出现穿越的那天的最低点；对于空头，最初的止损点就设在最高点。一当完美秩序不再持续时，平仓出场。

特别提醒：

1. 所谓的“完美”是指不仅要注意均线的排列顺序的一致性，还要注意均线方向的一致性。

2. 真正的完美情况是相对的，我们对其进行一定的限制后会增加相对多的交易机会。均线的最短周期我们一般采用 5 天或 8 天的时间周期；均线的最长周期是越长的均线能够满足条件，趋势越明显，股票至少要看 60 天，期货要看 30 天，或采用电脑屏幕默认的长度。

3. 这样的行情一年当中最多出现一两次，但往往是非常稳定的获利行情甚至是翻倍的大行情，我们一定要把握住。

4. 对移动平均线使用非常熟练的投资者，应该能够根据移动平均线的走势，用移动平均线的“抵扣”原理，提前预知到移动平均线的“完美的预期”，这样可以提前进场。当然，等到完美秩序的出现再进场，也并不影响这一系统的使用。

在图 7－3－13 中，大连大豆从 2007 年 8 月 1 日出现多头的完美秩序一直到 2007 年 11 月 20 日，价格从 3380 上涨到 4290。我们这里暂时没有考虑加码的因素，就可以盈利 910 点，应该说这是相当不错的系统。

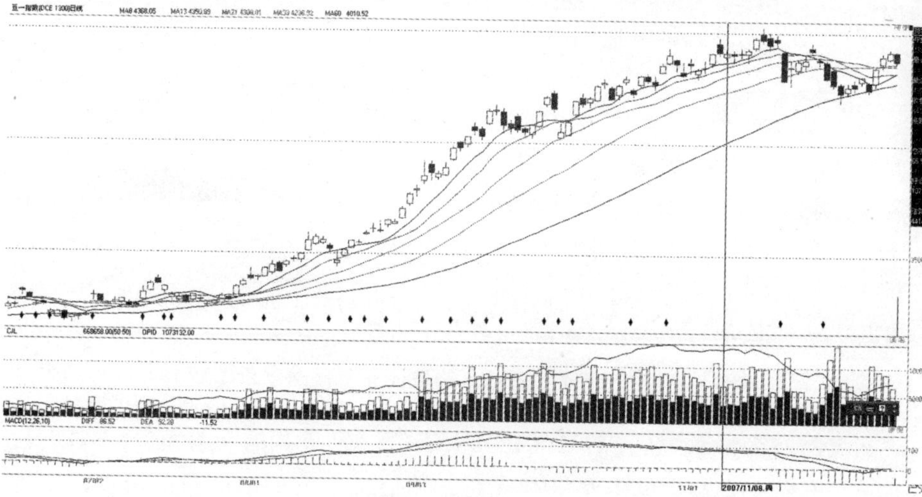

图 7－3－13 大连大豆移动平均线的完美秩序（多头）

在图 7－3－14 中，上海铝从 2008 年 7 月 25 日出现空头的完美秩序一直到本书截稿时间 2008 年 9 月 25 日，价格从 19235 下跌到 15510。我们这里暂时没有考虑加码的因素，就可以盈利 3725 点。

这里，我把这个使用了多年并且取得了非凡业绩的交易系统重点推荐给大家，希望能够引起你的重视，后面还将通过理论计算和实际案例说明它是目前最简单的但却是最具有优势的交易系统。

第四节 基于波浪理论的 MACD 交易系统

美国的亚历山大·埃德尔在《交易为生》（符彩霞译）一书中首次提出

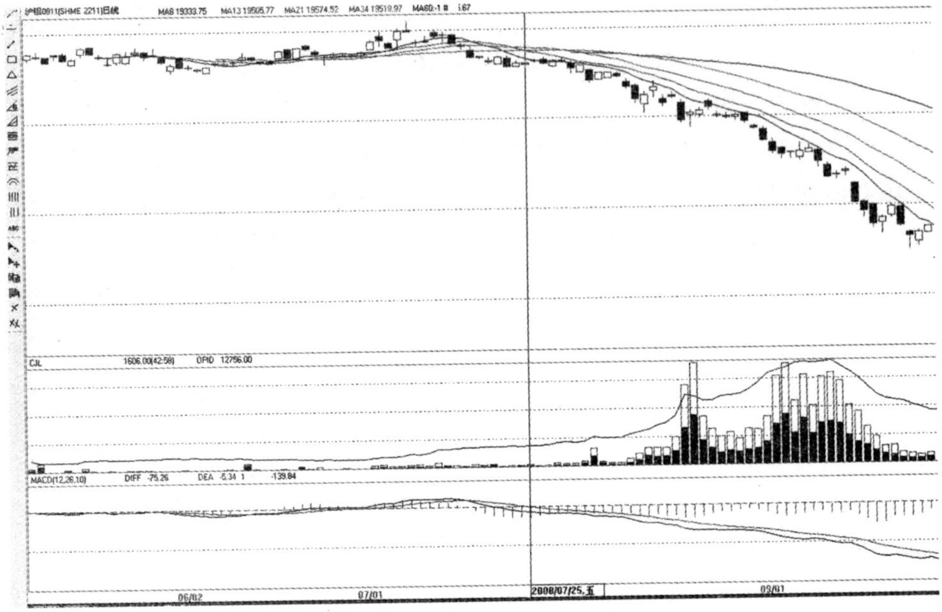

图 7-3-14 上海铝移动平均线的完美秩序（空头）

了“三重滤网交易系统”，后来又在其发表的《走进我的交易室》一书进行了更新。下面我先对它的方法进行介绍，然后结合我们前面对波浪理论定量的分析方法，提出比较适合我国期货市场的交易系统。

一、埃德尔的三屏系统

什么是交易系统？交易方法、交易系统和交易技术三者之间的区别又在哪里？

交易方法是对交易的一个总的指导原则。例如，顺势交易，趋势上升时买入，并在见顶时卖出或者买入被低估的市场，在历史的支撑位附近做多，在到达阻挡区后卖出等。

系统是一套用来执行某个方法的规则。例如，如果我们的方法是跟随趋势，那么系统就可能会在数周的移动平均线转向上行时给出买入信号，在日移动平均线转向下行时给出卖出（慢进快出）信号。或者，当周 MACD 直柱开始走强时给出买入信号，并在它走弱时给出卖出信号。

三屏系统的方法是在几个不同的时间框架中分析市场，并同时将趋势指标和摆动指标结合起来使用。我们通过使用长期图表中的趋势指标来作出是做多还是做空的战略决策。我们通过使用短期图表中的摆动指标来作出在什么位置进场或出场的战术决策。

三屏系统用三个屏幕或者说三个视角来对一个潜在的交易机会作出检验。每一屏都使用不同的时间框架和指标。它们合在一起能将许多粗看起来很诱人的交易进行筛选。三屏系统提倡的是仔细和谨慎的交易方式。

（一）指标之间的冲突

技术指标较图表形态能更客观地确定趋势或反转。要记住的是，一旦你改变指标参数，就会影响它们的信号。注意不要去摆弄指标，让它来给出你想要看的结果。

我们可以将指标分成趋势性指标、摆动指标、其他指标。

1. 趋势性指标用来确认趋势。移动平均线、MACD 线、动向系统以及其他趋势指标都是随着市场的上升而上升，随着市场的下跌而下跌，并在市场横盘时走平。

2. 摆动指标通过发现超买和超卖的情形来抓住市场的转折点。包络线或通道、力度指数、随机指标以及其他摆动指标能显示上涨和下跌已接近尾声而反转即将到来。

3. 其他指标能够测试在市场中群体的情绪。一致性看涨指标、持仓兴趣、新高新低指数等反映的是市场中看涨和看跌的总体水平。

不同种类的指标常常会给出相互冲突的信号。趋势指标可能在向上走，告诉我们要买；而摆动指标变成超买，告诉我们要卖。趋势指标可能在向下走，给出卖出指标；而摆动指标变成了超卖，给出买入指标。这就很容易使我们落入主观愿望的陷阱，根据喜好来选用信号。交易者必须建立一套系统，将所有种类的指标都考虑在内，并能够消除它们之间的矛盾之处。

（二）时间框架之间的冲突

一个指标可能在同一天将同一个交易对象认定为既处于上升趋势又处于下降趋势。为什么会这样呢？某条移动平均线可能在周线图中上行，发出买入信号，但却在日线图中下行，发出卖出信号。它可能在小时图中上扬，告诉我们要做多，但却在 10 分钟图中下沉，告诉我们要做空。在以上诸多信号中，我们应该选哪个呢？

业余玩家们总是选最显而易见的。他们只抓住一个单一的时间框架（绝大多数时候是日线图），使用它上面的各种指标而忽略其他时间框架。

这样做也许有些效果，但如果一个主要的行情从周线图上异军突起，或是一个突然的变盘在小时图上爆发，就会将他们的交易彻底逆转。如果认为傻人有傻福，那他就不是一个真正的交易者。

那些用日线图交易而赔钱的人们常常以为，要是用上更快的实时数据来交易，他们就能改善自己的境况。如果你不能根据日线图来交易赚钱，对着实时报价屏幕来操作只会让你输的更快。报价屏幕足以将输家们催眠，输家们的问题不是他们的数据太慢，而是他们的决策过程太快、太乱并太随意。为了解决不同时间框架间的冲突，你不应该把脸凑得离市场更近，而是应该把你自己推得离市场更远，在更宽阔的视野中观察眼前发生的一切，同时作出一个到底该看多还是该看空的战略决策，然后再回到市场中去寻找进场和出场位置。这就是三屏系统所要做的全部。

什么是长期？什么又是短期？三屏系统避免作出死板的定义，而是将注意力集中在各个时间框架之间的关系上。它要求你首先选择好你最喜欢的时间框架，把它叫做中期框架。如果你喜欢用日线图来工作，你的中期框架就是日线图。如果你是一个喜欢 5 分钟图的即日操盘交易者，那么你的中期框架就使 5 分钟，以此类推。

三屏系统通过将中期框架乘以 5 来定义长期这个概念。如果你的中间时间框架是日线图，那么你的长期框架就是周线图。如果你的中期框架是 5 分钟图，那么你的长期框架就 25 分钟图，以此类推。选择好你最喜欢的时间框架，将它定义为中期框架，并即刻向上走一级找出它的长期图表。在那里作出你的战略决策，然后再回到中期图表上来寻找入场点和出场点。

三屏交易系统最重要的原则是：从市场中退后一步来开始你的分析，在大画面上找出战略决策。用长期图表来决定你是做多还是做空，然后再回到市场中来作出关于进场和出场的战术选择。

（三）三屏系统的原理

三屏系统解决了指标和时间框架之间的矛盾。它在长期图表上运用趋势指标作出战略决策——这是它的第一屏。进入到中级图表上运用摆动指标来作出进场、出场的战术决策——这是它的第二屏。它采用多种方法来设置买入和卖出指令——这是它的第三屏。在此我们可以采用中期框架或短期框架。

一开始时就选择好你最喜欢的时间框架，也就是你最喜欢的工作图表，将其称之为中期框架。把中期框架的时间长度乘以 5 就得到了你的长期时间框架。在长期图表上运用趋势指标来作出战略决策——是做多、做空，还是旁观。旁观也是一种完全合情合理的选择。如果长期图表是看涨或者看跌，就回到中期框架的图表上，用摆动指标来寻找与长期图表中的趋势一致的入场点和出场点。如果还要采用短期图表来对入场和出场点进行微调的话，那么，在切换到这个短期框架上去之前要先设好止损位和利润目标。

1. 第一屏。选择好你最喜欢的时间框架，将其定义为中期框架。把中期框架的时间长度乘以 5 就得到了你的长期时间框架。让我们假定你喜欢在日线图上工作。那样的话，你应该首先进入到周线图。在这以前，不要允许自己到日线图上去先睹为快，因为那样会影响你在周线图上的分析。如果你做的是即日操盘，你最喜欢的也许是 10 分钟图，将其定义为中期框架。然后立刻上推到小时图，它与 10 分钟图大约也是 5 倍的关系。取整时稍有出入应不是问题，因技术分析是门艺术，不是精确的科学。如果你是一个长线投资者，你最喜欢的工作时框也许是周线图，你就应该上推一级到月线图上作决策。

在长期图表上采用趋势形指标，制定出做多、做空，还是旁观的战略决策。现在我喜欢用的是周线图上的指数移动平均线（EMA）的走向，以此作为我主要的长期趋势跟踪标。当周线图上的 EMA 上升，它确认的是牛市行情，告诉我们应该买入或旁观。我常使用 26 周的 EMA，它大致代表了半年的交易历史。你可以用几个不同的时间长度来作测试，看哪一个跟踪市场的效果更佳，在使用其他指标时也要这样做。我还经常使用 13 周的 EMA 或 21 周 MA。

我还是继续绘制周线图上的 MACD 直柱图。当 EMA 和 MACD 直柱能相互验证，就说明这是一个强有力的趋势，可以采用较大的仓位来操作。当周线图上的 MACD 与价格背离时，这是技术分析中最强劲的信号，它能否定 EMA 发出的信号，这是需要我们特别注意的地方。

2. 第二屏。当周线图的趋势是上升时，就要等着日线图上的摆动指标下降以给出买入信号。在低位买进要比在波动的顶部买进更安全。当周线图上的趋势是上升时，而日线图上的摆动指标发出卖出信号，你可以以此来作为多头的平仓信号，但绝不能以此做空。

当周线图上的趋势下降时，就要等着日线图上的摆动指标上升以后发出卖出信号。在高位做空比创出新低时做空要来得安全。当日线图上的摆动指标给出买入信号时，可以用它来对空头进行获利了结，但却不能用它来开仓买入。选用哪种摆动指标取决于你的交易风格。

保守的交易者在第二屏上应选用相对慢速的摆动指标，如日线图上的 MACD 柱状图或随机指标。当周线图上的趋势向上时，要在日线图上寻找 MACD 直柱跌到零线位置下方又开始走强，或随机指标跌到它的低位参照线以下，它们发出的是买入信号。

在下跌的市场中，做空时将上述规则倒过来使用。当周线图上的趋势指标指向下，但日线图上 MACD 直柱在零线以上走弱，或随机指标冲到它的参考上线之上，它们发出的是卖出信号。

在图 7－4－1 中，周线图上的上涨趋势告诉我们要用多头思维来交易大连大豆，否则就应旁观。见到日线图上的 EMA 也在上涨，我们就有了几种选择。我们可以在价格回撤到上升的 EMA 附近买入，或者是当短期的 KD 指数下探到零线以下时买入。通道上轨提供了一个合理的盈利目标。有经验的交易者可以用金字塔式建仓，每当新的买入信号出现时，增加仓位，当价格达到通道上轨时，只是收紧止损而不是出场。随着价格的上涨，通道变得越来越宽，在该图表的最右端，力度指数中出现的向下突破警告交易者相对容易的获利阶段已经结束。市场已变得歇斯底里，趋势延续的可能性已不高。这时候最好将你的盈利落袋为安，然后到另外的板块中去寻找另一只还没有被大众发现的，正在悄悄上升或下跌的品种。

保守的操作法在大行情产生的早期表现最优，那时的市场处于启动后慢慢加速阶段。当趋势加速运行时，回撤就变得越来越浅。为了跳上一波快速运行的趋势，你需要使用较快速的摆动指标。

活跃的交易者应使用力度指数的 2 日指数移动平均线（可根据你的市场研究结论作延长周期）。当周线图上的趋势是向上时，而日线图上的力度指数跌到零线以下时，它显示的是一个买入机会。

在市场上做空时，将上述规则倒过来使用。当周线图上的趋势下降，而力度指数的 2 日指数移动平均线冲到零线上方时，它提供的是一个卖出机会，还有其他更多的指标可以与三屏系统一起工作。

在具体操作中，一定要设定止损。止损是一张安全网，它限制了任何一笔失败的交易所产生的损失。你必须以这样的方式来构建你的交易，也就是

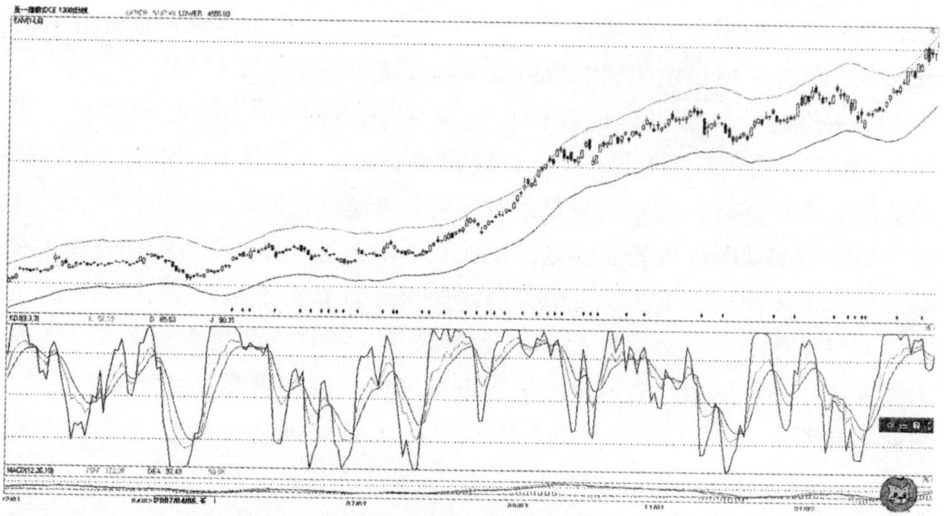

图 7－4－1 三屏系统（大连大豆指数的日线图）

要做到没有一笔单笔亏损或一连串亏损可以真正伤害到你的账户资金。

设定利润目标可以很灵活，它取决于你的目标和资金实力。如果你是一个资金雄厚，目光长远的交易者，你有可能在牛市的早期阶段就建立了较大的头寸，只要周线图上的趋势还在上升，就在日线图上不断地响应买入信号加仓操作。直到周线图上的 EMA 走平后才获利了结。对下降趋势来讲，反过来做就行。

另一个选择是每当日线图上的价格触及到通道的上轨，就获利平仓。如果你做多，就在价格碰到上轨时卖出平仓，当价格再次回撤到日线图上的移动平均线附近时，再伺机买入。如果你做空，当价格跌到通道下轨时，回补。当价格再次反弹到 EMA 附近时再伺机重新建立空头仓位。

3. 第三屏。第三屏帮助我们精确地定位入场点。实时报价能使精明的交易者得益，却使新手们受害，最终导致他们去做即日操盘。

在没有实时报价的情况下，可利用日内突破或回撤的机会来作为入场的机会。如果前两个屏幕给了你买入信号（周线图显示上升，日线图却显示下降），在前日高点或高于其某一个点位设置买入指令。一个点位是指市场允许的最低的价格波动幅度。接下来，我们期待主要的上涨趋势能够恢复运行，并抓住与它方向一致的突破行情。设置的买入指令应该是当天有效。如果价格突破前一日高点，你将自动成交。你不必关注整个交易日中的价格变化，只要将你的指令下达给经纪人即可（这样的方式在国内目前还没有方法实现，但你可以设定明确的价格或指标等待市场中触发）。

如果前两个屏幕告诉你要做空（周线图显示下降，日线图却显示上升），在前日低点或低于其一个点位处设置卖出指令。接着，我们期待下降趋势能够恢复运行，并抓住与它方向一致的突破行情。

每天的波动幅度可能会很宽，设置一个顶部买入的指令可能建仓成本过高。另一个选择是在市场低位中买进。如果你打算在价格回撤到 EMA 时买入，就要计算下一个交易日 EMA 大致的位置，并将你的指令设在那个水准上。或者，你可以用安全地带法确定市场可能下探到离昨日最低点多远处，以此来设置你的停损指令。将上述的操作反转就可在下降趋势中做卖空交易。

在向上突破时买入的好处是你顺应了一轮脉冲式的趋势行情。它的不足之处是你买入的位置较高，距离你的止损位较远。抄底的好处是你买入的价位较低，离你的止损位较近。“突破式进场”比较可靠，但利润相对较小；“抄底式进场”风险较大，但利润丰厚，一定要在你交易的市场中比较这两种方法的优劣。

在有实时报价的情况下，用实时图表来选择进场机会。如果前两个屏幕给出一个买入信号（周线图显示上升，日线图却显示下降），采用时报价来做多时，你可以在开盘时段形成的区间被突破后跟进，也就是当价格突破第一个 15 分钟 ~30 分钟形成的最高价位时买入，或通过对即日图表的技术分析来校验你的入场点。当你打算做空时，你可以在开盘时段形成的区间下限突破后跟进。你还可以跟踪日内盘势并通过对实时图表的技术分析来选择做空的入场点。

实时图表中买卖信号的技术使用与日线图一样，只不过它的速度更快。如果你使用周线图和日线图来入场，那么也要根据同一幅图表来出场。一旦一个实时图表给出了一个入场信号，要避免根据盘中数据来判断出场。不要忘记你是根据周线图和日线图来做入场交易的，期望的是能持仓数日。如果你做的是延续数日的波段交易，就不要被当天盘中的震荡打乱计划。

这种方法和理念也完全符合我们在用 MACD 客观评价波浪理论里面的观点，即在周线图中确定价格处于什么样的阶段，在日线图上决定买卖点。

二、脉冲交易系统

20 世纪 90 年代的牛市中出现的高波动性使得动量交易非常流行。它的做法是在期货快速运行之初加入做多行例，在行情放慢时迅速离场。动量交易者不关心基本面状况，他们所关心的是价格运行的方向和速度。他们在价格上涨时买入（他们很少做空），并希望在这波脉冲结束后兑取现金。

动量交易游戏看上去十分容易，但事实并非如此。提供交易场所的交易所赚了大量手续费，而大批交易者试图从那些快速运行的股票中获利时却失去了大量的财富。脉冲交易常常会降格变成冲动交易，一旦那样的话，游戏就结束了。

动量交易有着其内在的心理矛盾，它对绝大多数人来说是致命的。一方面，这个“快速的游戏”就像步兵战或玩电子游戏一样最适合那些有着强烈猎奇本能的年轻人，他们能够忘我的投入这个游戏。另一方面，动量交易又要求参与者具有着赌场中那些职业玩牌高手才具备的那种特质。对一般人来说，动量交易就像职业赌博一样是一门让人感到厌倦的营生。能够接受小额而稳定的收益是一种不同寻常的能力，而这对动量交易来说至关重要。成功的动量交易要求有过人的自制力。你必须在认准一波行情后毫不犹豫地进场，而不去等待更好的确认，一旦发现行情减速，就坚决离场。花在确认动量上的时间越多，你赚的钱就会越少。获利了结是一件很有压力的事情，因为通常的人类本性是要你再坚持一小会，接着又不停地为出场太早深感懊悔。动量交易者需要一套技术规则，一套资金管理的系统以及铁的纪律来保证他在价格合适时果断进场，在价格达到目标利润或止损点的时候无怨无悔出场。

（一）入场点

这个系统为的是确定趋势运动由快到慢的转折点。这个脉冲系统能在包括日间图表的任何时间框架内工作。它提供买入和卖出信号，但如何选择合适的市场，如何矫正参数以及遵守纪律，要靠你自己。

脉冲系统结合了两个简单但强大的指标。一个是用来检测市场的惯性，另一个是用来测算它的动量。当它们同时指向一个方向时，就说明出现了一个值得跟进的脉冲行情。两个指标同步运行就得到了一个入场信号，但一旦它们停止相互验证，就应该将其看成是一个出场信号。

脉冲系统通过一条指数移动平均线来发现上升趋势和下降趋势。当EMA上行，它显示市场处于牛市惯性中。当EMA下行，它显示市场处于熊市惯性中。系统的第二个部分是MACD直柱，它是一个反映多空力量变化的摆动指标。当MACD直柱走强，它显示多头队伍正日益壮大；当它走弱时，它表明空头的力量正在得到加强。当然你也可以选择简单移动平均线的趋势线来决定趋势方向，用我们前面介绍的摆动指标如KDJ、RSI等作为脉冲系统的第二个部分。

当市场惯性和动量都指向同一个方向时，脉冲系统就会自动将相关的条形图显示出来。当EMA和MACD直柱都上升，就表明牛市行情正在发力，上升趋势正在加速。当这两个指标一起向下走，就说明盘势正处于熊市的下跌当中。这两个指标也许只能保持同步运行几支条形图的时间，但也正是这样的时候，市场处于快速也就是脉冲式行情当中。

在用这个脉冲交易系统前，先回忆一下三屏系统是怎样通过几个时间框架来分析市场的。选好你喜欢的时间框架作为中期框架，将其乘以5就是你的长期框架。如果你喜欢的图表是日线图，那就通过分析周线图来做出做多还是做空的战略决定。在周线图上标出一条26周的EMA或者MACD直柱的斜率，也可以将两者同时标出。

一旦你定义好长期趋势，就返回到你的日线图上去寻找那些与周线图显示的方向一致的交易机会。脉冲系统在这里使用的是13天EMA和12—26—9 MACD直柱。这条用来跟踪市场方向的EMA比我们通常使用的22周期要小，使得系统更加灵敏。

当周线图上的趋势是上升时，就转回到日线图上，等待13天EMA和MACD直柱同时走强。当趋势和动量两者同时走强，你就获得了一个强劲的买入信号，告诉你应该做多，并持有多单直到买入信号消失。

当周线图上的趋势是下降时，就转回到日线图上等待13天EMA和MACD直柱同时走弱。它们会给你一个做空的信号，但随时要准备着在信号消失时回补。

有些技术分析程序能够用不同的颜色显示价格条形图。当EMA和MACD同时上升时，就把条形图设定成绿色；当两个指标同时下降时，就把条形图设定成红色。两个指标所指的方向相反时，就不要给条形图加特别的颜色。这样做使你轻松一瞥就能够看到信号。

如果你会编程，就可以在系统中添加更多的功能。你可以将 EMA 的周期长度设成可调来测试各种的不同长度，用以寻找适合你市场的最佳值。你可以为买入和卖出信号设置语音提示，由此来跟踪数个市场而不用整天盯着屏幕。

图 7－4－2 中是利用脉冲系统进行交易的一个实例。当 EMA 和 MACD 直柱指向同一个方向时，它们确认的是一个正在加速的市场行情。分辨脉冲信号的最佳方法是将买入信号和卖出信号用不同的颜色来显示。顺着脉冲方向来交易能抓住最快速和最有力的行情。无论如何不要逆着脉冲方向来交易。例如，在 3 月和 4 月出现的一个看涨背离，一个双底形态，再加上一条“袋鼠尾”，全部都预示着一个重要的底部已形成，但只要脉冲系统显示的方向向下，你就不可以买入。在 A 点，卖出信号消失，这时候你才可以做多。

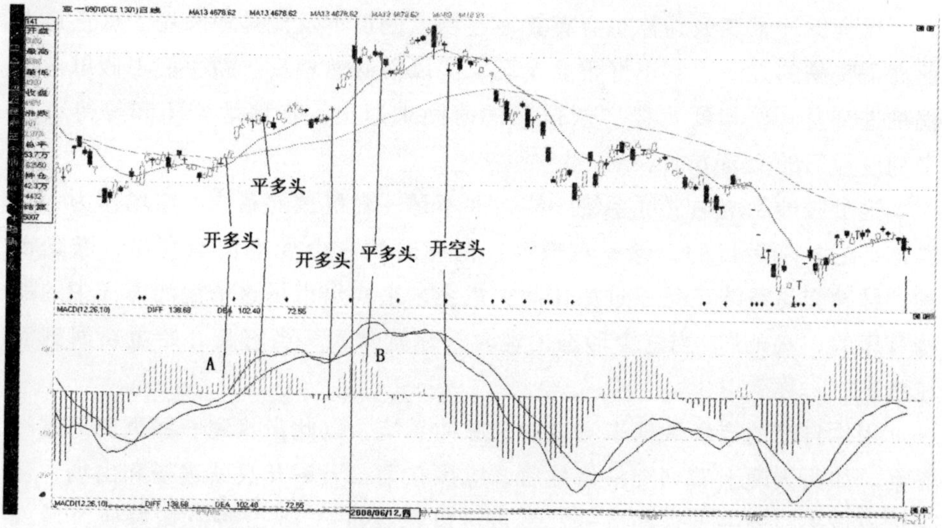

图 7－4－2　脉冲系统

脉冲系统准确无误地抓住了 1 月到 3 月之间的空头行情以及 4 月到 5 月出现的多头行情。5 月在 B 点出现了看跌背离后，紧接着脉冲系统的买入信号消失，为做空打开了绿灯。接下来的下跌趋势不如前面两波行情那么有力，在这期间脉冲系统显示的卖出和买入信号交替出现。这标志着市场方向不明，不宜操作。如果心存疑虑，就不要参与其中。

在该图的右端，MACD 直柱出现了 3 重看涨背离，给出了一个买入信号。脉冲系统的卖出信号刚好消失。市场已拉开架势准备下一轮的上涨。如果你买入，可将止损点设在最近的低点以下，要确保你下的是一个止损并反转的指令。

（二）出场点

动量交易买入时机应该是所有的条件都已齐备，即：周期图表上的趋势向上，同时日线图上的 EMA 和 MACD 直柱都在走强。一旦一个指标走弱就要迅速出场。通常，上升动量开始减弱时 MACD 直柱第一个下降。

当买入信号消失时，不必等着卖出信号的出现就要赶紧卖出。在下降趋势中，将上述程序用来做反向操作。当周线图上的趋势转而向下，并伴随着日线图上的 EMA 和 MACD 同时下降，显示下降的动量正在加速。一旦其中一个指标不再给出卖出信号时，就立刻回补。最强有力的那部分下跌已经结束，你的动量交易已经完成了目标。

这套脉冲系统鼓励你小心翼翼地进场，迅雷不及掩耳地离场。这正是专业高手交易的方法，它正好跟业余玩家的风格截然相反。新手们不假思索地就跳进交易，但却要花费“永恒”的时间来退出，不停地希望和等待市场来顺应他们的交易方向。

这套脉冲系统与三屏系统一样，并不是一套机械的系统。市场作为一个群体，通常毫无目的，像一盘散沙，但有时候它会变得情绪高昂，蠢蠢欲动，脉冲交易系统正是通过抓住此类机会，来找出市场这个混沌海洋中的那些有序的“岛屿”。当这个形态出现时，你就介入。当它又开始重新回到混沌状态时，你就退出。

用你自己的市场数据来测试这套脉冲系统，以此来找到一些重要问题的答案。如头天晚上看到交易信号后，应该在第二天一开盘就进场和出场，还是你应该去检验一下这些信号？是否可以在收盘前 15 分钟就做好研究后就及时进场，而不必等到第二天？用各种参数对 EMA 和 MACD 指数做测试。

你必须非常有纪律才能操作这套系统。因为在飞速运转的市场中，下达交易指令是很困难的，而当你有潜在利润时，无需等待反转就出场更是难上加难。如果你出场后趋势又继续往前运行，千万不要生自己的气。

这套脉冲系统还能够帮助你交易其他系统。当三屏系统给了你一个买入信号时，你可以用脉冲系统来对它做检验。如果脉冲系统发出卖出信号，就暂缓买入，不要与它对着干。你要买入的机会应是一个下探而不是一个瀑布般的下跌行情。在下跌趋势中只做反向操作。如果脉冲系统发出一个买入信号，就要暂缓做空。设计这种“否决规则”，为的是让你远离麻烦，它是严谨的交易者最有用的工具之一。

第五节 几个重要的趋势指标

本节主要介绍几种可以单独使用的趋势型指标，尽管这些指标不是最好的，但在判断趋势方面却有独到的特点，特别适合追随中长期趋势的投资者。

一、多空指标 BBI

（一）用法

由 BBI 的连续移动计算，可得到均价多空指标 BBI 曲线。当现时价格在 BBI 之上，表示多方强；反之，则表示空方强。

1. 在上涨行情中，若当日收盘价跌破 BBI 曲线，表示多转空，为卖出信号。

2. 在下跌行情中，若当日收盘价上穿 BBI 曲线，表示空转多，为买入信号。

3. 在上升回档时，BBI 为支持线。

4. 在下跌反弹时，BBI 为压力线。

5. BBI 线向上，股价在 BBI 线之上，多头势强。

6. BBI 线向下，股价在 BBI 线之下，空头势强。

（二）举例

1. 图 7-5-1 是新安股份（600596）在 2008 年 2 月份前后走势中的买卖点。

2. 图 7-5-2 是隆平高科（000998）在 2008 年 6 月份前后走势中的买卖点。

在实战中使用这一指标时，我特别注意它的方向。另外，一般是等两根 K 线来确认。

图 7－5－1　新安股份（600596）在 2008 年 2 月份前后的走势

图 7－5－2　隆平高科（000998）在 2008 年 6 月份前后的走势

二、平均线差 DMA

（一）用法

1. 当 DMA 向上交叉其平均线时，买进。

2. 当 DMA 向下交叉其平均线时，卖出。

3. DMA 的交叉信号比 MACD、TRIX 略快。

4. DMA 与价格产生背离时的交叉信号可信度较高。

5. DMA、MACD、TRIX 三者构成一组指标群，可互相验证。

（二）举例

1. 图 7－5－3 是大连豆油 0903 合约在 2008 年 7 月份前后走势中的买卖点。

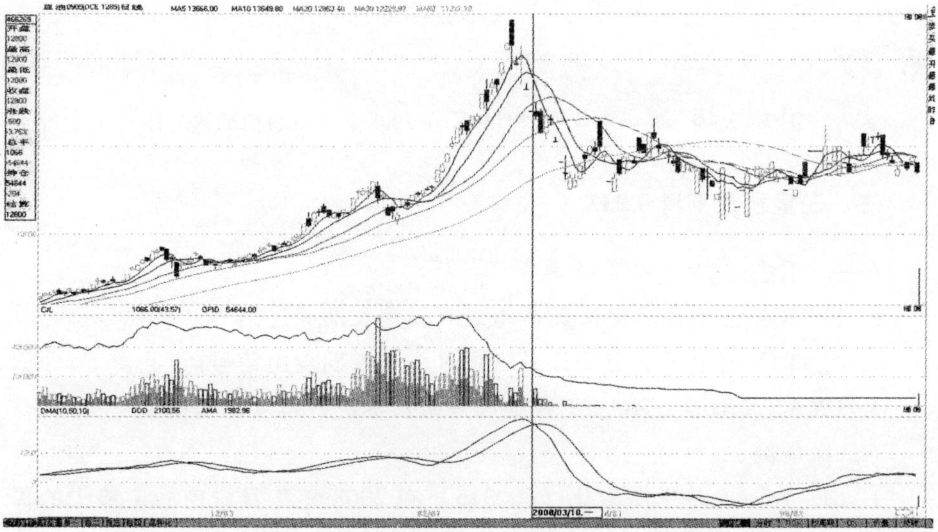

图 7－5－3　大连豆油 0903 合约在 2008 年 7 月份前后的走势

2. 图 7－5－4 是赛马实业（600449）在 2008 年 1 月份前后走势中的买卖点。

图 7－5－4　赛马实业（600449）在 2008 年 1 月份前后的走势

三、三重指数平滑 TRIX

（一）用法

1. 当 TRIX 由下往上交叉其平均线时，为长期买进信号。

2. 当 TRIX 由上往下交叉其平均线时，为长期卖出信号。

3. DMA、MACD、TRIX 三者构成一组指标群，可互相验证。

（二）举例

1. 图 7－5－5 是上海家化（600315）在 2008 年 7 月份前后走势中的买卖点。

2. 图 7－5－6 是郑糖合约 0901 在 2008 年 5 月份前后走势中的买卖点。

这里介绍的这三种指标都是趋势型指标，具有一般趋势型指标的共同特点，不能够找到最高最低的拐点，但是能够抓住大的趋势行情。另外，背离也是它们的共同特点。

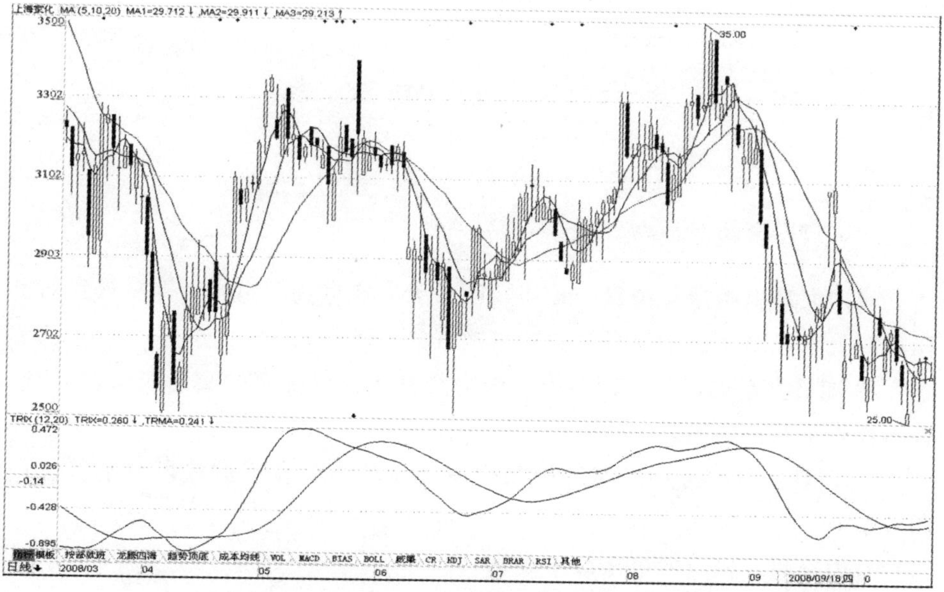

图 7-5-5　上海家化（600315）在 2008 年 7 月份前后的走势

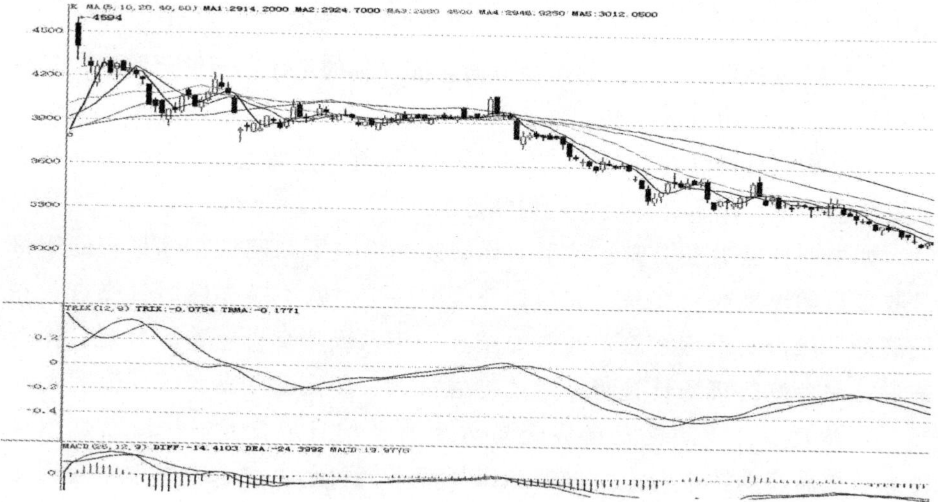

图 7-5-6　郑糖合约 0901 在 2008 年 5 月份前后的走势

第六节 日内交易

一、日内交易的特点

日内交易也叫即日操盘，是指在同一天完成进场和出场。即日操盘对操作者的要求极高，是市场交易中最具挑战的一种形式。

1. 即日操盘的优势。即日操盘能为交易者提供更多的交易机会。同时，也不会带来隔夜的风险。

2. 即日操盘的劣势。即日操盘会使交易者错失长期的波段和趋势，利润较小。

日内交易对操盘者提出以下要求：

你必须立即行动——如果需要停下来思考，那你就必死无疑。用日线图交易你会有充足的时间，但日内图表则要求即刻采取行动。即日操盘需要占用大量的时间。

即日操盘容易诱发人们的赌博倾向。如果你的纪律还不够严明，即日操盘很快就会让你明白这一点。

成功的即日操盘者会测试形态和系统，测算风险收益比，并始终专注于让资本金增长。赢家总是能保持情绪冷静。

如果即日操盘吸引你，动手前你必须先回答下列问题：你是否能用每日收盘后的图表成功交易？如果回答是“不”，就不要去做即日操盘。在受到即日操盘的诱惑之前，你需要至少一年的成功交易经验。对即日操盘来说，一个好的市场具有两个最关键的特点，即流动性高和波动幅度大。

3. 流动性。流动性是指你交易对象的平均日成交量——流动性越高越好。在高流动性市场上，进场和出场都不会引起注意，价格也不会因为你的指令而受到扭曲。如郑州白糖或大连大豆期货交易，使你更加容易以较小的成交价差进出。流动性具体的衡量标准主要是看成交量和持仓量。

4. 波动性。波动性是指你交易对象每天的平均交易区间。每天最高价和最低价之间的距离越大，你的目标就越大。击中大目标比击中小目标要来得容易。还记得我们讨论过的通道方法吗？如果你知道如何交易，你就能从宽的通道中获得更多的利润。

你该在什么样的市场交易？对股票来说（到现在为止我们的股票市场还没有 T+0 的交易制度，我估计随着股指期货的渐行渐近，股票市场的即日交易也会相继推出），应该去找那些常常出现在媒体上最活跃名单上的个股。那是市场的焦点所在。这些股票的流动性很高，同时它们的波动幅度也较大。查看一下每天涨幅和跌幅居前的股票名单。如果同一个名字一天天重复地出现在名单上，它毫无疑问就是最活跃的股票，具有极大的即日操盘潜力。

对于期货来说，首先在玉米、白糖这样相对平和的市场中起步。一旦你学会了游戏规则就可以考虑去操作橡胶、燃油，基本金属等工业品都是职业即日操盘手们喜欢的交易对象。我最喜欢的是上海的橡胶，大连的塑料，郑州的 PTA 等非常活跃的品种。

二、工具和方法

如果你把一张图表上的价格和时间坐标拿掉，你就无法说清是一张周线图、日线图，还是日内图表。借用混沌理论的一条术语，市场是分形的。回顾一下我们前面的讨论，海岸线是分形的，因为无论从各种不同高度来看海岸线，它都同样的蜿蜒曲折。因为不同时间框架的图表也是如此的相似，我们因此可以用类似的方法来分析它们。

在成功地进行波段交易一段时间后，再来做即日操盘就会使你拥有很大的优势。可现实情况恰恰相反，刚刚入市的投资者往往选择日内交易，他们认为不持有头寸隔夜就会降低风险，实际情况如何大家应该都非常清楚，大部分交易者还没有搞清楚期货市场是怎么回事情就因为“破产”而非常遗憾地永远离开了这个市场。所以，我一直建议投资者刚开始最好先选择自己熟悉的交易系统轻仓做波段交易，待取得一定的经验并对市场有比较好的感觉以后再做日内交易。你可以用同样的操作方法，唯一的区别就是加快速度（把时间周期改小，这样决策和判断的次数就会相应的增加）。

我们本章前面介绍的所有内容都可以用在日内交易中，唯一要改变的就是时间周期。

1. 三线反转图我们使用 1 分钟或 3 分钟 5 分钟周期，这里要特别强调的是在长周期中存在突变和大的缺口时要慎重。

2. 均线系统和 MACD 系统以及 V 型反转系统中我们也使用 5 分钟作为基本周期。

3. 我们还可以利用即时图中的移动平均线。

第八章
风险控制与头寸规模确定

在成功的期货交易模式中，我们必须考虑以下三个重要因素：价格趋势（告诉我们任何做的问题，即多还是空的问题）、时机抉择（告诉我们何时做）和资金管理（告诉我们做多少）。

第一，价格趋势指我们所预期的未来市场的趋势方向。在市场决策过程中，这是极关键的第一个步骤。通过趋势的判断，交易者决定到底是看涨，还是看跌，从而回答了我们的基本问题：我们应该以多头一边入市，还是以空头一边入市。如果趋势判断是错误的，那么以下的一切工作均不能奏效。

第二，时机抉择，或者说交易策略，确定具体的入市和出市点。在期货交易中，时机抉择也是极为关键的。因为这个行业具有较低的保证金要求（高杠杆率）的特点，所以我们没有多大的回旋余地来挽回错误。尽管我们已经正确地判断出了市场的方向，但是如果把入市时机选择错了，那么依然可能蒙受损失。就其本质来看，时机抉择问题几乎完全是技术性的。因此，即使交易者是基础分析型的，在确定具体的入市、出市点这一时刻，他仍然必须借助于技术工具。

第三，资金管理是指资金的配置问题，这包括投资组合的设计、多样化的安排、在各个市场上应分配多少资金去投资或冒险、止损指令的用法、报偿—风险比的权衡。

可以用最简洁的语言把上述三要素归纳为：价格趋势判断告诉交易者怎么做（买进还是卖出），时机抉择帮助他决定何时做，而资金管理则确定用多少钱来做。

第一节　资金管理

资金管理又称“单量控制”，是对每笔交易数量进行的资金安排。资金管理犹如指挥官打仗时对“投入兵力”的安排。期货投资的资金管理与股票投资侧重点有所不同。股票投资的资金管理更注重资金的“横向安排”即持股结构的确定，股市投资决定盈利率的关键在于“选股”。而期货投资的资金管理更注意资金的“纵向安排”。

一、资金管理的目标

资金管理的目标有两个：一是控制总的风险度；二是做到大单量赚钱。而这两个目标中最重要的目标是“控制总的风险度”，即把期货投资的最大亏损幅度限制在可以承受的范围之内。

1. 控制总的风险度。为什么控制总的风险度非常重要？这是因为一方面确定最大亏损金额是投资者进行投资的底线，对这条底线的突破造成的后果将是致命性的。另一方面金融市场盈利速度非常快，亏损速度也非常快。而一旦资金损失比例超过一定限度要想翻本是非常难的。翻本的百分比公式如下：

翻本的百分比 $= [1/(1-L\%)-1] \times 100\%$， L% 为亏损的百分比

100 万元的资金如果亏损到 50 万元，仅仅是亏掉了 50%，但如果要将 50 万元资金再做回到 100 万元去，那就需要盈利幅度达到 100% 才行，100 万元亏损掉 90 万元，亏损了 90%，资金再做到 100 万元，那就要求盈利幅度到达 900%。所以股神巴菲特说投资的秘诀有三条：第一条是严格控制风险；第二条还是严格控制风险；第三条是牢记第一条和第二条。

2. 做到大单量赚钱。在成功率和盈亏比确定的情况下，如果在盈利时的单量只有一手，而亏损时的单量却有十手，那么除非成功率达到 100%，否则最终结果一定是亏损的。只有让盈利时的单量大于亏损时的单量，才能确保最终的盈利。而要做到这一点是需要很高的水平的。

二、一些普遍性的资金管理要领

我们必须承认，关于投资组合的管理问题可以弄得极为复杂，乃至于必须借助复杂的统计学方法才能说得清楚。我们这里首先在相对简单的水平上讨论这个问题，这样的讨论对一般的个人投资者应该说已经足够了。

1. 总投资额必须限制在全部资本的50%以内，余额可以投入短期政府债券。这就是说，在任何时候，交易者投入市场的资金都不应该超过其总资本的一半。剩下的一半是储备，用来保证在交易不顺手的时候或临时支用时有备而无患。比如说，如果账户的总金额是10万元，那么其中只有5万元可以动用，投入交易中。

2. 在任何单个市场的投资，控制在全部资本的10%到15%以内。因此，对于一个10万元的账户来说，在任何单独的市场上，最多只能投入10000元到15000元作为保证金存款。这一措施可以防止交易者在一个市场上注入过多的本金，从而避免在“一棵树上吊死”的危险。

3. 在任何单个市场上的最大总亏损额，必须限制在总资本的5%以内。这个5%是指交易者在交易失败的情况下，将承受的最大亏损。在我们决定应该做多少张合约的交易，以及应该把止损指令设置在多远以外时，这一点是我们极为重要的出发点。因此，对于10万元的账户来说，可以在单个市场上冒险的资金不超过5000元。

4. 在任何一个市场群类上所投入的保证金总额，必须限制在总资本的20%～25%以内。这一条禁忌的目的，是防止交易者在某一类市场中陷入过多的本金。同一群类的市场，往往步调一致。例如，大连大豆和大连豆粕是农产品市场群类中的两个品种，它们通常处于一致的趋势下。如果我们把全部资金头寸注入同一群类的各个市场，就违背了多样化的风险分散原则。因此，我们应当控制投入同一商品群类的资金总额。

这里的第2条、第4条在我国目前的市场条件下不太适用，因为我们个人的投资渠道非常有限，并且我们的商品期货合约具有一定的正相关性，找准机会重仓某一品种不失为一个不错的选择。

上述要领在期货行业中是相当通行的，不过我们也可以对之加以修正，以适应各个交易者的具体需要。

三、风险管理的重要性

大部分新手和业余交易者花大量的时间去研究进场技巧，并认为这对操作成功十分重要。其实，赢家和输家的区别就在于风险管理。

由于市场走势很难预测，所以采用适当的风险管理技巧，远好于寻找新方法以判断市场下一个项部或底部。

交易者不怕没有机会去交易，而是怕没有本钱进行交易。如果你输光了本钱，那么你就无法继续交易了。你可以东山再起，但是为什么不避免这样的麻烦呢？东山再起是有难度的，而且要有极大的毅力。然而，东山再起后你还是不注意控制风险，那么你会不会重蹈覆辙？

有不少交易者认为，只有博一下才能赚大钱。这样的观点是错误的，为什么？即使你博对了方向，那么你也未必能够把握好出局价格——或者卖早了，或者卖晚了。即便你真的博到了一笔大钱，那么你也未必能够取走这些钱。而万一以后有一次博错了，那么你很有可能把前面的赢利化为乌有。因此，用多少词句和语言来强调风险管理的重要性都不为过。

第二节　传统的头寸规模确定方法

每笔交易的最大可以承受的亏损额是仓位控制的依据之一。一般来说，每个交易者都不希望自己一笔交易亏损很多钱，所以他们给自己制订了一个最大限度。根据多数成功交易者的交易经验，这个限度往往在总资金的1%～6%之间，我一般用的是5%。

如果你的交易周期比较长，而且老道的话，那么你的总资金亏损限度可以大一些；如果你的操作周期短，交易不老道，而且害怕资金损失的话，那么你也可以将资金限度放小一些。同样，如果你觉得这是一个难得的机会，那么你也可以把这个幅度放大一些。这个不是一成不变的，可以灵活运用，但是这个幅度不能变动太大。什么道理大家可以自己好好想想。

总资金亏损的最大限度指定好之后（第一步），并不是说你就可以随便买入了，这只是仓位控制操作的第一步，你依然不知道自己该买多少。

第二步，那就是看价格波动的最大限度了。也就是说，你买入一个商品合约之后，价格跌到成本以下多少的时候，你卖出平仓的问题，即你所能忍受的在成本下面价格的最大波动幅度。

第三步，计算最多可以买入的数量。

可以买入的手数 =（本金 × 最大可承受每笔亏损总资金比率）÷（每手商品价格 × 最大可承受止损幅度）

持仓幅度 =（手数 × 每手保证金）÷ 本金

我们来看个例子：

我的本金 10 万元，我的最大可承受亏损为总资金的 5%，最大承受的波动止损为 2.5%，每手商品的价值是 1 万元，保证金比例为 10%。那么我可以买多少手呢？我的仓位又如何呢？

可买手数 =（10 万 ×5%）÷（1 万 ×2.5%）=20（手）

假如我们买入 20 手，那么仓位就是（20 手 ×1 万 ×10%）÷10 万 =20%

根据我们的初步计算，一般开仓的仓位在 15% ~25% 之间。25% 属于仓位比较重的，15% 属于仓位比较轻的。开仓的时候大家可以根据实际情况决定该买入多少。当然最好是自己计算一下。实际交易时，在交易系统提示的可开仓数量乘以 0.2 左右的一个系数再取整就可以了。

第三节　基于风险和回报评估的头寸规模确定方法

上节介绍的传统头寸确定规模方法是一种使用了很久也很广泛的方法，对于新手和进入市场时间不长的市场参与者来说应该说是一种不错的也能够在市场中生存的方法。但是，这种方法的核心是人们的一种经验数据，缺乏一定的理论基础。其最大的缺陷是没有更好地考虑所选择交易系统的特点并根据所选择的交易系统制定与之相适应的头寸确定方法。既然进入了这个高风险的金融市场，我们就应该在科学分析的基础上承受一定的风险，以追求更大的利润。

一、对风险和回报进行定义的重要性

无论交易者使用何种技术，事先对交易许可的最大风险进行定义都是十分重要的。这是因为这种行为将帮助交易者对以下一系列重要的相关问题进行思考：

（1）相对于可用于投资的资本，风险可以有多大？

（2）潜在的回报是否与风险相匹配？

（3）在考虑了上面两个问题以及其他同时存在的交易机会后，如果条件许可，资本中的多少部分可被投资于正被讨论的商品交易中？

二、价格形态的风险回报估计

测量目标与每种模式的风险估计是建立在如下的假设基础之上的：市场总是不断地按照旧模式重复同样的动作。尽管这些测量目标是很好的指向标，并有坚实的历史数据作为支持，但是它们并不是永远正确的。实际的回报可能达不到或者超过预期的目标。

有了这个限定，我们就开始分析最常用的反转模式和继续模式（也被称为巩固模式），介绍在每种模式下如何估计风险与回报。

常见的四种主要的反转模式有：头肩形、双（三）重顶和双（三）重底、碟形（圆形）顶和碟形（圆形）底、V 形顶和 V 形底等。

最常用的继续模式（也称为巩固模式）有：等腰三角形和直角三角形、楔形、旗形等。

下面，我们就重点介绍一种头肩形反转模式的分析方法，其他的大家可以按此方法自己练习。

头肩形这种形式可能是所有反转模式中最值得信赖的一种。它既可以以头肩顶的形式出现，表示市场的顶端，也可以以头肩底形式出现，表示市场的底部。我们将主要介绍头肩顶形，因为我们都知道对于头肩底形来说，那些关于风险回报估计的规律也是同样可行的。

在图 8－3－1 中，我们展示了一个理论上的头肩顶形。上升趋势的第一次是在价格达到点 1 时从原来的最高价位开始的反转提供的，这就形成了“左肩”。在点 2 处的第二次回升使得价格超过了在点 1 处建立的较早时候的最高价格，并在点3处形成了“头”。理论上，第二次回升到达“头”位置的数量应该比第一次回升到达“左肩”的数量少。对这次回升的阻力使得价格再次下跌到一个接近点2的水平，但无论如何都是比“左肩”顶部点1低的水平。这就是点4。

接着第三次回升就出现了，其数量肯定要比前两次分别形成“左肩”和“头”的回升数量要少。这次回升尚未达到“头”的高度时，另外一个价格阻力就出现了，并形成了“右肩”的形状。假如第三次回升使价格超过了“头”的点3位置，那么这就是一个扩展的顶形而不是一种头肩反转形。因此，一个图形分析师不会认为现在存在头肩形，因为他发现只有一个“左肩”和一个“头”。这一点非常重要，原因是扩展的顶形并不服从于头肩反转形的测量目标。

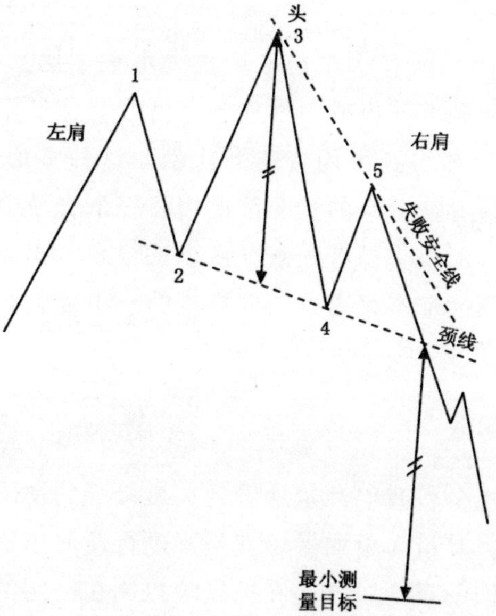

图8-3-1　理论上的头肩形

如果第三次回升在到达“头”之前就失败了，第三次下跌使得价格降到了连接点2与点4的虚构线“颈线”之下，且与之伴随的是大的交易数量和增加的尚未平仓单据，那么头肩顶就出现了。如果价格收市于颈线之下，它就被预期是从突破点下降而来，降价幅度等于头到颈线的间距。这就是我们所说的最小测量目标。

其他价格形态的分析我们就不在这里进一步的讲解，大家可以根据上面介绍的方法自己进行。

三、破产风险

如果交易者的账户余额被耗竭到再也无法进行交易的情况时，我们就称这位交易者破产了。破产风险是一个从0～1的概率估计。值为0的概率估计表示交易者不可能破产，而值为1的概率估计就表示破产是不可避免的。破产风险是以下因素的函数：（1）成功概率（W%）；（2）报酬率（Payoff Ratio），或交易平均获利水平与交易平均损失水平的比率（P：L）；（3）用于交易的资本比例（持仓百分比）。

1. 交易成功概率是最明显的决定因素。如果成功概率越高，那么破产风险也就越低。

2. 报酬率（即平均获利水平与平均损失水平之比）越高，那么破产风险也就越低。而成功概率和报酬率都是与交易系统息息相关的。

3. 用于交易的资本占到可用资本的比例。这种考虑是从资金管理的角度出发的。如果交易者把所有的资金都使用在一个交易中，而这个交易并没有达到预期的效果，那么交易者的破产概率就很高。相反，如果交易者在一个失败的交易中使用的资本只占到全部资本的一小部分，那么破产风险也就减轻了。

四、控制暴露风险

通过上面的破产分析我们清楚地看到，最极端的情况是把我们的破产风险控制在0的水平，其最简单的做法就是不进行任何投资。这显然不是我们的初衷和目的，我们的目的应该是在把风险控制在一定的水平前提下，追求一定的投资收益。

可用资本中可能遭受潜在交易损失的部分被称为“风险资本”。如果这部分的资本越大，那么暴露风险也就越大，而遭受损失的风险也就越大。最优的策略是在一定风险水平下提供最大的回报可能，并且易于实施。

五、结论

下面的结论由于计算过程比较复杂，并且本身也是概率事件，我们没有必要进行精确的计算。这里我只是把最后的结果告诉各位读者：（1）均线的完美秩序理论平均仓位为86%；（2）脉冲交易系统的理论平均仓位为64%；（3）双线交叉系统的理论平均仓位为52%；（4）MACD三屏交易系统的理论平均仓位为56%。

这里我们引入“平均仓位”的概念主要原因是各种系统对不同的期货合约的结果是不一样的。公布这样的结论也不是要让大家按这样的百分比开仓，只是想给大家提供一种思路：趋势明显时可以适当提高持仓比例。考虑到小概率事件的发生，我在实际使用时一般是在上述结果的基础上再乘以一个大于0.5小于1的系数。

第四节 止损（停价）

保护性停价就像是红灯，你可以冲过去，但是这样做并不高明！如果每次去镇上都抢红灯，那么你就可能不会很快或安全地到达目的地。

——理查德·哈丁（Richard Harding）

当一个可靠的图形或指标形态没有出现你所期望的走势，而且价格向相反方向运行时，就会出现巴什克维尔的猎犬（the Hound of the Baskervilles）信号。头肩顶形态指示上升趋势已经结束。如果价格继续上涨，就会给出巴什克维尔的猎犬信号。

这种信号根据阿瑟·柯南·道尔（Arthur Conan Doyle）的小说命名。在这部小说里，有人找歇洛克－福尔摩斯破一件发生在村宅的谋杀案。当他意识到谋杀案发生时那家的狗没有叫时，找到了破案的关键线索。这意味着狗认识凶手，这起谋杀案是内部人干的。这个结论是因为预期应该发生的事情没有发生而推断出来的，即家里的狗没有叫。

当市场拒绝对一个完美的信号作出反应时，就给出了巴什克维尔的猎犬信号。这表明在价格变化的背后出现了某些根本性变化。现在应该顺应新的强势趋势。

从技术分析的本质我们知道，我们是在假设“历史会重复”这样的前提下，通过对经典形态或常用交易系统的提炼的总结，去推测“未来”事件的结果，并且我们做了一定的假设得到的也是概率事件。因此，我们预期的结果没有发生的情况一定会发生，也就是再高成功率的系统也一定会有失败的情况发生，这样的情况真的发生时的处理，就是“止损”，也就是控制我们犯错误的程度。

在我看来，除非在进入市场时就已经非常清楚应该在什么时候退出市场，否则你就算不上拥有一个交易系统。在最坏情形下退出市场，即旨在保护你的资本的市场退出，也应该是事先确定的。此外，你还应该有如何实现利润的想法以及让利润滚动起来的策略。市场退出的这方面内容留待第六节讨论。

以下是其他一些市场传奇人物关于保护性止损的说法：

威廉·欧奈尔：“股市中赚钱的全部秘诀就是在你已经错了时，尽可能地少赔钱。”

杰西·利弗莫尔：“投资者都是大赌徒，下一个赌注，一直耗下去，如果赌注下错了，他们就会全盘皆输。”

新手和业余交易者花大量的时间和精力去研究进场技巧，其实，赢家和输家的区别就在于风险管理。由于市场走势很难预测，所以采用适当的风险管理技巧，远好于寻找新方法以判断市场下一个顶部或底部。交易者不怕没有机会去交易，而是怕没有本金进行交易。如果你输光了本钱，那么你就没有办法继续交易了。

我再啰嗦一下，没有本钱你就无法继续交易，以后再多的机会对你来说也只是没有意义的机会。再者，要抓住一次大的机会，往往要抓上个好几次才行，而万一没有抓到，可以用止损保护自己，从而为下次继续操作提供宝贵的资金资源。而一旦你陷入麻烦，那么你前面几次就白抓了，说不定等你放弃不想抓的时候，下次就是真正机会出现的时候。你不可能去管理市场，市场自然也不会听你的，所以你只能管理好自己的资金。

第五节 盈利后加码

我们进入这个市场就是为了赚钱，这个无可非议，也不必忌讳。然而，许多交易者，特别是交易新手，他们普遍认为期货交易只有依靠赌才能赚钱。如此严格的风险管理怎么才能赚到大钱呢？每次 20% 左右的开仓量，啥时能够赚钱？其实这些都是极其错误的观念和意识。我们只有依靠合理的交易方法和策略才能够赢得大钱。

绝对不要在亏损的头寸上加码。一代投机大师杰西·李佛摩在他的回忆录中多次强调："在亏损的头寸上加码是不恰当的，甚至是错误的。应该在赚钱的头寸上加码投入。因为一旦出现亏损已经说明有些东西不对头了，如果再进行加码操作，那么就是错上加错。然而，我还是难免会作出如此愚蠢的操作，到头来情况往往是发展到不可收拾的地步为止。"

所以说，很多事情只有吃够了它的苦头才知道它的真正意义。你是不是也想尝试一下呢？而等到第一仓出现一定的利润之后再进行加码，才是明智的选择。因为第一仓赢利了，才能说明价格正朝着对你有利的方向发展，说明你目前的操作是正确的，至少目前是正确的。所以你可以根据实际情况开始加码进场。而之后价格一旦发生不利的运动，也可以在第一仓赢利的保护下，让你安全地退出。而如果价格继续朝你有利的方向发展，那么你就可以获得大得多的利润。

所以赢利后加码，才是获更大收益的明智操作。当然，加码的时候也要考虑价格运动是否还会继续朝着对你有利的方向发展。

加码方式中最常用的也是最合理的就是金字塔型的加码方式。也就是说，后面买入的头寸越来越少，毕竟价格上涨或者下跌不会永无止境。同时，价格不断上升之后，面临的风险也开始不断加大。

金字塔加码方式就确保了在风险较低的情况下，建立相对较多的头寸，而在风险相对较高的位置建立较少的头寸。

采用赢利之后加码，利润会给你降低相当大的风险。所以说金字塔加码方式还是有一定根据的，而且确实是加码方式中最好的一种方式。你不妨试试看。除了金字塔加码之外，还有均匀加码，也就是每次买入的数量都一样，这个方法虽然不如金字塔加码好，但是也可以一用。特别是在行情发展的初期，因为在行情的初期你可能不确定是否有信心赢得这笔交易，所以在行情初期的头寸不大，随着行情的展开，你觉得可以继续加码，此时均匀加码的方式将是一个非常不错的加码方式。

我本人最常用的加码方法更简单，就是按采用的不同的交易方式采取持仓百分比固定的方法。如果是均线的完美秩序就保持 60% 仓位，脉冲交易系统就保持55%仓位，双线交叉就保持50%仓位，MACD系统就保持40%仓位。当然，如果价格向对我们有力的方向变化，比如由双线交叉演变成均线的完美秩序，我还会相应提高持仓比例。

第六节 退出策略

你必须知道何时持有；知道何时放手；知道何时走开；知道何时跑开。

——肯尼·罗杰斯——摘自《赌博者》

杰克·施瓦格在他的《市场奇才》中所描述一位杰出的交易商时说，如果你想知道怎样进行交易，就应该去海滩看看海浪，很快你会注意到海浪拍击海岸，然后又掉转头，回归大海。他接着建议说，你开始随着海浪的节奏移动你的双手——当海浪袭来时把双手移向自己，在海浪退去时把双手移开。这么几次之后，你会发现自己很快与海浪联系在一起了。他说："当你达到与海浪的拍击合拍的境界时，就会对如何才能成为一个交易商悟出很多道理。"要注意的是，为了能与海浪联系在一起，知道海浪何时停止涌动对你是很重要的。

人们似乎想忽视市场退出，也许因为他们在退出市场时就不能控制市场了。然而，对那些想控制市场的人来说，退出市场确实控制着两个重要的可变因素——你是否会获得利润以及将获得多少利润，它们是开发一个成功的系统的关键因素。

赚钱的方法和风险控制的方法结合起来，同时运用好，才能持续稳定地赚钱。

让利润持续发展"利润总是能够自己照顾自己，而亏损永远不会主动完结。"这就是一代大师杰西·李佛摩的交易理念之一。当我们的交易出现利润的时候，就意味着我们所面对的风险在降低。而且，一旦我们有了利润，那么我们的持仓信心和耐心就加强了，而耐心持有赢利的头寸是获得一笔可观收获中相当重要的无形操作，虽然无形操作表面看上去就是只不操作，但是做起来难度非常大。

一、获利退出策略背后的目的

在退出市场时，要解决一系列的问题。如果最坏的情形没有发生（你没有被截住），那么你的系统的主要任务就是让你实现的利润尽可能多，返还市场的尽可能少。只有退出策略能做到这一点。

注意在所有的英文版原著中都是使用的是“退出策略”的复数形式，因为大多数系统需要几个退出策略来适当地完成以上任务。因此，对每一个系统目标，你要考虑采用不同的退出策略。在设计自己的系统时，要想到你将如何控制回报—风险比率以及如何采用本章所描述的各种获利退出市场策略以使你的利润最大。

除了初始止损以外，退出市场的策略有很多不同的分类，包括会带来损失但会降低初始风险的退出策略、使利润最大化的退出策略、防止利润返还市场太多的退出策略以及心理退出策略。这些分类存在某种程度的交叉。每一种退出策略都向你提供了可以考虑的几个技巧。在仔细阅读每一种退出策略时，不妨思考一下它如何能与你的系统相适应。大多数退出策略都能令人难以置信地适合你的系统目标。

（一）会带来损失，但会降低初始风险的退出策略

前面讨论的初始止损指令是为最坏情形的损失设计的，它是为了保护你的资本。这种退出策略也会产生损失，但是它是为了确保你的亏损尽可能的少。

1. 定时停价。一般来说，人们进入市场是因为他们期望在入市后不久价格就会发生对其有利的变化。因此，如果你获得了一个有意义的入市信号，那么一个潜在的有用的退出策略应该是在无利可图的一段时间之后，让你退出市场。比如，这样一个退出策略可以是“如果这个头寸无利可图，那么在两天后收盘时就退出市场。”

定时停价的另一种情形是，当发现了一个极好的新的投资想法，而你的资金又全部投出去了的时候你能做什么呢？你已经没有钱再投资了。不过，如果你完全相信这是一次绝佳的投资机会，那么你可以在资产组合中找出那个表现最差的品种，下定决心把它抛出去。你可以挑选赔钱的那种，也可以挑选没有按照你预期的速度增长的那种。

2. 跟踪停价。跟踪停价是根据某种数学运算法则在周期性的基础上

进行调整的停价。使用一个3倍于波动幅度的跟踪停价，只有当它的移动有利于交易时，才在每天的基础上自收盘之时进行调整。例如，在第一天的交易之后，如果价格的移动对你有利或者说波动幅度在收缩，那么跟踪停价就以对你有利的方式移动。它可能仍然是亏损的，但是正在以对你有利的方向移动。因此，如果市场的移动背离你足够远而将你截住，你仍然会承担损失，但是它不会大到你的初始停价。这种跟踪停价可以建立在许多因素的基础之上，包括波动幅度、一个移动平均、一次管道突破、各种价格盘整等，而每一种类型又由很多不同的变量控制着。

关于跟踪停价最重要的一点是，退出法则会不断作出调整以使退出的移动对你有利。这种移动也许是无利可图的，但是它将降低你潜在的亏损。

必须通过测试和检验结果来仔细考虑你是否想这样做。例如，通常在向上移动跟踪停价时，你降低了初始风险，只是放弃了获利的机会，但是，你可以只承担较小的亏损。

（二）使利润最大化的退出策略

为了使利润最大化（让它们滚动起来），你必须乐于把其中一部分返还市场。事实上，系统设计中具有讽刺意味的就是，如果你想让利润最大化，就必须愿意把已经积累起来的一大部分利润返还市场。就像一位精明和非常富有的交易商曾经说的，如果你不愿意赔钱，你就赚不到钱，它就像呼吸但是不愿意呼出一样。各种类型的退出策略就帮你做到了这一点（也就是充分呼吸），包括跟踪停价和百分比折回停价。

1. 跟踪停价。跟踪停价有帮助你获得较大的利润的潜能，但是它也总是会将部分利润返还市场。下面看一下你有可能使用的一些跟踪停价的例子。

我在前面提到过，波动跟踪停价是市场每日波动的一个乘数。小威尔斯·怀尔德首次提出了这个概念。他认为波动跟踪停价应该是2.7～3.4之间的一个数乘以最近10天的平均真实波幅。我们在随机入市系统中使用3.0。波动停价的目的是将停价保持在市场噪音之外，每日波动的3倍当然可以胜任这一点。其他人则关注每周的波动。如果你使用每周波动，那么且0.7～2之间的某个数乘以每周的波动量或许也可以。

（1）固定金额跟踪停价是又一个可以使用的指标。你可能决定使用某个数，比如1000元，然后把跟踪停价维持在与昨天的收盘价相差这一数额的水平。固定金额停价如果有某些合理的基础是相当不错的。然而，在沪铜合约、玉米合约、一只100元的股票和一只10元的股票上使用1000元的停价简直是太离谱了。固定金额停价的数额要结合各个市场的不同作出合理的调整。确定每个市场多少金额是合理的其最好的办法是检查该市场的波动幅度。因此，你也可以使用一个基于波动幅度的停价策略。

（2）管道突破跟踪停价也是很有用的。你也许决定在最近x天（由你自己确定这个天数）的极端价位退出市场，因此，如果做的是多头，你可能决定在市场价格跌破最近20天的最低价时卖出，而如果是空头，你会决定在价格涨破最近20天的最高价位时卖出。在价格以对你有利的方向变动时，这个数字也总是会作出对你有利的调整。

（3）移动平均跟踪停价是又一个常见的跟踪停价。如果价格正朝着某个特定的方向移动，一个较慢的移动平均会跟在其后，这个移动平均就可以作为停价指令，但是你必须确定这个移动平均包含了多少时间段。例如，一个200天的移动平均可能让你在1982～2000年的股市中的大部分时间里频繁交易。

移动平均有很多不同的类型——简单的、指数型的、置换的、适应性的等——所有这些都可以用做跟踪停价。你的任务是找出一个或几个能最好地帮你实现目标的移动平均。各种类型的移动平均在前面的章节已经进行了深入的讨论。

（4）基于盘整或图表模式的跟踪停价。例如，每次市场穿越一个盘整模式时，原来的盘整模式就可以成为新的停价的基础。这相当于一个任意的跟踪停价，它会把大量的利润返回市场。不过，如果与其他类型的退出策略相结合，它还是有一些优势的。

2. 利润折回停价。这种停价策略假定，为了让利润增长，必须把其中一定百分比的利润返还回去。因此，它确定了一个允许折回的数值，并把它作为系统的一部分。但使用利润折回停价，前提是必须达到了一定水平的利润。

3. 百分比折回停价。另外一个非常简单的停价是百分比折回停价。例如，你可以用一个25%的折回停价，即最初将退出策略设定为25%的价格下跌，每次价格创出了新高，你就以该价格 25% 的折回作为新的停价标准。

因此，我认为 25% 的跟踪停价对股票来说是原来“买进并持有”哲学的极佳翻版。在期货市场我一般使用 4% 跟踪停价。

第九章 交易计划和品种选择

第一节　交易计划的重要性

一、不打无准备之战

期货交易中最容易出现致命失误的情况主要有以下两种：一是连续盈利的时候，二是连续亏损的时候。绝大多数被淘汰的投资者都是因为过不了这两道关而被市场淘汰的，这正是人性的弱点在作怪。

当连续盈利的时候，投资者无法控制人性贪婪的弱点，信心膨胀盲目扩大投入规模，决策草率，资金量出现"V"形反转。一旦判断失误，交易业绩就会由巅峰迅速跌落至谷底。如果心理调节能力不强，很难再翻身。

当连续亏损的时候，投资者无法控制人性恐惧的弱点。信心一旦丧失就再无决策的勇气，所以交易员常说"亏掉资金还可以重头再来，如果信心亏掉了就再也无法重头再来了"。更有甚者，有的投资者在连续亏损之后方寸大乱，毫无理智可言，急于捞回损失，在市场没有交易机会的时候一直强行频繁交易！最终被市场彻底淘汰。

在现代社会体系中，大到国家小到个人，任何事情都要有一个"预案"。而我们作为风险极高的金融市场参与者是不是更要有一个"预案"——交易计划呢？答案是显而易见的，不仅要有详细的经过市场检验的可以长期稳定获利的计划，而且还要有坚决执行计划的决心。

二、坚持执行计划

如果你不执行计划，那么你的那些什么策略、方法、战术全部都白费了。你多年交易的经验也就会付诸东流。可你要知道，你的交易经验是用多少心血和汗水换来得，你当时承担了多大的心理负担？你难道还想让悲剧重演吗？而你此时的状态和刚开始进行交易的新手没什么两样，甚至可能都比不上他们。

只有你执行了你的交易计划，你的那些策略、方法以及战术才能起到作用，甚至是神奇的作用。无论你是否相信，你都可以去尝试。你账户中的资金会告诉你，这样做的效果如何。

执行你的交易计划吧，只有这样，你才有可能成功，才有可能享受交易带来的财富和快乐。

同样，只有执行了交易计划，你才有可能发现自己在交易中的不足和错误，才能加以纠正以及提升。然而，执行计划是一件相当困难的事情，我不知道为什么困难，也不知道如何去解决，但是我相信大家一定能够做好。大家要想到，这样做一定会得到回报的。交易计划的执行首先需要一份好的、全面的交易计划，这样执行起来才有依据。一份模棱两可的操作计划，是很难被很好执行的。

第二节 交易计划的书写

一、交易计划的书写

没有交易计划就不可能有一个稳定的交易心态。心态不稳，那么即便是再好的交易策略也会被搞乱。

因为这个市场太复杂了，你如果没有自己的交易计划，那么你的交易很容易被市场牵着鼻子走。每次我没有书写交易计划，那么交易的结局都差不多，我都不能抓到大行情，甚至还会经常出现严重亏损。

所以，书写交易计划确实相当重要，因为它给了你一盏指路明灯，指示你在最近一段时间内，该干什么，又不该干什么。只有这样，你的交易才能做好。

如果你没有交易计划或者没有书写交易计划，然后交易上一个月，反过头来看看，你可能自己都不能相信，自己在交易些什么东西。甚至对于一个交易老手，如果他们没有交易计划的话，他们的交易也会变得一团糟。不就是在3000点卖出嘛，这难道还要做交易计划？是的，就是如此简单和明确的事情也要做交易计划。如果你不做交易计划，或许过几天你就会觉得，3000点太低了，应该在3050卖出。或者你也可能会觉得，你应该让足市场的波动空间，选择更低的价格而放弃3000点卖出。做交易如同做生意，做生意的时候你没有计划吗？没有计划你能做得好生意吗？我不太敢相信。

一份完整的交易计划，就是成功的1/3。交易策略和交易计划的执行分别是成功的另外两个1/3。一份完整的交易计划包括：商品的选择、交易时机的选择、仓位的安排、持仓部位的风险控制、加码的时机和出局的点位以及如何处理利润等。也就是说，下一步该的事情或者操作都应该事先写在变易计划中，以交易计划表现出你下一步的动作。

以上的内容是传统的交易计划的主要内容，我本人认为它虽然具有了一定的指导作用，但是核心的问题还没有很好地完成，为什么呢？大家好好想一想，就会发现，它只是属于具体的战术范畴，我们进行任何一项活动首先要是战略问题。具体到期货市场，首先我们要确定是进行保值还是投机，做保值的分析方法和比例等等都需要很好地计划；如果做投机，是选择风险相对较小的套利交易还是选择风险和收益都比较大的纯投机交易；如果做纯投机交易，我们选择什么样的交易系统，如此等等。

下面我们就以中长期纯投机趋势交易来具体讨论交易计划的书写问题。

1. 首先是商品的选择。大家自然会想到，是选择将有较大波动机会的商品合约了，但是任何量化和衡量呢？这个问题在所有的公开资料中都被轻描淡写一带而过，翻阅了大量的资料也没有找到比较好的答案，也不知道这是否确实是个难点，还是处于其他的原因而故意回避。我反而认为，这是在资本市场里成功的一个比较重要的步骤。

2. 商品选择好之后，就是选择或者确定交易的时机。你觉得什么时候进场最好，那么你就在交易计划上写上这个价格或者条件。一旦之后价格达到你所计划好的这个点或者条件的话，你就立即下单操作。

3. 随后就是仓位的布局。也就是你开仓该开多少的问题。一般来说，对于波动大的商品一般在 15% 仓位左右；波动小的商品仓位可以适当增加到 25% 左右，而 20% 的持仓就对应着波动一般的商品了。按这个幅度进行开仓的话不会出现大的问题，也省得自己再计算自己需要的开仓数量了。

4. 仓位布局完成之后，就是设定止损的问题。首先采用波动止损法设定止损价格作为最后止损价格。也就是说，如果未来价格到达了这个波动止损法的止损价格，那么我们就应该毫不犹豫地快速止损。随后我们可以采用其他可行的止损方法作为波动止损法的辅助，以及止损价格的跟随变动。止损价格的跟随变动就是根据行情的发展，进一步调整止损价格，就叫止损价格的跟随变动。止损价格的变动只会越来越靠近成本价格而永远也不应该远离。直到持有部位的赢利达到了出局标准，否则将一直采用止损法出局。止损的计划是要每天都检查的，看看是否需要变动。

5. 止损计划设定完毕之后，就是加码的问题了。什么时机加码？加码多少？加码的详细方法我们已讨论过了。设定好加码的条件之后，就等着行情满足这个条件了。

6. 接着就是设定出局点。我们可以假定在书写交易计划之前市场出现的最高价格为可能的最高价格，然后根据利润回撤法设定详细出局价格。随后，随着时间的推移，我们应该根据每天价格变动情况设计出局价格，因为最高点可能随时被以后的行情所刷新。同时准备好其他的出局法。一旦行情有像这种趋势发展的时候，就应该注意了，而一旦满足出局条件就应该按照计划出局。

第三节　商品的选择

一、美国的指数法

小韦尔斯·怀尔德提出了进行商品选择的最好例子。他发现："绝大多数的技术系统都是跟从趋势走向的，然而，绝大多数的商品大约只有 30% 的时间处于良好的趋向模式（高指向性的变动）。如果交易者总是选择相同的商品或是股票，那么他的系统就必须能够在 30% 的时间里赚到比该系统在其他 70% 时间里失去的资本要多的利润。"

目前，在美国的交易所中有超过50种的期货合约在进行交易。选择过程的前提是：并不是所有50多种合约都能够提供具有同样吸引力的交易良机。选择的目的是要帮助交易者发现最有希望的机会，使得他们能够集中精力在这些交易机会上，而不再是去追逐每一个看起来是好机会的交易。商品选择过程通过在合意表（Desirability Scale）中排列商品次序产生了机会候选列表，这样可以帮助交易者将有限的资源进行更加高效的分配。

商品选择是指评估那些随时可能出现并可供投资者进行选择的交易机会的过程，其目标是按照合意程度的顺序对每一个交易机会进行排序。商品选择过程最重要的价值就是产生了一种判断标准。通过这种标准，交易者可以按照合意程度的特性来对相互竞争的交易机会做个客观的比较。

制定了判断标准以后，下一步就是确定一个基准措施，如果某个交易机会低于这个基准，那么对它就不用进行考虑了。

关于截止水平的决定是主观的，它取决于交易者对风险的态度和可用于交易的资金。交易者对风险越反感，其就越会进行精挑细选，这一点会反映为一个更高的截止水平。同样，交易者可以用于交易的资金越少，那么交易者对可以进行选择的交易的限制也就越多，也会导致一个更高的截止水平。

具有代表性的是，交易的合意性是由以下因素进行衡量的：

（1）预期获利能力；

（2）与获得利润相关的风险；

（3）开始交易需要的资本。

预期利润越高，说明交易的合意性越大。如果需要的资本越低，说明预期的资本回报越高，合意性也越大。最后，如果与预计的资本回报相关的风险越低的话，交易就越令人满意。

为了能够客观地比较交易机会，商品选择判断标准的设立就综合了合意性的所有这些特性。我们列举了以下4种商品选择方法：

（1）夏普比率（Sharpe ratio）法，通过每单位风险下的资本回报予以衡量；

（2）怀尔德商品选择指数；

（3）价格变动指数；

（4）调整过的报酬率指数。

这些方法本人也请人编程进行过尝试，得到的结论并不令人满意，也不清楚是作者有意隐瞒了有些细节，还是我们没有领会其核心内容，或者是不适合我国的市场。总之，我们没有办法使用，并且还需要计算机编程，这样对一般的个人投资者就更难了。

二、经典图形法

（一）价格走势的发展过程

通过前面内容的学习，我们应该对价格（不论是期货合约还是股票）走势有一个比较清晰的认识。

1. 首先，经过比较长时间的上涨或下跌，价格有相当的幅度的移动，并且在长周期图表上的浪型比较清晰。

2. 各种技术指标的背离，但注意这时候的所有趋势型指标还保持原来的方向；趋势有可能发生改变，但抓住的机会比较小，难点也比较大，只有那些“先知先觉”的极少数人才能够开仓进场。

3. 随着走势的进一步发展短期趋势移动平均线开始拐头，但中长期移动平均线还保持原来的方向，比较难区分是大趋势的改变还是一般的回调或反弹。

4. 随着走势的进一步发展短期趋势移动平均线开始加速，并且中期移动平均线还开始拐头，这时候尽管行情已经走了一段时间，但是，趋势却比较明显清晰，把握的难度较小。

5. 随着走势的进一步发展趋势移动平均线形成“移动平均线的完美秩序”，这时候介入的风险极小。

6. 这时候也往往会出现“脉冲交易”的加速行情，主要是出现在波浪理论里面的上升三浪或C浪（下跌）中。

（二）进入市场的步骤

进入市场的基本原则是：选择自己最熟悉的市场和最熟悉的图形。对初入市的投资者建议采用下面的方法：

1. 先选择风险比较小的股票市场轻仓参与实战，达到对经典图形使用非常熟练并且能够长期稳定获利后再进入第2步。

2. 选择波动比较小的农产品进行轻仓的实战交易，主要目的是培养做空的意识和体会资金杠杆的作用，熟练后再交易波动比较大的工业品市场。

3. 能够承担更大风险的人可以选择外汇和黄金市场。

现在我们有个最大的优势是可以选择股指期货进行模拟交易，当然也可以选择一家期货公司进行商品期货合约的模拟交易；尽管模拟交易代替不了真实的市场，但只有我们认真对待还是可以学到好多东西的。

第十章 套期保值和套利交易

第一节 套期保值

一、套期保值的基本概念

（一）名词释义

“套期保值”是从英语“Hedge”翻译过来的。Hedge的本来意思是“对冲”。比如，买进现货的同时卖出同品种的期货，这就形成对冲关系；买进某一月份期货的同时卖出同品种的另一个月份的期货（国内常称为跨月套利），也形成对冲关系；如果两种不同资产之间具有负相关关系，则同时买进两种资产也形成对冲关系；同时卖出两种资产也构成对冲关系。

对冲的结果实际上是将价格锁定了，从而也免除了价格波动导致的风险。正是在这个意义上，人们才把对冲工具称之为避险工具。

在我国，通常已习惯将期货与现货之间的对冲译成套期保值，换言之，套期保值已成为“期货与现货”对冲的特称了。

（二）定义

套期保值是指以回避现货价格风险为目的的期货交易行为。其含义为与现货市场相关的经营者或交易者在现货市场上买进或卖出一定量的现货品种的同时，在期货市场上卖出或买进与现货品种相同，数量相当，但方向相反的期货合约，以一个市场的盈利弥补另一个市场的亏损，达到规避价格波动风险的目的。

（三）保值意味着既非减值又非增值

套期保值的目的是通过期货市场回避现货市场的风险，并不是通过期货市场来赚钱。因而，其效应是两个市场的综合结果。

比如，农场主们种植大豆，在播种时，按照现行大豆价格计算将来的收益，扣除成本后就是利润。假定当时的价格是令人满意的，但由于收获是在几个月之后，如果到收成时，大豆价格很低，他们不仅可能没有利润，甚至还可能亏损。为了回避价格下跌的风险，于是在期货市场上预先卖出收割月份的大豆合约若干份，将预期的大豆收成量按确定的价格卖掉。卖出大豆期货后，结果无非是两种。一种情况是价格果真下跌，收获的大豆少卖了不少钱，但在期货上的卖出却挣钱了，两者相抵，农场主们还是得到了原先预想中的收益。这时候，人们往往会庆幸当初作出的决定；另一种情况是价格不跌反涨，收获的大豆多卖了钱，但由于在期货上的卖出亏钱了，两者相抵，农场主们得到的仍旧是原先预想中的收益，并没有得到超额利润。这时候，人们通常会有些沮丧，认为当初的决定简直是无事生非。问题的实质在于播种时无法预知收获时价格是涨还是跌，如果不做套期保值，反而意味着是在进行一场赌博，要么亏损，要么得到暴利。

“保值”意味着既非减值又非增值。所谓“套期”，就是指两个市场，因而，保值的效果不能从单个市场看，它是两个市场的综合结果。

二、套期保值的基本原理

套期保值之所以能够规避价格风险，是因为期货市场上存在以下基本经济原理：

（一）同品种的期货价格走势与现货价格走势一致

现货市场与期货市场虽然是两个各自独立的市场，但由于某一特定品种的期货价格和现货价格在同一市场环境内，会受到相同的经济因素的影响和制约，因而一般情况下两个市场的价格变动趋势相同。套期保值就是利用这两个市场上的价格关系，分别在期货市场和现货市场作方向相反的买卖，取得在一个市场上出现亏损的同时，在另一个市场上盈利的结果，以达到锁定价格的目的。

（二）随着期货合约到期日的临近，现货价与期货价趋向一致

期货交易的交割制度，保证了现货市场与期货市场价格随期货合约到期

目的临近，两者趋向一致。在商品期货中，期货交易规定合约到期时，未平仓头寸必须进行实物交割。到交割时，如果期货价格和现货价格不同，就会有套利者进入，通过买低卖高获取利润。套利交易将促使期货价格和现货价格趋向一致。在股指期货中，由于实行现金交割，且以现货指数为交割结算指数，从制度上保证了现货价与期货价最终一致。正是上述经济原理的作用，使得套期保值能够起到为现货市场的交易者降低价格风险的作用。

三、套期保值的方向

套期保值有买进与卖出之分。

（一）买进套期保值

所谓买进套期保值，是指现货商因为担心价格上涨而在期货市场上买入期货，目的是锁定买入价格，免受价格上涨的风险。在商品期货市场中，是指在期货市场中买入商品期货合约的套期保值行为，主要的目的是回避价格上涨造成的风险，如大部分商品的使用者；在股指期货中，是指在期货市场上买进股指期货合约的套期保值行为。主要目的是回避股价上涨造成的风险。可能有人会觉得奇怪，股价上涨怎么还有风险？但事实上，对一些特定的股市投资者来说，由于需求不同，确实也会面临股价上涨带来的风险。下面是一些相关情况：

1. 投资者预期未来一段时间可收到一大笔资金，打算投入股市，但又认为现在是最好的建仓时机。如果等资金到账再建仓，一旦股价上涨，踏空会导致建仓成本提高。这时，买进股指期货合约便能起到对冲股票价格上涨的风险，因为买进股指期货合约所需的资金不多。

2. 机构投资者现在就拥有大量资金，计划按现行价格买进一组股票。由于需要购买的数量太多，短时期内完成势必引起过大的冲击成本，导致实际的买进成交价远远高于最初想买进的价格；如果采取分步逐批买进的方法又担心到时股票价格上涨。这时，通过买进股指期货合约就能解决这一矛盾。操作方法是：先买进对应数量的股指期货合约，然后在分步逐批买进股票的同时，逐批将对应的股指期货合约卖出平仓。

3. 交易者在股票或股指期权上持有空头看涨期权。一旦股票价格上涨将面临很大的亏损风险，且股票价格上涨越多，亏损额越大。通过买进股指期货合约也能起到对冲风险的作用。

4. 在一些股市中，允许交易者融券抛空。但融券都有确定的归还时间，融券者必须在预定日期到来之前，将抛空的股票如数买回来，再加上一定的费用，还给当初的出借者。显然，当融券者卖掉股票后，最担心的是价格涨上去不得不以更高的价格再买回来。这时，通过买进股指期货合约也能起到对冲风险的作用。

（二）卖出套期保值

卖出套期保值是指现货商因为担心价格下跌而在期货市场上卖出期货，目的是锁定卖出价格，免受价格下跌的风险。在商品期货市场中，是指在期货市场中卖出商品期货合约的套期保值行为，主要的目的是回避价格下跌造成的风险，如大部分商品的生产者；在股指期货中，是指在期货市场上卖出股指期货合约的套期保值行为，主要目的是回避股价下跌造成的风险。下面是一些相关情况：

1. 机构大户手中持有大量股票，但看空后市。如果在股票现货市场上卖出，由于数量众多，出货成本非常高。出货成本通常有两部分组成：一为交易手续费，卖掉要手续费，可能以后还会重新买回来，又要花手续费。尽管大户的手续费比例通常比散户低，但由于量大，一来一回手续费总额仍很可观。其二是对冲成本，这时，采用卖出股指期货合约进行对冲价格下跌风险，便是最理想的方法。

2. 对长期持股的大股东而言，同样如此。由于看空后市，按理应该卖出股票，但不愿失去股东地位的决定使得他们不能卖出股票。同样，采用卖出股指期货合约进行对冲价格下跌风险，是一种理想的方法。

3. 投资银行与股票包销商有时也会使用空头套期保值策略。我们知道，股票包销是有风险的，对于投资银行与股票包销商来说，能不能将包销的股票按预定价格销完，很大程度上与股市的整体状况有关。如果后市不好，极有可能因为销不掉而烂在自己手中。为了避免出现这种情况而引起的损失，他们也会采用在股指期货上卖出的方法来避险。

4. 交易者在股票或股指期权上持有空头看跌期权。一旦股票价格下跌，将面临很大的亏损风险，且股票价格下跌越多，亏损额越大。通过卖出股指期货合约，也能起到对冲风险的作用。

四、套期保值的操作原则

套期保值的目的是避险，是避现货价格之险。为了达到这一目的，交易者在进行套期保值时必须遵循如下原则：

（一）品种相同原则

品种相同原则是指在做套期保值交易时，所选择的期货品种必须和套期保值者将在现货市场中买进或卖出的现货品种是相同的。因为只有品种相同，期货价格和现货价格之间才有可能形成密切的关系，才能在价格走势上保持大致相同的趋势。比如，大豆现货商用大豆期货作为避险工具，铜加工商利用铜期货交易作为避险工具。套期保值者可能会发现，在期货市场中不一定存在与所需保值的品种完全一致的交易品种，这就为套期保值交易带来一定困难。在实践中，人们往往采取“交叉套期保值交易”方法来替代。所谓交叉套期保值，就是选择价格走势大致相同的相关品种作为套期保值交易工具。作为替代物的期货品种最好是该现货品种的替代品种，品种之间的相互替代性越强，套期保值交易的效果就会越好。

在股指期货中，由于所交易的股指是特定的。只有当套期保值者在股票市场上买卖的股票组合与这一特定的股指在结构上完全相同时，才称得上是品种相同。严格按照股指的结构买卖股票，通常称之为复制指数。比如，指数基金、交易所交易基金就是按照这一原则进行复制式购买的。但即使是这些复制指数的基金，如果其复制的指数与开展股指期货交易的特定指数并不相同，仍旧不符合品种相同原则。

事实上，大多数股票市场的交易者所买卖的股票组合与开展股指期货的特定指数并不一样。因此，在股指期货的套期保值中，通常都采用“交叉套期保值交易”方法。

采用“交叉套期保值交易”方法的前提是，两个对冲资产（需保值的对象与保值的工具）之间具有大致相同的趋势。但两个对冲资产之间的趋势究竟相同到什么程度，套期保值者必须在事前就大致知道。统计学中的“8 系数”、“相关系数”等可以很好地刻画两个对冲资产间的相同程度。因此，对利用股指期货进行套期保值的交易者而言，掌握一些基本的统计学知识是非常有必要的。

（二）数量相等原则

数量相等原则是指在做套期保值交易时，所选用的期货合约上所载的品种的数量必须与交易者将要在现货市场上买进或卖出的品种数量相等。套期保值之所以必须坚持数量相等的原则，是因为只有保持两个市场上买卖品种的数量相等，才能使一个市场上的盈利额与另一个市场上的亏损额相等或最接近。当然，结束套期保值时，两个市场上盈利额或亏损额的大小，还取决于基差的变化。如果两个市场上买卖的数量不相等，两个市场的亏损额和盈利额就会不相等。

数量相等的原则在商品期货中很容易理解。比如，对铜现货商而言，假定1手合约代表5吨铜，当确定了经营数量时，随即就可以知道应该买卖多少合约了。如果需要避险的数量是500吨铜，那就应该买卖100张合约。然而，在股指期货中，满足数量相等的原则并不是一眼就能明了的。

（三）交易方向相反原则

交易方向相反原则是指在做套期保值交易时，套期保值者必须同时或相近时间内在现货市场上和期货市场上采取相反的买卖行动。只有这样，才能实现一个市场上的亏损由另一个市场的盈利补偿的可能。

典型的套期保值是开始时在两个市场一买一卖，结束时在两个市场上一卖一买。但是，在判断一个交易行为是不是套期保值时，不能只注重形式。比如，某投资者原先就持有股票，由于认为后市有很大风险而卖出期货合约；一段时间后，该投资者认为持股风险不大了，因而将原先卖出的期货合约买进平仓。尽管从形式上看，该投资者在卖出期货合约的同时并没有在股市上买股票，在买进期货合约平仓的同时也没有将股票卖出，但并不能因此认定这一交易行为不是套期保值。

相反的情形是，有些交易看上去很符合同时在两个市场上作相反买卖的形式，但不一定是套期保值。比如，封闭式基金需要分红资金，由于资金全部买了股票，故必须卖出部分股票。该基金因为看好后市，于是决定在卖出部分股票的同时，买进同等价值的股指期货。尽管看起来这一交易行为具备了在两个市场上一买一卖的形式，但这并不能称为套期保值。因为该基金的风险并没有因为这笔交易而降低，只不过是利用期货占用资金较少的特点来实现节约资金的目的。

（四）月份相同或相近原则

月份相同或相近原则是指在做套期保值交易时，所选用的期货合约的交割月份最好与交易者将来在现货市场上实际买进或卖出的时间相同或相近。比如，在2月末，期货市场上正在交易的某一股指期货有五个交割月份合约，分别为：3月、4月、6月、9月及12月。某交易者进行套期保值，如果只准备进行一个月，则选用3月份到期的合约比较好；如果准备进行两个月，则选用4月份到期的合约比较好。采用相同或相近交割月合约的好处是临近交割月时，期、现价格的收敛性比较好，这对于提高套期保值的可靠性是很有帮助的。如果选择离开套保结束时间太远，一是基差大小无法控制，容易引起较大的误差；二是越远的合约其流动性也越差，难以得到理想的成交价格；如果选择比套保结束时间还早的合约，必将碰到因期货合约到期而不得不再进行一次延展交易的问题，即把到期的期货合约平仓，然后再在较远的期货合约上开仓，不但要多付手续费，而且还可能产生一定的交易损失。

套期保值交易的四大操作原则是任何套期保值交易都必须同时兼顾的，忽略其中任何一条原则，都有可能影响套期保值交易的效果。

第二节 套利交易

一、套利交易的基本原理

（一）套利交易的定义

套利交易是指交易者针对市场上两个相同或相关资产暂时出现的不合理价格差同时进行一买一卖的交易。如果这种不合理价差缩小或消失了，套利者即可再作相反的买卖，获取套利利润。

从这个定义中不难看出，“相同或相关资产”、“暂时出现的不合理价格差”是关键词。

1. 相同或相关资产。套利的两边必须是相同或相关资产，因为相同或相关资产在价格走势上具有近似性，两者之间的价差不仅是可以识别、可以理解的，而且在实际走势中，价差也会环绕着平均价差波动。比如，在股指期货中，期货股指与现货股指之间就具有这样的关系；又如，股指期货交易中有不同交割月份的合约，这些合约代表的基础资产是相同的，其差别仅在于到期时间的不同；还有，尽管在不同的期货交易所交易，但只要标的指数是相同的，这些股指期货合约之间的走势也应该是相同的。

2. 价差是否合理及价差的波动是关键。套利者针对“暂时出现的不合理价差”进行套利，其中的含义有两层：一是“价差不合理”，二是这种不合理是“暂时”的。这意味着价差是波动的。

显然，对套利交易而言，如何判断价差的合理与否以及价差的波动将向何处发展是非常重要的。判断的正确与否将直接影响套利交易的效果。

（二）套利的经济学原理是“一价定律”

“一价定律”认为，在竞争性的市场上，如果两个资产是等值的，它们的市场价格应倾向于一致。一旦存在两种价格，就出现了套利机会。大量的套利者通过卖出高价买进低价进行套利，其结果会导致等值资产价格一致。

当然，一价定律的实现是有条件的，那就是：两个市场之间的流动和竞争必须是无障碍的，而且无交易成本、无税收和无不确定性存在。事实上，这些严格的条件在现实生活中不可能完全满足。比如，交易成本这一项就是任何一个市场都客观存在的。

显然，即使两个市场之间的流动和竞争是无障碍的，实际的套利也必须考虑交易成本及其他因素。在这种情况下，等值资产价格之间的关系用“一致”来表述并不合理，更为贴切的应该是“存在合理的差价”。只有当差价超出了一定的范围之后，套利才是可行的；在合理差价范围之内，套利是无法进行的。在投资界，通常将合理差价之内的价格称之为“无套利区间”。只有在“无套利区间”之外，套利交易才切实可行。当然，“无套利区间”的大小，与不同的品种、不同的市场甚至不同的交易者自身都有关，应该具体问题具体分析。

二、套利交易的两种基本类型

套利交易有两种类型：一种是在期货和现货之间套利，另一种是在不同的期货合约之间套利。

（一）期现套利

当套利在期货市场与现货市场上同步进行时，称之为期现套利，国外常用 Arbitrage 这个名词来表达。

（二）价差交易

当套利都在期货市场上进行，称之为价差交易，国外常用 Spread Trading 这个名词来表达。

期货中的价差交易，可以进一步划分为三个类型，那就是：市场内价差交易、市场间价差交易及跨品种价差交易。

1. 市场内价差交易。市场内价差交易是指，在同一交易所内同一品种但不同交割月份的期货合约之间套利。比如，上海橡胶 0807 和 0809 在 2008 年 6 月份的最高价差曾经达到 2790 元/吨，到临近 0807 交割时价差为 1300 元/吨，这样，每吨就可以盈利 1490 元。

2. 市场间价差交易。市场间价差交易是指，在不同交易所上市的同一品种同一交割月份的合约进行价差交易，有时也称为跨市套利交易。最典型的如伦敦的基本金属和上海交易所的基本金属间的跨市套利交易。

3. 跨品种价差交易。跨品种价差交易是指，对两个具有相同交割月份但不同指数的期货价格差进行套利交易。当然这两个指数之间必须有一定的相关性，并且相关性越高越好。这两个指数期货可以是在同一个交易所中交易的，也可以是在不同交易所交易的。最典型的如大连交易所上市的大豆、豆粕和豆油间的跨品种价差交易。

三、套利交易的特点与作用

（一）套利交易与投机交易的区别

期货交易中的投机是指单边买进或卖出期货合约。买入（卖出）投机者寄希望于价格绝对水平上涨（下跌）而获利，价格上涨（下跌）的幅度越大，得到的投机利润也就越大。如果行情出现相反的情况，则亏损额也会很大。

套利交易是同时进行一买一卖，是双边交易。盈亏不取决于价格的绝对水平变化，取决于价差变化。套利者关注的是价差变化，而不是绝对价格水平，他们买进自认为“便宜”的资产或合约，同时卖出等量的自认为“偏高”的资产或合约。不管这些资产或合约的价格在后期是暴涨还是暴跌，交易者总是一边亏损而在另一边盈利，如果盈利水平高于亏损值，相对价差变化有利于交易者，交易者就可从中获得套利利润；反之，若盈利水平低于亏损值，相对价差变化不利于交易者，交易者就面临套利亏损的结局。如果价格变动之后，“便宜”的价格下跌了，“偏高”的价格却又上涨了，则套利交易的亏损就更大了。然而，由于价差的变动幅度一般是有限的，故盈利或亏损的数额不会很大。

显然，两者的主要区别可以归纳为二条：第一，单边交易和双边交易的区别；第二，风险大小的区别，套利交易的风险远低于投机交易。

（二）期现套利与套期保值的区别

从形式上看，期现套利与套期保值有很多相似之处。比如，同样是在期货市场和现货市场这两个市场进行交易，同样是方向相反，同样是数量相等，甚至同样是时间上同步。那么，两者究竟有什么区别？

主要区别有下列三条：

首先，两者在现货市场上所处地位不同。期现套利者与现货并没有实质性的联系，现货风险对他们来说，实际上是身外之物。而套期保值者则相反，现货风险是客观存在的。

其次，两者的目的不同。“期现套利”交易的目的在于“利”，看到有利可图才进行买卖。而套期保值的根本目的在于“保值”，即为了避险而进行期货交易。

最后，操作方式及价位观不同。比如对买进套期保值者而言，由于担心将来价格上涨而买进期货。即使现在的期价比现价高，也会买进期货进行保值。而对期现套利者而言，很可能认为期价过高而进行卖期货买现货的套利交易。

（三）套利交易可以享受大量的优惠措施

由于套利交易有这么多好处，国际上绝大多数交易所都对自己可以控制的套利交易采取鼓励和优惠政策。比如，只要套利交易是在同一交易所内进行的，交易所都会实施较低的保证金和较低的手续费优惠措施，并且开设套利交易通道。

（四）套利交易对期货市场的作用

套利交易在本质上仍是一种投机，但由于这种投机的着眼点是价差，因而对期货市场的正常运行起到了非常有益的作用。

首先，套利行为有助于市场流动性的提高。套利交易增加了期货市场的交易量，提高了期货交易的活跃程度，促进了交易的流畅化和价格的理性化，起到了市场润滑剂和减震剂的作用。期现套利不仅增加了期货市场的交易量，同时也增加了股票市场的交易量，可以看作股指期货对股票市场的反哺作用。这对于排除或减弱市场垄断力量，保证交易者的正常进出和套期保值操作的顺利实现具有很大的好处。

其次，套利交易有助于价格发现功能的有效发挥。尽管具有相同或相关资产的价格走势基本是相同的，但由于时间和空间的差别或其他原因，彼此之间还是会有一些独立影响因素，这些因素有可能催生了不正常的价差，使相同或相关资产的价格关系出现紊乱或失真。由于套利者最关注价差变化，当发现不正常的价格关系时，会积极入市套利。价差越大，套利的积极性越高，套利的人也越多，客观上起到了促使各种价格关系趋于正常的作用，也即起到了纠偏作用。这对于市场形成比较公平的价格是非常有益的。

四、期现套利的基本步骤

套利交易者在从事期货期现套利活动时，通常会按照下列步骤进行。

第一，估计或计算出期货合约无套利区间的上下界。首先必须明白：期货合约的无套利区间上下界在什么地方以及无套利区的幅宽。其次需注意的是，因为无套利区间的上下界计算与现货指数有关，这意味着我们不可能提前算出未来时间的无套利区间上下界。由于套利交易的机会并非一直存在，一旦出现，也要求套利者迅速作出反应，否则，有利于自身的机会很可能稍纵即逝。因而套利交易者最好能在现货指数出现的即刻就能算出无套利区间的上下界。当然最方便的办法就是将此任务交给电脑来完成。事实上，机构在套利交易中也的确是这么做的。

第二，确定是否存在套利机会。通过实时监视期货合约的实际价格走势，以及不断将其与无套利区间的上下界进行比较，可以发现是否存在套利机会。从前面的介绍中已知，只有当期货价格落在无套利区间之外时，才意味着存在套利机会。具体来说就是，当期货价格落在无套利区间上界之上时，出现正向套利机会；当期货价格落在无套利区间下界之下时，出现反向套利机会。这种比较工作通常也应该交给电脑来完成。

第三，确定交易规模。不难想到，一旦出现套利机会，当交易者准备进行套利交易时，必须确定套利交易的规模。交易规模的确定，依赖于多个因素。

第四，确定与交易规模相称的期货合约数量。交易规模确定后，与其相称的期货合约数量可以很容易的由下式确定：

合约数量 = 交易规模/（指数值 × 乘数）

第五，同时进行期指合约与股票交易。准确的套利交易意味着卖出或买进期指合约的同时，买进或卖出与其相对应的股票组合。

第六，了结头寸。了结头寸是套利交易的最后一步。了结头寸的时机，可以有如下三种选择：（1）持有头寸直到交割时间；（2）交割期前即行了结；（3）将头寸展延为下一最近交割的期货合约。

由于在交割时，期指与现指是一致的，这意味着期价必然回复期货理论价格，故套利者选择交割时在期现两市同时了结头寸，必将获得相应的无风险利润。然而，必须注意的是，套利头寸并非必须持有至交割时才能了结。如果在交割期前，期货合约价格就已回复至理论价格，了结头寸就能提前获得套利利润。这意味着交易者在比原先预期更短的时间内得到了套利利润。还有一种情况是，如果在了结头寸前，发现下一交割月期货合约的期价落在无套利区间外，而且偏离方向与前面的套利方向是一致的，这时就可以将期货合约展延至下一合约。这时只需平掉前一期货合约头寸，再在后一期货合约上开仓，现货头寸不需变动，即建立了一个新的套利头寸。例如，某交易者在 2 月时发现 3 月期货合约高估，已超出套利上界，于是卖出期货买进现货进行套利，到 3 月时，期货合约回复理论价格，本可获利了结了，但这时 4 月期货合约恰好也是高估，在无套利区间之上，该交易者就可选择买进 3 月期货合约平仓，同时卖出 4 月期货合约开仓，现货头寸保持不变，这等于既了结了前面的套利头寸，同时又建立了一个新的套利头寸，由于免除了现货市场上的一买一卖，节约了交易成本，因而扩大了套利利润。

五、价差交易

价差交易也是套利交易，它与期现套利的区别是套利的两边都在期货市场上进行，而期现套利的两边分别是期货市场与现货市场。

由于价差交易都在期货市场上进行，不涉及股票现货市场，因而其复杂度和困难度都大大降低了。前面曾指出过，期现套利通常是机构大户的专利，因为只有机构大户有能力进行期现套利。然而，对价差交易而言，不仅机构大户可以做，散户也完全有能力做。

价差交易的三个类型（市场内价差、市场间价差及跨品种价差）中，应用最方便，实际应用最广泛的是市场内价差。

（一）市场内价差交易

1. 基本概念。市场内价差交易是指在同一市场上对同一品种但不同交割月份的合约进行价差套利，有时也称为跨月套利或跨时间套利。

不同交割月份的合约之间存在价差是非常正常的。价差时大时小，对于价差套利者而言，价差过大和价差过小都是出手套利的时机。但如何识别过大和过小呢？“理论价差”提供了一个观察途径。

价差图是观察及分析历史价差走势的最佳工具。对每一个希望从事价差交易的交易者来说，熟悉和掌握价差图的功能作用都是必要的。

2. 跨月套利的方向。跨月套利的特征是买进一个月份合约的同时卖出另一个月份的合约，但在交易的开始必须确定买哪个月份卖哪个月份。在实务操作中，通常有两种不同的分类名称。

如果在跨月套利的开端，买进交割期较近的期货合约，同时卖出交割期较远的期货合约，通常称之为牛市套利；相反，如以买进交割期较远的期货合约同时卖出交割期较近的期货合约为跨月套利的开端，这时称为熊市套利。

如果在跨月套利的开端，买进价格较高的合约，同时卖出价格较低的合约，通常称之为买进套利；如果在开始时卖出价格较高的合约，同时买进价格较低的合约，通常称之为卖出套利。

显然，两种分类名称的划分依据是不一样的，前者是以合约月份的先后作为划分依据的；而后者是以价格高低作为划分依据。

3. 牛市套利。牛市套利是指买近卖远的套利交易方式，之所以称为牛市套利，是因为通常认为牛市中近期月份合约的上涨幅度会大于远期合约。也有人将这种套利方式称之为“正向跨期套利”。

4. 蝶式套利。蝶式套利，是由两个方向相反的跨期套利组成的，这种交易涉及三个交割月份的合约，即近期、远期和居中的三个月份，相当于两个跨期套利的组合。

蝶式套利的具体操作方式是买入近期月份合约，同时卖出居中月份合约，并买入远期月份合约。其中居中月份合约的数量等于近期月份和远期月份数量之和。这相当于在近期与居中月份之间的牛市套利和在居中月份与远期月份之间的熊市套利的组合。当然也可以卖出近期月份合约，同时买入居中月份合约，并卖出远期月份合约。由于近期和远期月份的期货合约分居于居中月份的两侧，形同蝴蝶的两个翅膀，因此称之为蝶式套利。

5. 熊市套利。熊市套利是指卖近买远的套利交易方式。之所以称为熊市套利，是因为通常认为熊市中近期月份合约的下跌幅度会大于远期合约。也有人将这种套利方式称之为“反向跨期套利”。

6. 买进套利与卖出套利。买进套利与卖出套利是针对价格较高的合约是买还是卖来划分的。如果在跨月套利的开端，买进价格较高的合约，同时卖出价格较低的合约，称之为买进套利；如果在开始时卖出价格较高的合约，同时买进价格较低的合约，则称之为卖出套利。

由于不考虑合约的远近，只考虑合约价格的高低，因而，在分析时的复杂度反而降低了。

（二）市场间价差交易

市场间价差交易是指在不同市场上上市的同一品种同一交割月份的合约进行价差交易，有时也称为跨市套利交易。交易者利用两个相同合约之间的价格差，在一个交易所买进期货合约，在另一个交易所卖出期货合约，建立一个跨市套利头寸。由于合约是相同的，且交割月份也相同，故一般应采用低买高卖的策略。建立套利头寸后，等到两个期货合约的价差缩小后再行平仓，以此获得跨市套利利润。

必须指出的是：不同的交易所交易完全一致的指数产品在世界上并不是很普遍。故对交易者来说，纯粹的应用跨市套利方法来进行股指期货交易的机会并不是太多。然而，值得注意的是，一些交易所在推出竞争性指数产品时，会对原指数改头换面，以显示出一定的区别，但其实际差异并不大。相关系数的计算，可以帮助我们揭示这些指数间的相似度。如果这些指数间的相关性极高，那么在一定程度上可以将它们视作跨市套利的对象。

（三）跨品种价差交易

1. 跨品种套利的基本情况。跨品种价差交易是指对两个具有相同交割月份但不同指数的期货价格差进行套利交易。当然这两个指数之间必须有一定的相关性，并且相关性越高越好。至于这两个指数期货在哪里交易倒不是主要问题，既可以是在同一个交易所中交易的，也可以是在不同交易所交易的。当然，对交易者而言，如果两个相关品种在同一个交易所中交易，进行价差交易时会更容易些。

2. 跨品种套利的数量。交易者在跨品种套利时，应该知晓一个概念，那就是套利两边的资金价值必须大致相等。前面的跨期套利和同品种跨市套利都不存在这个问题，这是因为那时的套利都是针对同一个品种进行的，套利两边对同样数量的合约而言，资金价值在总体上是相等的，有一些差别也是套利的基础。在那种情况下，只要买进的一边上涨的比卖出的一边快，或买进的一边下跌的比卖出的一边慢，套利者就能获得套利利润。然而，对于跨品种套利来说，由于两边的合约所代表的资金价值不一定相等，如果也与前面一样，两边的合约数量相等，则两边的资金价值就可能出现很大的差别。在这种情况下，即使两个合约的价差朝着套利者希望出现的方向变动，套利者仍然可能导致损失。

3. 跨品种套利的时机。跨品种套利比跨月套利的价差波幅大，对套利者而言，这将导致更多的套利机会，当然，这也意味着相应的风险也增大了。

交易者在跨品种套利中能否获利，取决于对价差变动方向的判断是否正确，如果判断是正确的，则套利的成功可能性就大；如果判断错误，则失败的可能性就很大。

在跨品种套利的时机判断上，通常采用历史经验判断法。其做法是通过观察历史价差图，找出价差的极大值和极小值。当价差位于高价区时，做卖出套利；相反，当价差位于低价区时，做买进套利。

4. 跨品种套利的范围。从理论上讲，跨品种套利不仅能在不同的指数期货中进行，而且在指数期货与其他非指数期货品种中也能进行，其前提是只要它们之间有一定的联系。比如对指数期货与债券期货而言，后者属于利率期货。但由于利率的高低与股指的高低通常有着反比例关系，如果套利者认为现行股指对应的利率远低于实际利率，这意味着指数价格太高了，一段时间后或者是指数价格下跌，或者是利率下降。这时交易者可以卖出指数期货，同时买进债券期货品种，进行指数期货与利率期货的套利交易。如果指数价格下跌了，意味着对应的利率上升；如果债券期价上升，意味着与债券对应的实际利率下降。当然，在进行这种套利时，需根据实际情况，事前计算好套利头寸的比例。还有，套利能否成功与这两个市场的联系是否紧密，股票市场对利率市场的变动是否敏感也有关系。如果联系不密切，反应不敏感，则这种套利方式就很难进行。

（四）传统意义上套利存在的弊端

1. 跨市套利的理论基础不牢靠。一般认为，同一个商品品种如果在两个不同市场存在一定差价或比价，可以买入低价市场合约同时卖出高价市场合约，等价格趋同平仓，获取收益。

这样套利的无风险基础并不成立，原因在于：

（1）国内一个品种只在一个交易所上市，所以如果要达成所谓的跨市套利，就得在中国和外国两个市场上同时操作。而实际上在国外开户的手续相当麻烦，所以一般投资者用跨市套利的思路，只在国内市场做了单边的头寸，这是一种简单的看着外盘做内盘的方法。

（2）由于投机散户没有国际现货交割的可能，所以不可能存在将国内交割拿到的现货运到国外抛出进行交割的可能。

2. 跨品种套利的理论基础不牢靠。一般认为，一些品种之间呈现相关性或者替代性，价差会在一定范围之内。如果其中一个品种上涨，会带动其他品种一起上涨。

跨品种套利的可行性更低：

从长期的平均价格看有些品种可能确实存在一定的所谓相关性，但具体到某一个具体的时间段看，其可靠性就会大打折扣，一方面期货合约存在着到期交割的问题，另一方面，即便是将来的某一时间所谓相关商品合约的价格还会相关；但是，在期间的价格出现的不利走势，可能是我们难以承受的；同时，由于交易所的强制平仓制度，在极端行情时很有可能出现一个合约被强行平仓，而另一个合约不能够平仓的极端不利局面。

3. 跨期套利的理论基础不牢靠。一般认为，同一个品种的不同合约是高度相关的，如果同一个品种不同合约差价过大或过小，都可以通过现货交割获取无风险利润。

跨期套利同样没有固定规律可言：

（1）期货各个品种的合约是升水排列还是贴水排列没有必然的规律，任何情况都是可能的。

（2）如果近期合约在向远期迁仓，可能导致远强近弱；如果近期多头逼仓或者有轻度逼仓，可能就是近强远弱。

（3）即使价差回归到“正常范围”，中途也很有可能发生极端事件或是经历很长时间，可惜我们的时间和金钱都是非常有限的。

4. 传统意义上的套利是非常典型的“逆势”操作。我们在寻找“套利机会”的时候，恰恰就是市场走出与之前不寻常的走势的时候，因此我们预期市场会从不寻常回复寻常。但是，“存在即是合理”，如果本身这样的价差不合理，它为什么会存在呢？既然存在，而且长期持续存在，就一定有它存在的道理。

5. 套利的头寸难度。套利实施的细节上也有很多不能解决的问题。

6. 套利的交割难度。即使具备现货交割的条件，套利交割也有很大难度。由于是双边合约，一旦临近交割月保证金就会大幅增加，而且只要交割环节里稍有不畅，套利的条件就会被打破。

第十一章 实战技巧与案例

第一节 资金的分配及操作步骤

投资者进入资本市场首先面临的问题就是如何安排自己的资金。家庭财产的合理管理即理财应该是一个比较宽泛的概念，这里仅仅探讨我们投资资本市场的资金分配，这是个仁者见仁，智者见智的问题。下面把我近十几年自己的做法和为其他人提供的建议和读者进行一下交流。

一、资金的特种兵

一般建议这部分资金总资金的5%～10%，主要是捕捉资本市场中的极端行情，快进快出，获得短期超过利润。具体地讲，主要是参与像权证、期货等极端暴利市场，即使亏损掉这部分资金，也不会在很大程度上影响自己的投资和生活。

二、资金的游击队

一般建议这部分资金占总资金的比例5%～10%，主要用于期货市场的日内交易，主要目的是强化对其市场的感觉，顺便赚点零花钱。

三、资金的正规军

这部分资金占总资金比例的80%～90%。在股票市场有行情时，这部分资金的一半投资股票市场，另一半投资期货市场。当股票市场没有机会时，其全部投入期货市场的波段操作。

当然，如果资金比较少，我的建议是资金只分配给正规军，这部分的操作相对更注意其安全性，追求长期稳定的利润。

所谓的正规军就是我们资金的主力部队（占我们资金总量的80%～90%），也是我们在资本市场中积累财富的主要力量。我们的目的是保持长期稳定的获利能力，因此，战法的核心是安全和稳定获利。

四、操作步骤

前面的章节中我们介绍了几种常用的交易系统，大家一定会有这样的问题，面对复杂的盘面和行情变化，我们选择哪一个交易系统呢？在回答这样的问题前，我们首先要对自己的资金状况和技术分析能力，以及心理状态等各个方面的内容有一个比较清楚的了解，然后总体上对自己有一个大概的评价（这真的很重要）。

我的观点十分明确，我们既不做长线也不做短线，我们首选成功率最高的系统，因为只有这样的系统才是破产风险最小，收益率反而最高的系统。

讲到这里，我们的问题也就已经非常清楚明晰了，通过前面的章节我们已经知道“移动平均线的完美秩序”是一个优势最明显的系统；其次是MACD脉冲系统；再次是MACD交易系统；最后是双线交叉系统和带ADX的DMI系统以及四周法则、三线反转系统等。有人一定会有这样的问题，能够捕捉到拐点的V型反转系统不是应该更好吗？实际情况是，我们初学者很难在第一时间把握住，等到我们发现确定是V型反转的时候，往往行情已经走了一段时间了，这样的话其报酬率就大大降低了，也就失去了它的优势了。因此，我们建议的操作方法是：

第一步，寻找满足“移动平均线的完美秩序”的交易品种（不论是股票还是期货合约），如果没有满足条件的我们进行下一步。

第二步，寻找MACD交叉系统，如果没有满足条件的我们再进行第三步。

第三步，寻找双线交叉系统，带ADX的DMI系统或是四周法则。

如果这三种方法都找不到满足的，那我们应该如何做呢？答案非常简单，那就是休息。当然，如果寂寞难耐，可以缩短时间周期，在更短的时间周期里寻找满足条件的品种。

后面的内容将结合具体的案例进行介绍，这部分的内容带有很大的主观成分，投资者在学习时，一定要结合自己的情况具体分析，不可以全面模仿和照搬。因为那已经成为过去，任何一家经纪公司也不会让我们回到过去去交易。

第二节　期货的正规军战法

一、寻找满足“移动平均线完美秩序”的合约

1. 只做“均线的完美秩序”。在期货市场上，最短移动平均线一般取 5 天，长期移动平均线至少要 30 天。

2. 一旦交易信号出现，就开 45% ~55% 的仓位。这里唯一需要注意的是尽量不在盘中建仓，要到接近收盘时开仓，并且要特别注意的是收盘价和结算价是否处于对自己开仓有力的位置，具体的就是如果收盘价和结算价对自己有力就开仓，如果不利的幅度（我一般控制在 1%）超过一定的范围就等明天看盘再决定。

3. 行情向有利于我们开仓方向发展达到 2% 时，我们用浮赢加码，仓位还保持一样的水平。

4. 一直这样操作下去，直到退出。

5. 退出策略。“完美”信号消失时，就要退出，这里唯一要注意的是极端行情，如果趋势的角度大于 75°，可以利用 3 天线或 5 天线退出；极特殊的行情甚至还可以用 BIAS 这样的指标退出。

开始于 2001 年年底的商品大牛市，不论是基本金属还是农产品以及燃油、橡胶、黄金等都走出了翻几倍的大行情，按我们这样的方法在在期货市场中投机，收益是可以想象的。

那样的行情并不是不能够把握的，但真正在里面赚钱的又有多少人呢？大家应该好好想一想究竟是为什么？为了大家印象深刻，现在我们举几个例子。

（一）几个大涨的例子

1. 大连大豆的走势图（见图 11－2－1）。

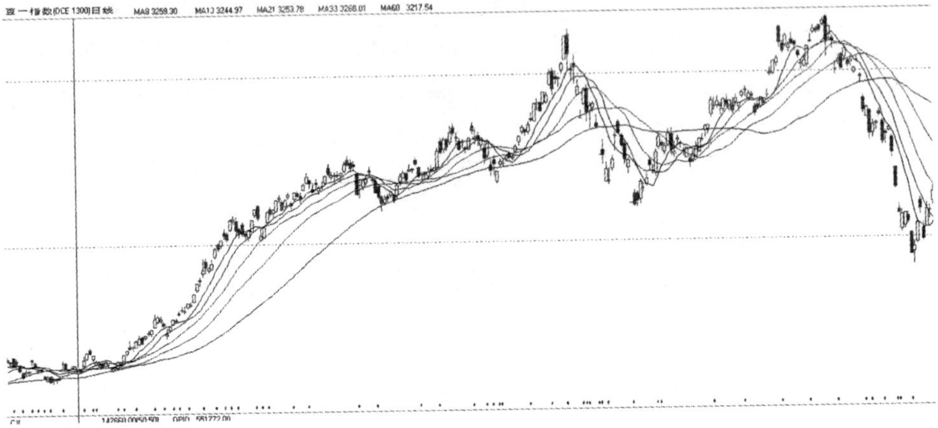

图 11－2－1 大连大豆走势图

2. 美国大豆的走势图（见图 11－2－2）。

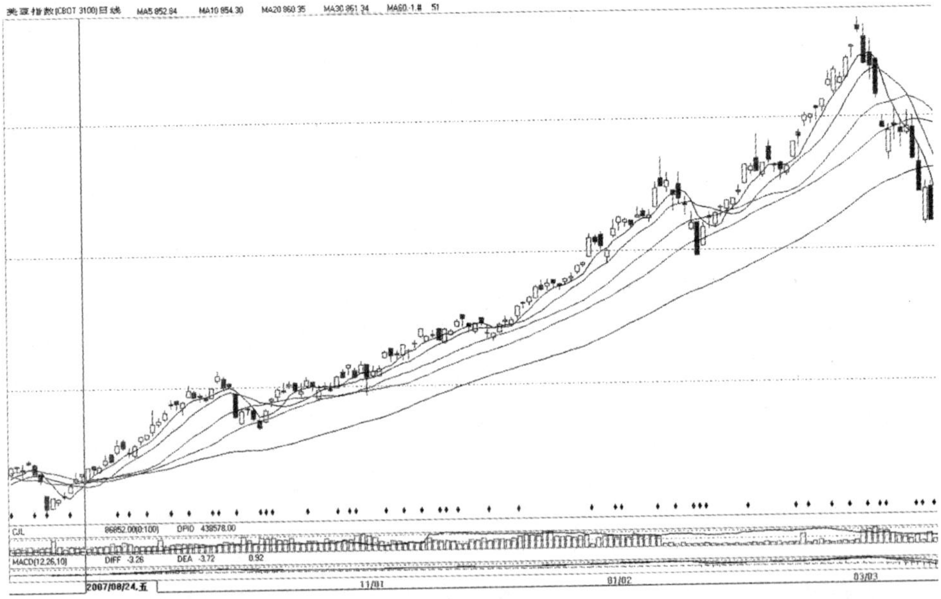

图 11－2－2 美国大豆走势图

（二）几个大跌的例子

1. 沪锌的走势图（见图 11 - 2 - 3）。

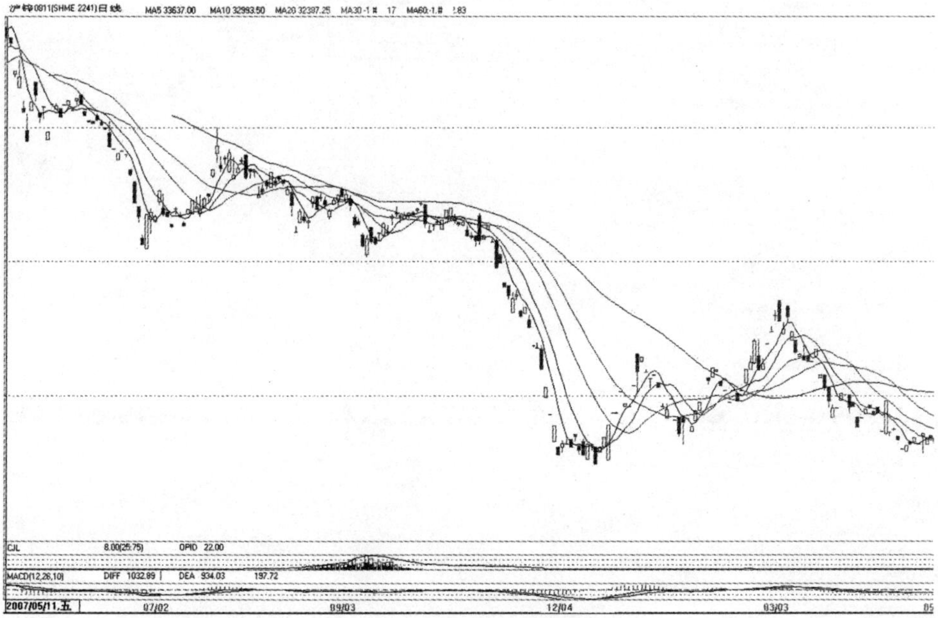

图 11 - 2 - 3 沪锌走势图

2. 沪铝的走势图（见图 11 - 2 - 4）。

3. 大连棕榈油的走势图（见图 11 - 2 - 5）。

二、脉冲交易系统

1. 上海橡胶 0901 合约走势图（见图 11 - 2 - 6）。

2. 上海燃油 0902 合约走势图（见图 11 - 2 - 7）。

三、没有满足条件就使用“MACD 三屏系统”

1. 判断周 MACD 的背离信号的强度，13（或 26）周 EMA 的方向（见图 11 - 2 - 8）。

2. 判断日线 MACD 线的背离、MACD 柱的背离、MACD 线的交叉（见图 11 - 2 - 9）。

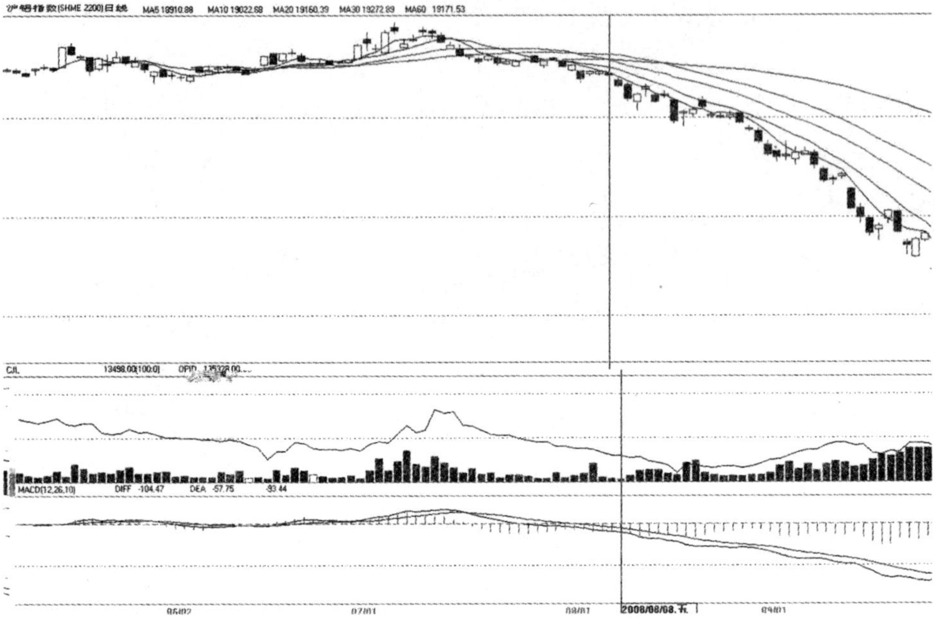

图 11－2－4 沪铝走势图

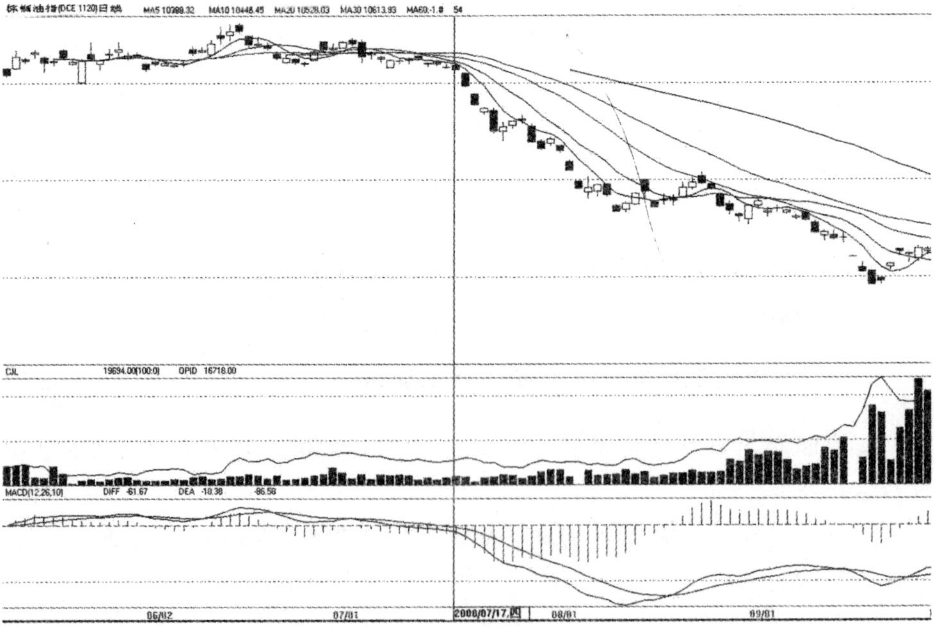

图 11－2－5 大连棕榈油走势图

图 11－2－6　上海橡胶 0901 走势图

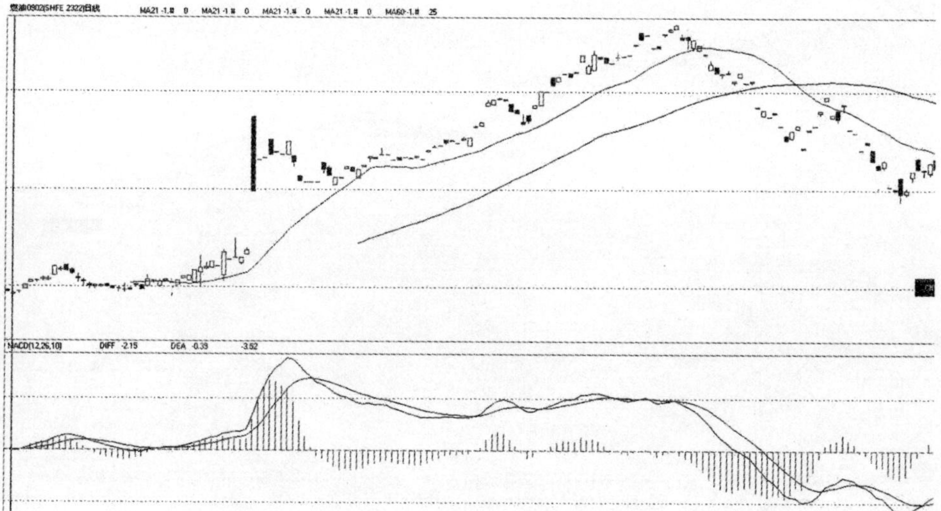

图 11－2－7　上海燃油 0902 走势图

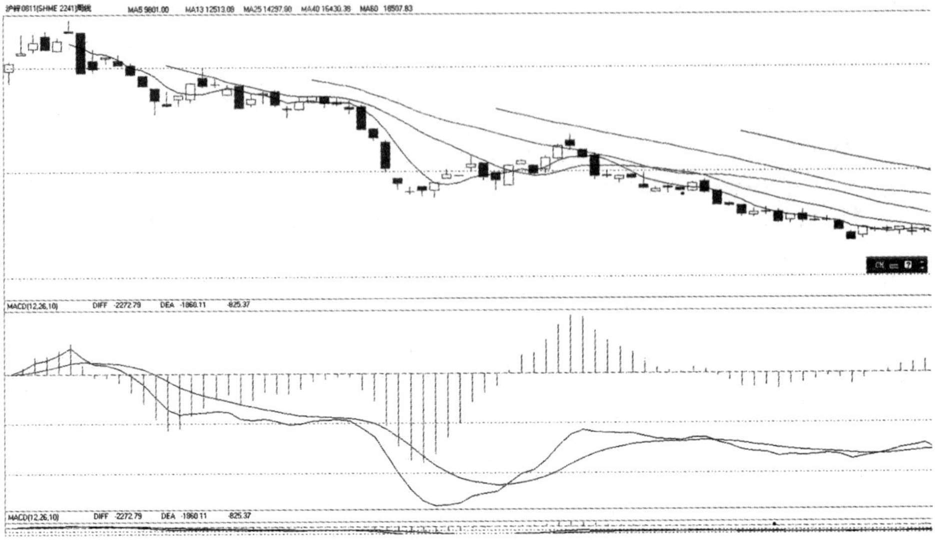

图 11-2-8　沪锌周线走势图

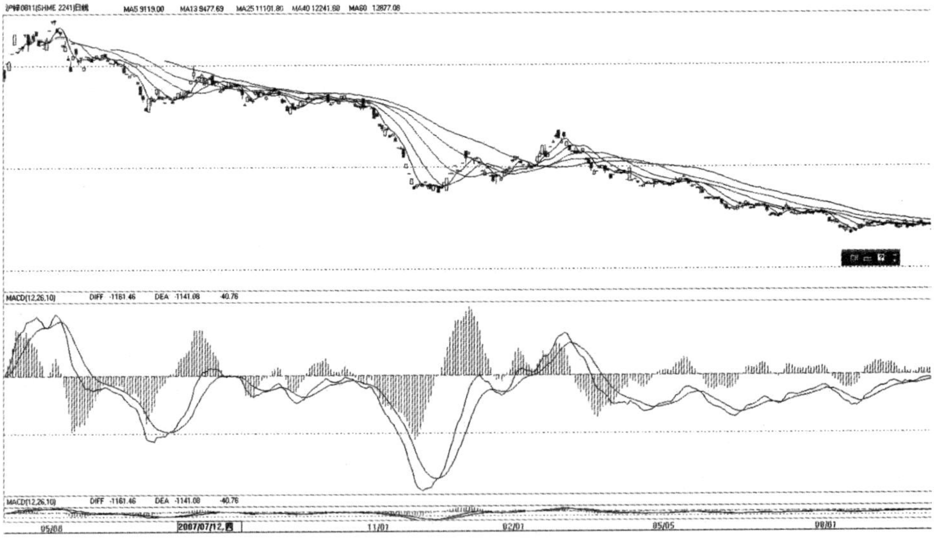

图 11-2-9　沪锌日线走势图

四、双线交叉系统

1. 我一般选择 8、21 天线交叉系统，偶尔也用 9、26 天线的交叉系统（国外比较流行的）。

2. 这里要特别注意交叉的方向。

3. 大连豆粕走势图（见图 11－2－10）。

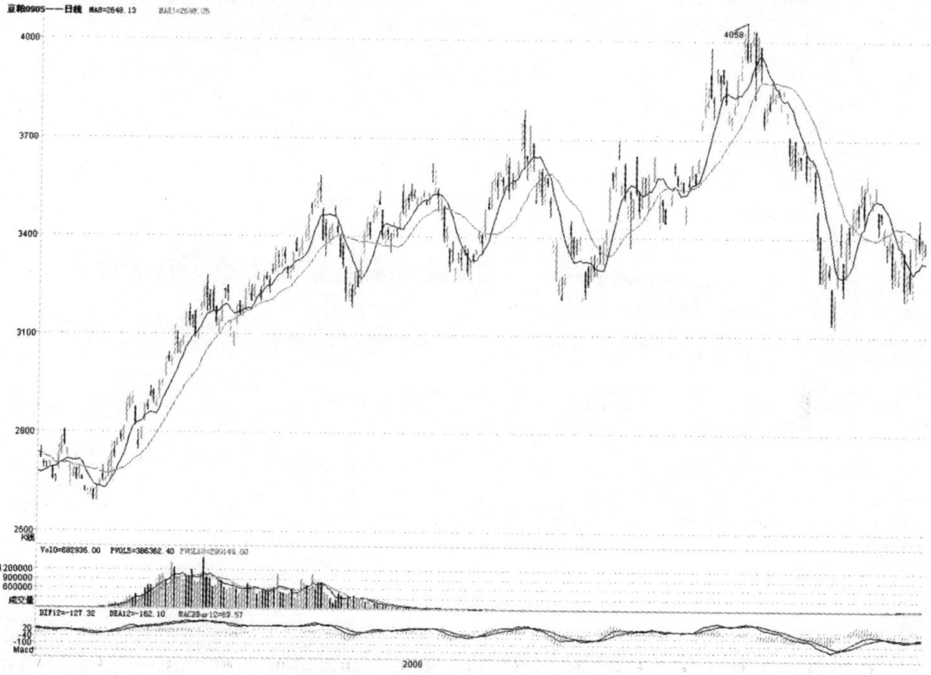

图 11－2－10　大连豆粕走势图

4. 郑糖走势图（见图 11－2－11）。

五、单一均线系统

这里唯一要注意的就是要对均线的周期进行适当的优化，方法我们前面已经介绍过，就是改变时间周期找到重合点最多的一条均线。

1. 郑州棉花 0901 合约走势图（见图 11－2－12）。

2. 上海燃油 0902 合约走势图（见图 11－2－13）。

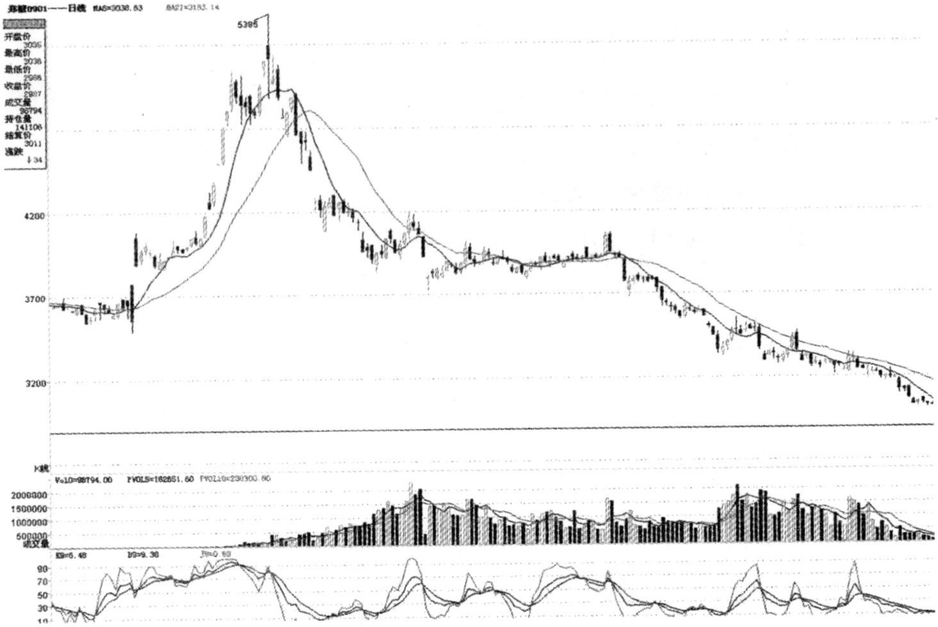

图 11－2－11　郑糖走势图

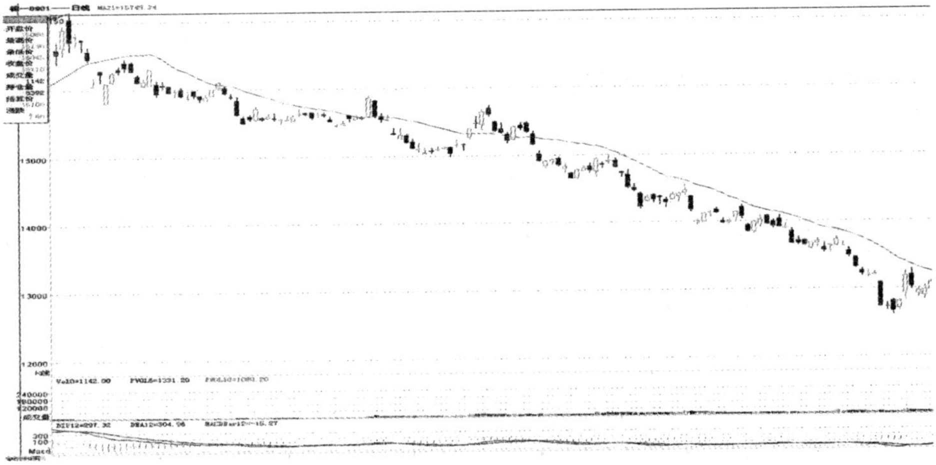

图 11－2－12　郑州棉花 0901 走势图

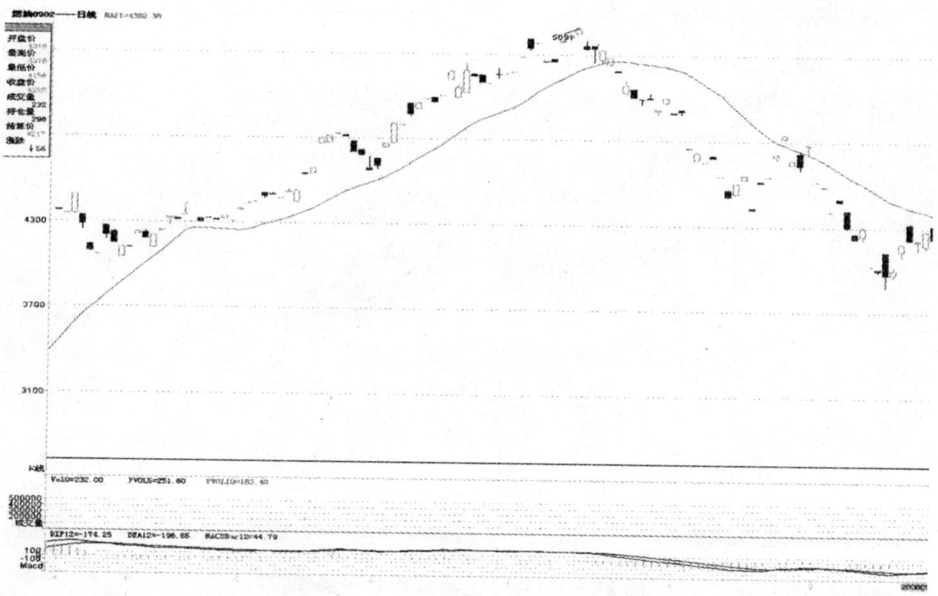

图 11－2－13　上海燃油 0902 走势图

六、几点说明

第一，上面不论何种方法，如果找到的期货合约不是一种满足我们的条件，如何选择？我的一般的原则是，利用带 ADX 的 DMI 方法再进一步优选，也可以配合趋势线的角度或均线的方向等指标进行优化，或干脆选择自己熟悉的品种。

图 11－2－14、图 11－2－15、图 11－2－16 分别是上海锌、铜、铝的指数走势图，在标注十字光标的地方是 2008 年 3 月 19 日，当时从其他的技术指标看它们的走势差异并不是很明显，但从图中可以清楚地看到沪锌 DMI 指标中的 ADX 率先走强，提前沪铜和沪铝发出做空信号，其后走出了一轮下跌行情。

第二，满足条件时是否立即开仓的问题。我的一般做法是：如果收盘价和结算价（平均价）对我们有利，就在临近收盘时在收盘价附近开仓；如果对我们不利的幅度大于 1%（比例可以自己确定），就等第二天开盘时再决定是否开仓。

在图 11－2－17 中，沪铝 2008 年 7 月底 8 月初的走势就很能够说明这

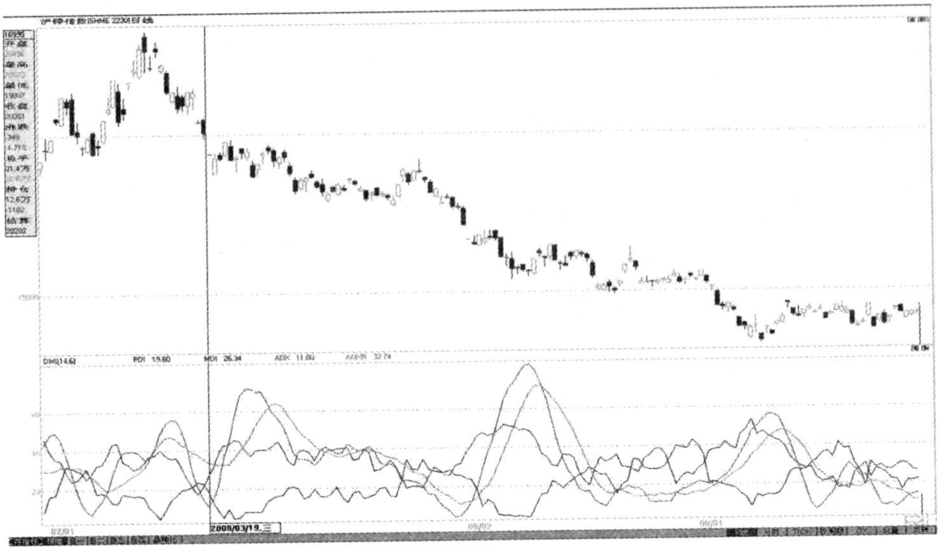

图 11－2－14　上海锌指数走势图

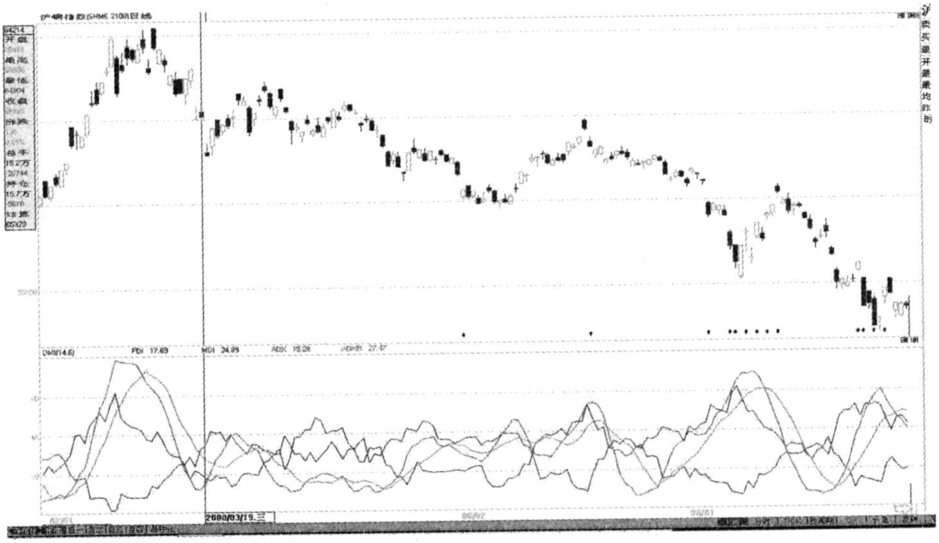

图 11－2－15　上海铜指数走势图

样的问题。连续几天收盘前的跳水收长阴线都把收盘价和结算价的价差打的超过 1%，等第二天再开仓反而有更好的价格。当然，这样的做法带有一定

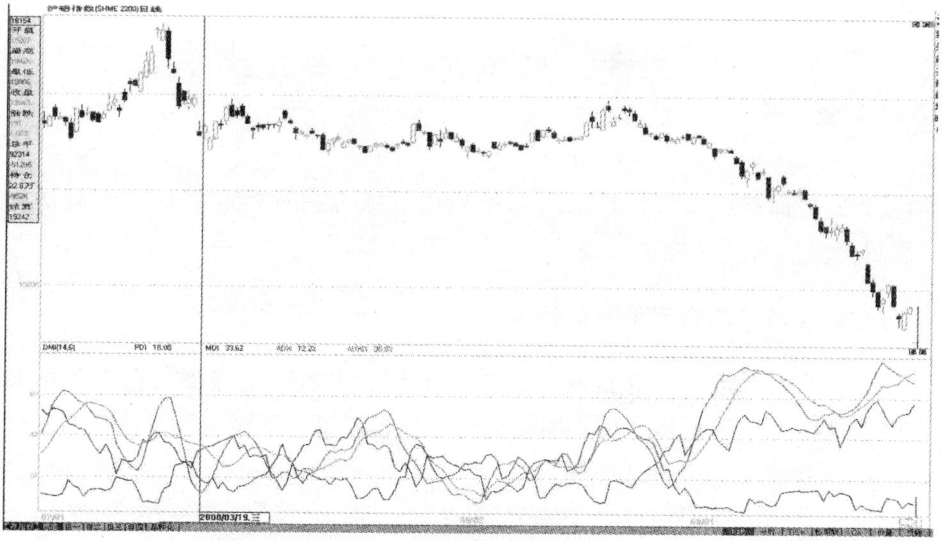

图 11－2－16 上海铝指数走势图

的主观成分；对一般的投资者来说，从追随趋势的角度看，第一天就开仓也没有原则性的错误。

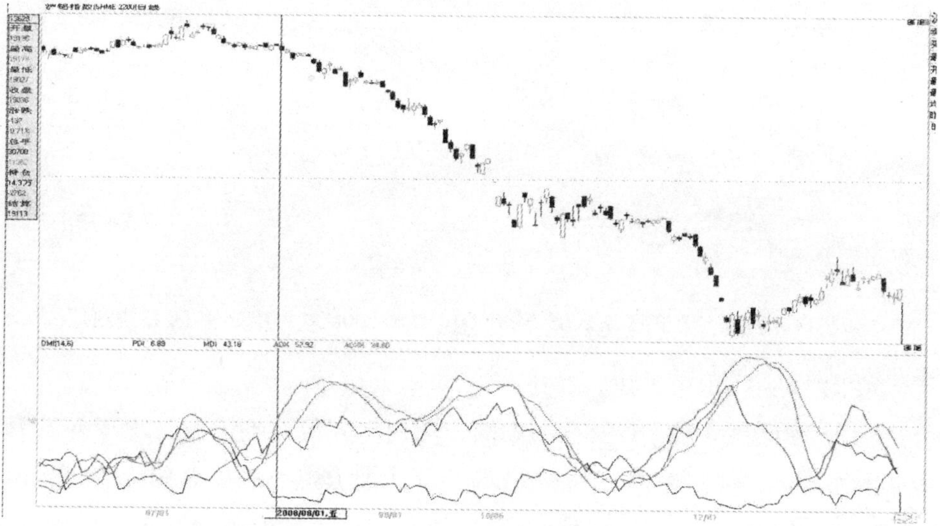

图 11－2－17 沪铝指数图

第三节　股票的正规军战法

我们前面曾经提到，我更愿意把股票看成是一种没有附近任何载体的“期货合约”。

一、寻找“均线完美”的股票

首先在股票市场中寻找满足条件“均线的完美”的股票，由于目前我国的股票市场只能做多，所有问题就变得比较简单。下面我们举例说明。

1. 上证指数（见图 11－3－1）。

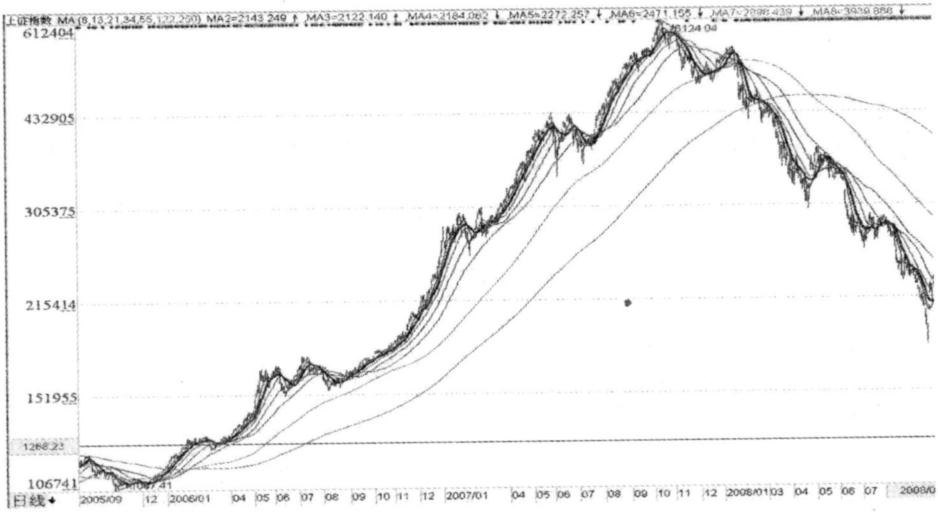

图 11－3－1　上证指数 2005 年 6 月 16 日到 2008 年 9 月 26 日的 K 线图

在图 11－3－1 中，我们看到：

（1）2005 年 8 月 3 日所有的均线方向向上，但并不完美，2005 年 8 月 9 日中短期（最长 55 天）均线出现“完美秩序”，收盘点位 1152.53 点（我们买入）。

2005 年 8 月 19 日“完美秩序”消失，收盘点位 1150.18 点（我们平仓）。

亏损 = 1150.18 - 1152.53 = -2.35 点

（2）2005 年 12 月 26 日中短期（最长的均线 55 天）均线出现“完美秩序”，收盘点位 1156.82 点。

2006 年 2 月 16 日“完美秩序”消失，收盘点位 1270.63 点。

盈利 = 1270.63 - 1156.83 = 113.81 点

（3）2006 年 3 月 22 日所有的均线（最长的 250 天）出现“完美秩序”，收盘点位 1281.13 点。

2006 年 6 月 7 日“完美秩序”消失，收盘点位 1589.55 点。

盈利 = 1589.55 - 1281.13 = 308.42 点

（4）2006 年 8 月 28 日出现所有的均线“完美秩序”，收盘点位 1650.44 点。

2007 年 1 月 30 日“完美秩序”消失，收盘点位 2786.34 点。

盈利 = 2786.34 - 1650.44 = 1135.9 点

（5）2003 年 3 月 15 日出现“完美秩序”买入信号，收盘点位 2951.70 点。

2007 年 6 月 1 日“完美秩序”消失，收盘点位 4000.74 点。

盈利 = 4000.74 - 2951.7 = 1049.04 点

（6）2007 年 7 月 20 日出现“完美秩序”买入信号，收盘点位 4058.85 点。

2007 年 9 月 11 日“完美秩序”消失，收盘点位 5113.87 点。

盈利 = 5113.87 - 4058.85 = 1055.02 点

（7）2007 年 9 月 14 日出现“完美秩序”买入信号，收盘点位 5312.18 点。

2007 年 10 月 22 日“完美秩序”消失，收盘点位 5667.33 点。

盈利 = 5667.33 - 5312.18 = 355.15 点

在实际应用中，我的观点是：一旦价格离开我们的成本 30% 以上，可以把第一条线的时间周期改为 21 天。

2. 选择股票的方法。大家一定会说，期货合约就十几种，股票指数也不多，我们一个一个翻就能够找到是否有符合条件的期货合约或指数，那么，我们如何在 1500 多只股票中找到符合“完美秩序”的个股票呢？其实方法很简单，我现在就介绍给大家。

（1）在软件中设置下列均线组，1、8、13、21、34、55、120 和 250 天，当然，你也可以采用其他的组合；这里最关键的是最短的和最长的均线周期选择，我一般在开始时最短的均线选择 8 天，当股价离开成本区以后我会逐步加大最短均线的周期，但一般不会大于 21 天；最长的也是如此，先选择 55（或 60）天，待股票有一段涨幅以后再增加最长移动平均线的长度，然后再要求 120 天和 250 天。

（2）在软件的“条件选股”中设置。

让 MA1（1 天）大于 MA2（8 天），一天的均线不是将来的条件，主要目的是控制在开仓时股价占在 8 天线上，它的方向不影响完美秩序的标准。这里不是严格意义上的完美秩序，严格意义上的完美秩序还有考虑移动平均线的方向，我曾经做过这方面的测试，对结果的影响不是太大。其他条件如下：

MA2 大于 MA3（13 天）

MA3 大于 MA4（21 天）

MA4 大于 MA5（34 天）

MA5 大于 MA6（55 天）

MA6 大于 MA7（120 天）

MA7 大于 MA8（250 天）

如图 11－3－2 所示。

2005 年 8 月 19 日，我们执行条件选股得到的结果就有天威保变（600550）等股票。

2005 年 8 月 19 日收盘价 2.11，2005 年 11 月 1 日完美秩序消失，收盘价 3.99（复权价），涨幅 89%。

这只股票还在 2006 年 3 月 21 日，2007 年 1 月 5 日，2007 年 7 月 27 日分别出现了 3 次移动平均线的完美秩序，每次都有相当不错的收益。

2005 年 8 月 26 日，我们用这种方法选出了中金岭南（000060），当时大盘还没有“完美秩序”（见图 11－3－4）。

大家可以举一反三的学习和体会这种方法。当然，这种方法不一定能够选择到涨幅最大的股票，但是，它确确实实能够让我们在保证资金相对安全的前提下，在股票市场里赚到钱。要想找到短期内涨幅巨大的股票，不是我们这里讨论的范畴。

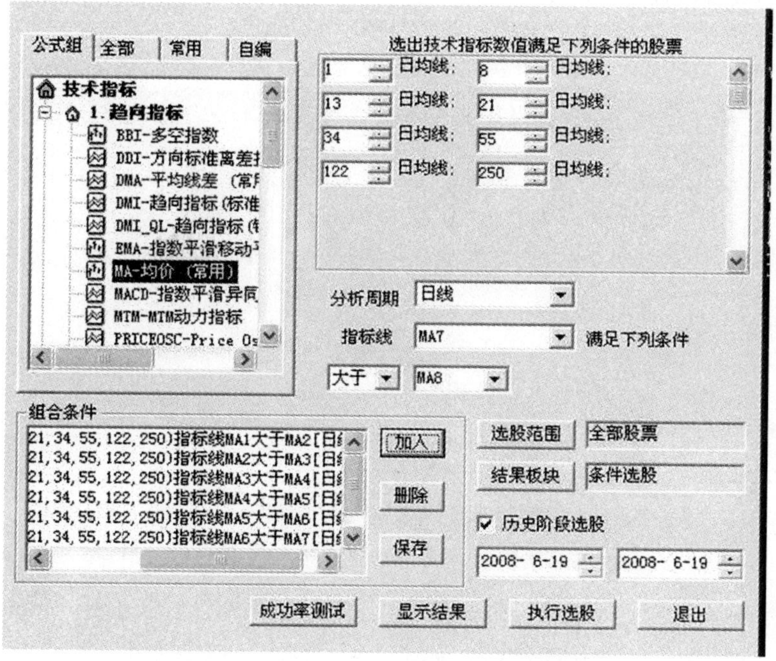

图 11－3－2 软件中的“条件选股”

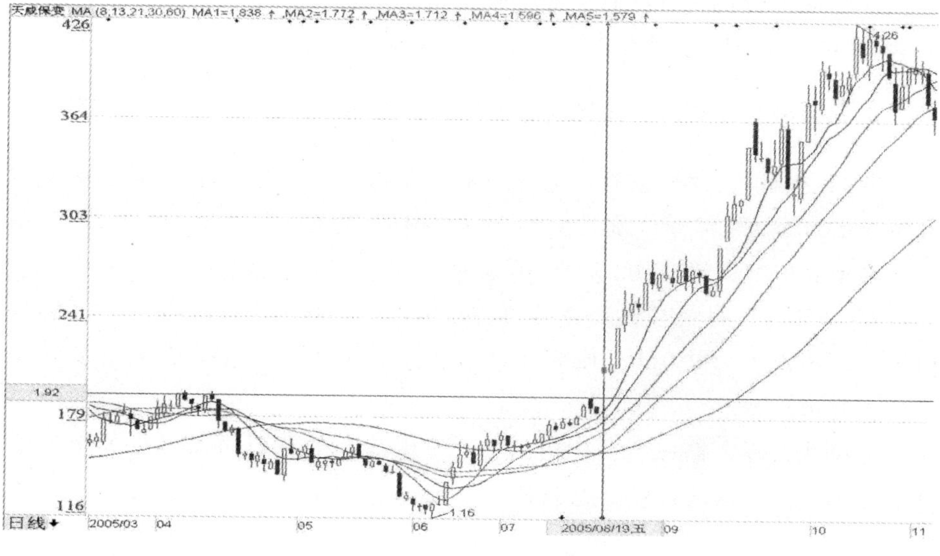

图 11－3－3 600550K 线图

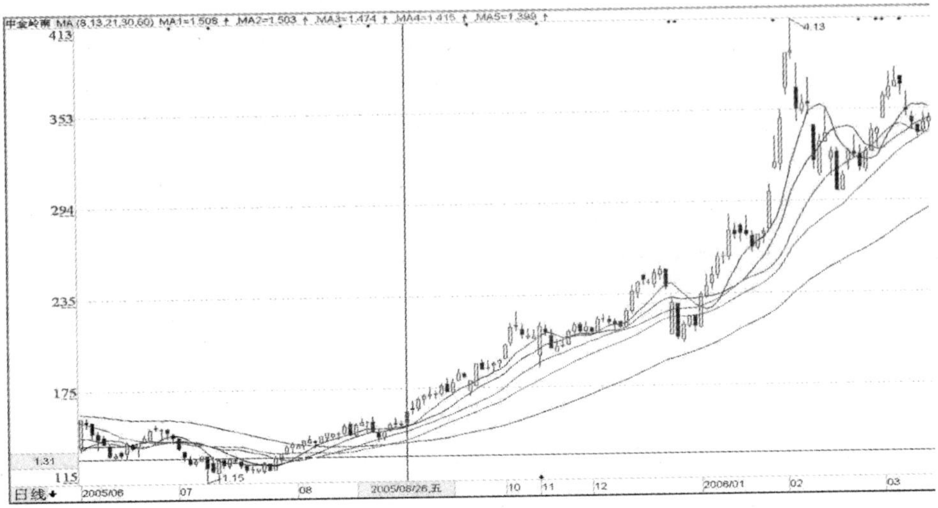

图 11－3－4　000060 的 K 线图

希望大家唯一要注意的是，离开成本区一定的幅度后（我一般是 30%），可以把第一条线调为 21 天。当然，你也可以完全不变，但等在出现完美信号再进场。

2007 年 10 月 24 日以后，很少有股票再出现这样的形式，但 2008 年 4 月 25 日这种方法自动选出了隆平高科（000998）（见图 11－3－5）。

二、如果没有满足“均线完美秩序”的股票，就选择 MACD 交叉系统

我们也是用软件的选股功能让电脑自动选择，方法如下：周 MACD 大于 0（相当于绿柱缩短，或红柱放长）；日 DIF 金叉 EMA。

在电脑中的设置如图 11－3－6 所示。

2005 年 11 月 19 日，选股结果共选出 600143、600458、600549、600557、000935、002015、002018 这些股票。这些股票后来都走出了翻几倍的大行情。

这里我告诉大家一个小技巧，我有时候就直接使用周 MACD 的金叉信号，也取得了不错的效果。周 DIF 金叉 EMA 在电脑中的设置如图 11－3－7 所示。

这里介绍的两种方法都是在每周五收市前让电脑自动完成选股工作，然后再根据自己的喜欢进行简单判断就可以了。

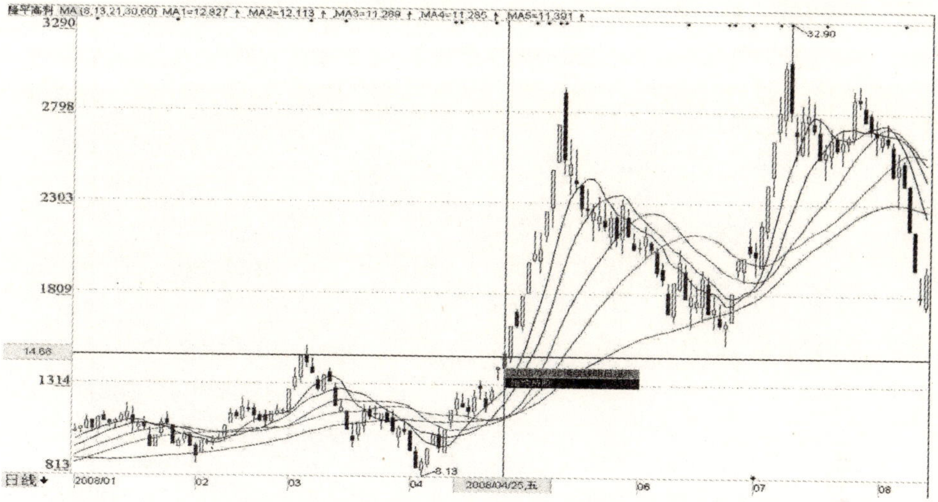

图 11－3－5　000998 的 K 线图

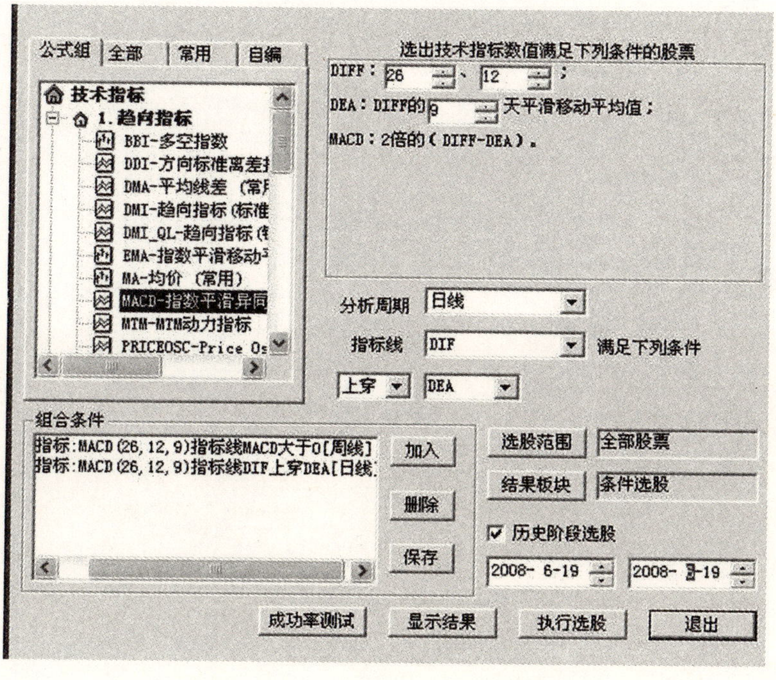

图 11－3－6　软件中的“条件选股”

——周 MACD 大于 0、日 DIF 金叉 EMA

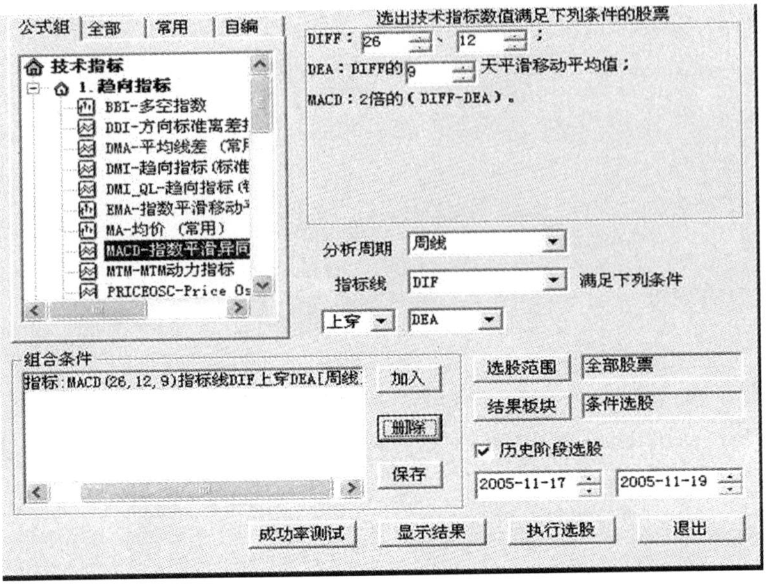

图 11－3－7　软件中的“条件选股”——周 DIF 金叉 EMA

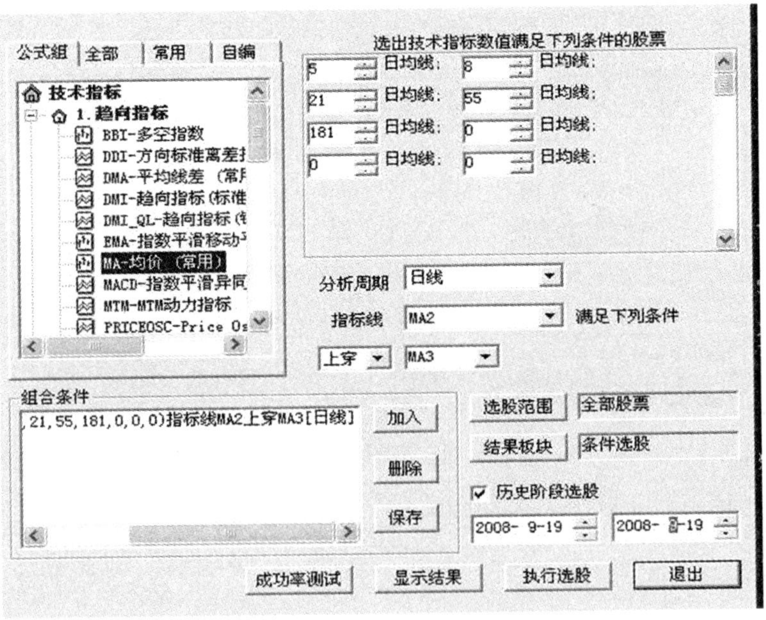

图 11－3－8　软件中的“条件选股”
——8 天和 21 天移动平均线金叉

三、上述两个条件都没有满足的股票，我们就要第三种方法，即“双线交叉”，带 ADX 的 DMI 和四周法则等

我们也是借助电脑来实现这些工作。

双线金叉（我们这里选择 8 天和 21 天的移动平均线金叉）的电脑设置如图 11－3－8 所示。

其他两种方法这里就不再列举，感兴趣的读者可以自己尝试。

四、休息和等待

如果三种方法都选择不到股票，那我们应该怎样做呢？休息耐心等待市场的机会。

我一直不建议初入市场的投资者从事短线交易，因此，这里没有给大家介绍带有很大主观成分的所谓寻找拐点的方法。因为那样的技术不是每个人都能够学会的，它的成功率和报酬率都没有上面介绍的方法高。

第四节 特种兵战法

特种兵战法的核心理念是，要完成常人认为几乎不可能完成的任务。在资本市场中，我们也应该培养自己的特种兵。市场中没有我们认为百分之百的机会就不出手，要耐得住长期等待的寂寞，一旦出手就要投入全部的力量，不怕受伤甚至牺牲自己的生命；如果成功，就迅速扩大战果，这样会取得意想不到的结果。当然，我们的出击是要在对敌情（资本市场中的图表和行情不就相当于战场上的敌情吗?）充分地了解的前提下。知己知彼，方能百战百胜吗!

一、具体操作技巧

1. 只做“均线完美秩序的”。在期货市场中，我短期均线一般取 5 天，长期均线取 30 天以上。

2. 一旦交易信号出现，要“基本满仓”（这里的基本满仓是指仓位

80%以上）进入。这里唯一需要注意的是：尽量不在盘中建仓，要到接近收盘时开仓，并且要特别注意的是收盘价和结算价是否处于对自己开仓有力的位置。具体的就是，如果收盘价和结算价对自己有力就开仓，如果不利的幅度（我一般控制在1%）超过一定的范围就等明天看盘再决定。如果想做多并且结算价大于收盘价即为对多头有力，空头的情况正好相反即结算价小于收盘价即为对空头有力。

3. 行情向有利于我们开仓方向发展达到4%（一个板的百分比）时，我们继续用浮赢“满仓”加码；当出现盈利较多时，这样的加码方式实际是倒金字塔的加码方式。

4. 一直这样操作下去，直到退出。

5. 退出策略，“完美”信号的消失就要退出。

这个方法在不同的训练班上使用过，当初大家习惯地把它称之为“满仓滚动加码战法”，也有人更喜欢称之为“敢死队战法”。

二、模拟账号的收益率计算

为了大家对此方法有一个感性认识，我们以一个10万元的账户进行一下收益率的计算。

（一）几个假设前提

1. 初始资金10万元。

2. 合约品种的现价10000元/吨，10吨/手。

3. 合约保证金10%。

4. 忽略交易费用（主要是为了简化计算过程）。

（二）在市场中做多

1. 第一次可开仓，$100000 \div (10000 \times 10 \times 10\%) = 10$（手）。

2. 价格向我们开仓有力的方向移动4%。

a. 盈利 $= 10 \times 10 \times 10000 \times 4\% = 40000$（元）

b. 动态权益 $= 100000 + 40000 = 140000$（元）

c. 原有10手需要保证金 $= 10 \times 10 \times 10000 \times (1 + 4\%) = 104000$（元）

d. 资金余额 $= 140000 - 104000 = 36000$（元）

e. 可再开仓 $= 36000 \div 10000 \div (1 + 4\%) = 3.46$，取整数3

3. 价格在我们开仓有力的方向上再移动4%。

a. 盈利 = 13 × 10 × 10000 × （1 + 4%） × 4% = 54080（元）

b. 动态权益 = 140000 + 54080 = 194080（元）

c. 原有 13 手需要保证金 = 13 × 10000 × （1 + 4%） × （1 + 4%）
= 140608（元）

d. 资金余额 = 194080 - 140608 = 53472（元）

e. 可再开仓 = 36000 ÷ 10000 ÷（1 + 4%）÷（1 + 4%）= 4.94，取整 4 手

这时，合约的价格为 10000 × （1 + 4%） × （1 + 4%） = 10816（元）

按照同样的原理，有兴趣的读者自己可以对后面的过程进行计算，我这里只给出最终的结果。

到第七次，也就是合约价格为 12653 时，即合约价格上涨了 26.53%，而这时候我们的权益是多少呢？大家想象一下，是 715740 元，我估计大家一定没有想到吧，也就是说，在合约价格仅仅上涨了 26.53% 的条件下，我们的收益率却高达 715.74%。尽管我们的计算过程是理想化的，但是，结论是可信的。

（三）在市场中做空

在同样的假设前提下，我们用同样的方法可以计算出，在做空时，合约的价格为 7827 元，即下跌了 21.73% 时，我们的权益高达 735512 元，相对应的收益率为 735.51%。

三、实战案例

为了使大家更清楚地理解这种方法，我们再结合具体的实际过程，进行进一步地说明。为了大家还能够看到图形，这里采用了各种合约的指数或称连续的图形。以后除了特别的声明外，都采用这种方法，但在实盘操作中要尽量选择主力合约。同时，考虑到资金的安全性，我们的资金使用率为 80%（假定初始资金为 10 万元）。

[例 1]　大连大豆（见图 11 - 4 - 1）

（一）2006 年 9 月 14 日大连大豆出现“移动平均线的完美秩序”

1. 在收盘价 2526 附近开仓。

a. 100000 × 80% ÷ （2526 × 10 × 10%） = 31（手）

剩余保证金 100000 - 31 × 2526 × 10 × 10% = 21694（元）

b. “完美秩序”消失，退出。

图 11－4－1　大连大豆走势图

c. 加码，向有力开仓方向移动 4%，即 2526 × 1.04 = 2627

2. 9 月 27 日“完美秩序”消失，在收盘价附近平仓。

盈利 = (2546 － 2526) × 31 = 6200（元）

（二）10 月 13 日大连大豆出现“移动平均线的完美秩序”

1. 在收盘价附近 2567 开仓。

a. 可开仓数 = 10620 × 80% ÷（2567 × 10 × 10%）= 33（手）

b. 加码点位 = 2567 × 1.04 = 2670

2. 10 月 27 日满足加码条件（在盘中就出现，但我们在接近收盘时开仓），我们用浮动盈利加码。

a. 此时的浮动盈利 = 33 × 10 ×（2698 － 2567）= 43230（元）

可以加码数 = 43230 × 80% ÷ (2698 × 10 × 10%) = 12 手，现在共持仓 45 手

c. 加码点位 = 2670 × 1.04 = 2276

11 月 2 日盘中出现加码点位，但收盘时消失。

3. 11 月 9 日满足加码条件。

此时的浮动盈利 = 45 × 10 ×（2780 － 2698）= 36900（元）

此时加码手数 = 36900 × 80% ÷ (2780 × 10 × 10%) = 10 手，现共持仓 55 手

c. 加码点位 = 2776 × 1.04 = 2887

4. 11 月 16 日满足加码条件。

此时的浮动盈利 = 55 × 10 × （2884 - 2780） = 57200（元）

此时可以加码数 = 57200 × 80% ÷（2884 × 10 × 10%）= 15 手，共持仓 70 手

5. 11 月 29 日“完美秩序”消失，我们在收盘价附近平仓。

共计盈利

= 2871 × 70 × 10 - 33 × 10 × 2567 - 12 × 10 × 2698 - 10 × 10 × 2780 - 15 × 10 × 2884 = 128230（元）

本次操作在合约价格上涨 11.84%（2871/2567）的情况下，我们的收益率高达 220%。

在后面的行情中大家可以按这种方法继续交易，截至 2008 年 7 月 11 日大连大豆共计出现了多次这样的行情，总的收益超过 1000%。

[例 2]　沪锌（见图 11 - 4 - 2）

从上市到 2007 年 11 月 23 日的走势，期间出现了两次的移动平均线的完美秩序（空头），中间的收益率大家自己计算。

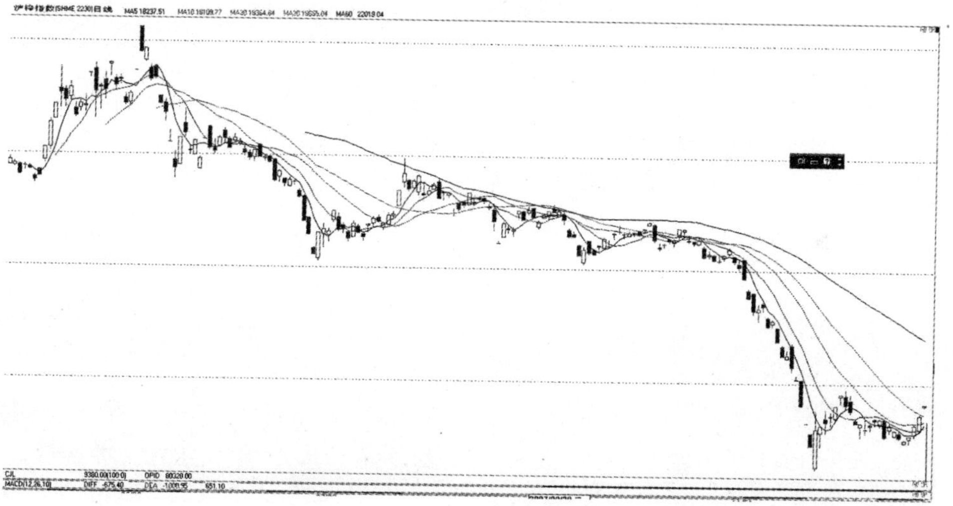

图 11 - 4 - 2　沪锌走势图

[例 3]　沪铝（见图 11 - 4 - 3）

上海铝 0811 合约 2008 年 8 月 4 日出现了移动平均线的完美秩序（空头），中间的收益率大家自己计算。

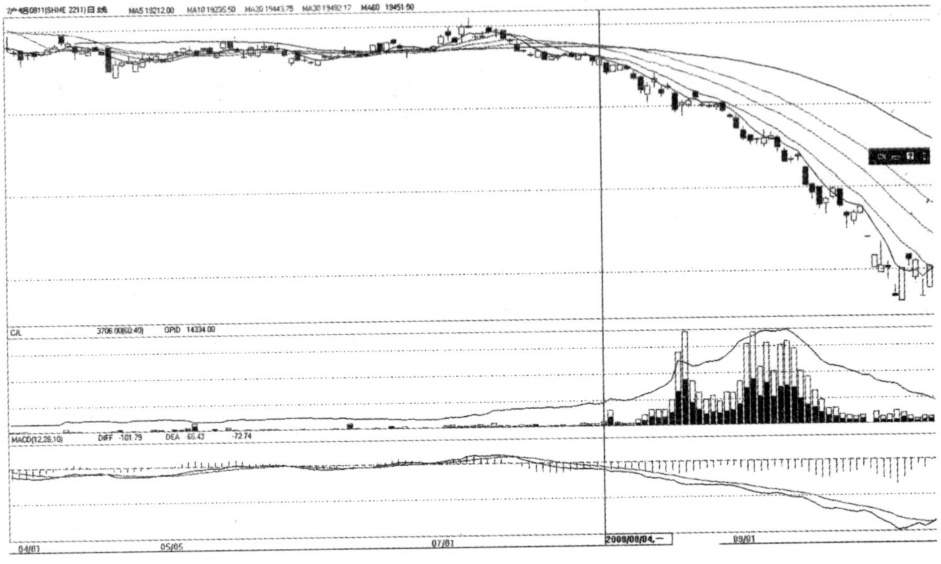

图 11－4－3

［例 4］　郑糖（见图 11－4－4）

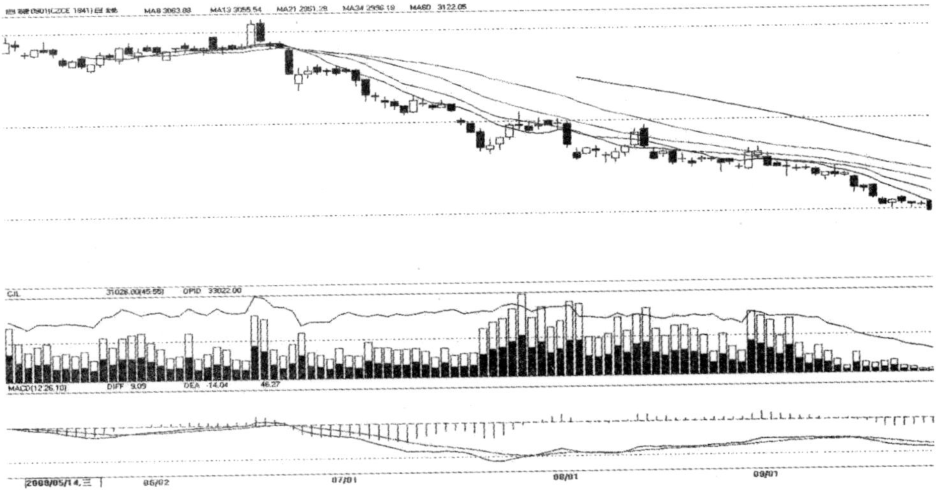

图 11－4－4　郑糖走势图

第五节 游击队战法

我更喜欢把大家经常使用的“日内交易”称之为“游击队战法”。

游是走，击是打，游而不击是逃跑主义，击而不游是拼命主义，游击战的精髓是敌进我退，敌退我进，敌疲我打，敌逃我追。游击战的基本原则是：合理选择作战地点，快速部署兵力，合理分配兵力，合理选择作战时机，战斗结束迅速撤退。

游击战是非正规作战，以袭击为主要手段，具有高度的流动性、灵活性、主动性、进攻性和速决性，并能广泛动员群众投入战争。

实事求是地讲，目前国内关于日内交易的书籍非常之多。据不完全统计，介绍的各种方法和技巧已经远远超过百种。我们不可能逐一检验每个方法的好坏，这样做即没有必要也没有可能。为此，我们还是主要使用前面的方法，只是把时间周期进行改变。在日内交易中，我本人使用的是 5 分钟 K 线“完美秩序”法，下面还是通过实例加以说明（账户资金 10 万元）。

一、5 分钟 K 线的完美秩序

［例 1］ 大连塑料 0901 的 5 分钟 K 线图（见图 11 -4 -5）

1. 2008 年 9 月 23 日，14:15 出现空头的“均线完美秩序”在 12350 开仓 16 手［100000 ÷ （12350 ×5 ×10%）］，收盘前在 12165 平仓。

盈利 =16 ×5 × （12350 -12165） =14800 （元）

2. 2008 年 9 月 24 日 10:00 出现空头的“均线完美秩序”在 12000 开仓 16 手［100000 ÷ （12000 ×5 ×10%）］，13:30 信号消失，在 111910 平仓。

盈利 =16 ×5 × （12000 -11910） =7200 （元）

［例 2］ 上海橡胶 0901 的 5 分钟 K 线图（见图 11 -4 -6）

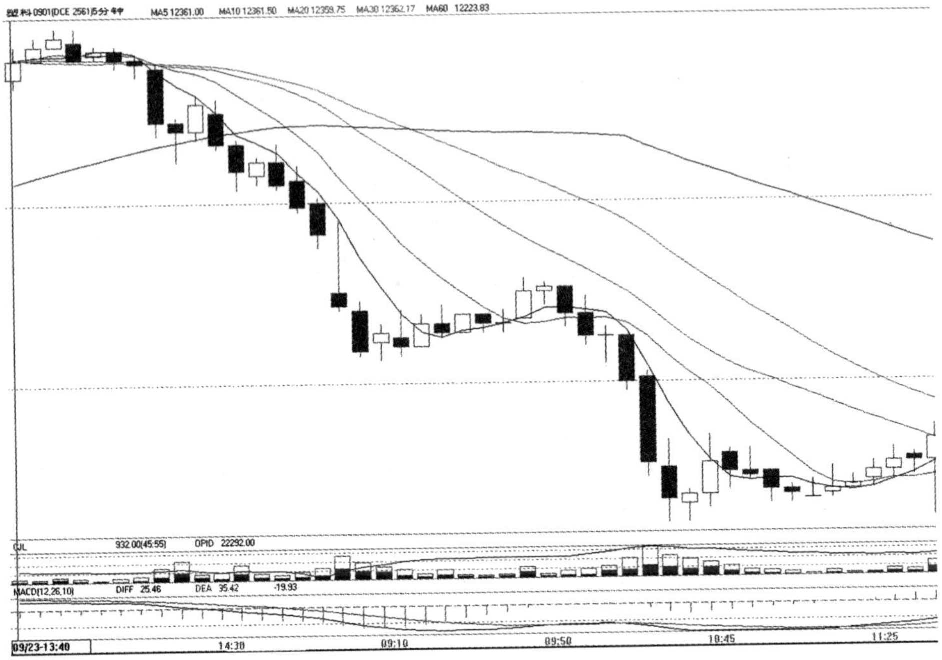

图 11－4－5 大连塑料 5 分钟走势图

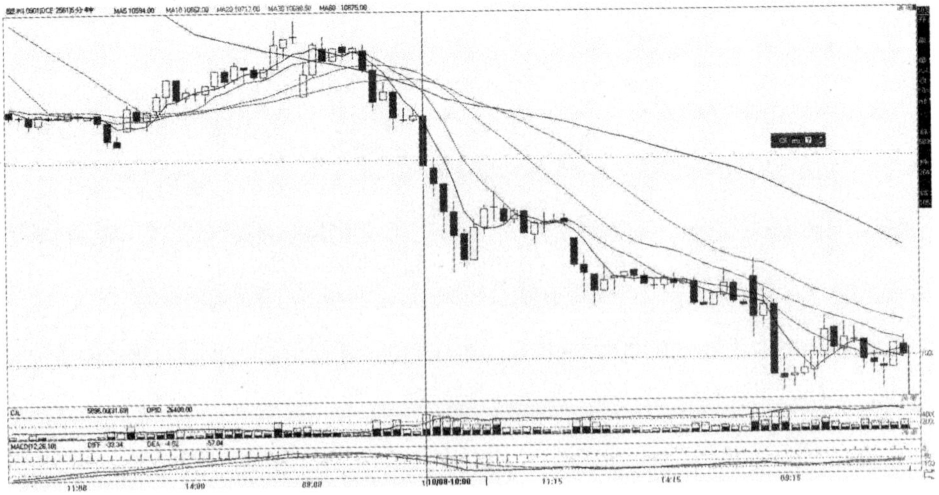

图 11－4－6 大连塑料 5 分钟走势图

二、其他的系统使用方法

我们在日线图上使用的其他方法（如我们前面重点介绍的脉冲交易系统、三屏 MACD 系统、均线交叉系统、管道突破等待）理论上都可以用到日内的 5 分钟 K 线上。但在实际使用中要特别注意的是：如果在日线图上存在大的跳空缺口时，在 5 分钟 K 线图中的各种均线就会有比较大的失真，这时若使用技术指标类的系统，就会导致错误的结论，因此要特别的慎重。

参考文献

1. 约翰·墨菲：《期货市场技术分析》，丁圣元译，地震出版社 2007 年版。

2. 约翰·F. 卡特：《驾驭交易》，王嘉卫译，广东经济出版社 2007 年版。

3. 拉里·威廉斯：《短线交易秘诀》，穆瑞年、张玲、李剑燕等译，机械工业出版社 2007 年版。

4. 黄韦中：《主控战略移动平均线——透析平均线战法的完全攻略密笈》，地震出版社 2006 年版。

5. 维克多·斯波朗迪：《专业投机原理》，俞济群、真如译，宇航出版社 2004 年版。

6. 布鲁斯·巴布科克：《高级技术分析》，黄凯译，广东经济出版社 2007 年版。

7. 理查德·L. 威斯曼：《机械交易系统》，木亦译，广东经济出版社 2007 年版。

8. 亚当·史密斯：《超级金钱》，李月平、曲绍宏译，机械工业出版社 2007 年版。

9. 高竹楼：《一图定乾坤——面对面教你看盘》，中国经济出版社 2006 年版。

10. 王伟建、崔景士：《操盘芝加哥》，清华大学出版社 2007 年版。

11. 蒋义行、陶暐拟：《江恩理论解析与实战应用十六讲》，地震出版社 2004 年版。

12. 范·K. 撒普：《通向财务自由之路》，董梅译，机械工业出版社 2008 年版。

13. 瑙泽·J. 鲍尔绍拉：《期货交易者资金管理策略》，肖成、荣军译，上海财经大学出版社2007年版。

14. 佩里·J. 考夫曼：《技术交易短训教程》，张艺博译，广东经济出版社2007年版。

15. 杰克·伯恩斯坦：《完美的日内交易商（II）》，傅强译，广东经济出版社2007年版。

16. 马文胜：《期货趋势程序化交易方法》，中国财政经济出版社2008年版。

17. 柯蒂斯·费思：《海龟交易法则》，乔江涛译，中信出版社2007年版。

18. 佩里·J. 孝夫曼：《精明交易者——系统交易指南》，江宁译，广东经济出版社2006年版。

19. 亚历山大·埃尔德：《以交易为生》，符彩霞译，机械工业出版社2007年版。

20. 方志、沈良：《期货兵法》，中国经济出版社2008年版。

21. 文竹居士：《期货投资的命门》，地震出版社2008年版。

22. 史蒂夫·尼森：《股票K线战法》，台环宇证券投资顾问公司译，宇航出版社，2007年版。

23. 杰西·利弗莫尔：《世界上最伟大的交易商》，刘晓天译，地震出版社2007年版。

24. 陈裕稽：《期货实战——概率交易系统与反射交易系统》，中国金融出版社2008年版。

25. 赵耀君、吴亚男：《聚富股指期货——三年获利翻三倍的台指期货实战经验》，四川大学出版社2007年版。

26. 刘仲元：《股指期货教程》，上海远东出版社2007年版。

27. 东方财富网 http://www.eastmoney.com/。

28. 文华财经 http://www.webstock.com.cn/。

29. 上海益盟软件技术有限公司：操盘手软件。